点石成金

公文写作
点石成金
OFFICIAL 之 DOCUMENTS

范例精粹 上

胡森林 主编

张力丹

危厚勇 编著

人民邮电出版社
北京

图书在版编目（ＣＩＰ）数据

公文写作点石成金之范例精粹. 上 / 胡森林主编 ；
张力丹，危厚勇编著. -- 北京 ： 人民邮电出版社，
2022.4
ISBN 978-7-115-58555-4

Ⅰ．①公… Ⅱ．①胡… ②张… ③危… Ⅲ．①公文—
写作 Ⅳ．①C931.46

中国版本图书馆CIP数据核字(2022)第004064号

◆ 主　　编　胡森林
　　编　　著　张力丹　危厚勇
　　责任编辑　刘向荣
　　责任印制　李　东　胡　南

◆ 人民邮电出版社出版发行　　北京市丰台区成寿寺路 11 号
　　邮编　100164　电子邮件　315@ptpress.com.cn
　　网址　https://www.ptpress.com.cn
　　北京联兴盛业印刷股份有限公司印刷

◆ 开本：720×960　1/16
　　印张：22.25　　　　　　　　2022 年 4 月第 1 版
　　字数：243 千字　　　　　　 2022 年 4 月北京第 1 次印刷

定价：69.80 元

读者服务热线：(010)81055256　印装质量热线：(010)81055316
反盗版热线：(010)81055315
广告经营许可证：京东市监广登字 20170147 号

前　言

《广韵》中说：范，法也，式也，模也。段玉裁《说文解字注》中说：例，比也。可见，由古到今，所谓范例，都是样板、典范等意思。

对于公文写作者来说，要想快速有效地提高写作能力，一个切实可行的路径就是从学习和模仿好的范文起步，掌握其法则要领，了解其内在规律。现实当中也是如此，绝大部分成熟的写作者，都有过模仿学习的初始经历。

《公文写作点石成金之范例精粹》（上、下册）正是着眼于此，通过写作要领的讲解和范例的剖析，提供切实管用的方法论指导，让公文写作者特别是广大初学者由浅入深，拾阶而上，有所精进。

公文，顾名思义，是为公的文。本书认为，凡是在工作场合产生、为了特定的工作上的目的和功能，与公事、公务、公意相关的都属于公文的范畴。这既是回归本原对公文属性的界定，也是从实际需求出发对公文范围与时俱进的拓展。

从这个角度出发，本书重新定义了公文写作的概念与内涵，扩大了公文的宏观范畴，全面涵盖了各类公文写作。在分类上，本书更多是从公文实现的内在功能角度加以区分，而不是简单按照外在的文种形式来分类。

本书介绍了法定公文、事务性文书、决策与落实类文书、信息类文书、日常沟通类文书、宣传类文书、党务类文书、职场应用文、研究咨询与参考建议类文书、礼仪类文书、管理制度类文书、书信类文书、总结类文书、计划类文书、交流汇报类文书、鉴定类文书、凭据类文书等 17 种文体，基本涵盖了我们在工作中可能涉及的各种文体，因内容较多，故全书分为上、下册。

在写法上，除了概述性章节外，本书的大部分内容都是分门别类、条分缕析地介绍公文写作要领与范例，读者既可以从中掌握公文写作的基本方法和注意事项，也能对照范文进行学习和借鉴，这样更加便捷高效、更加得心应手。

公文写作是职场人士的一项重要能力，也是不可或缺的基本功。能写出一手漂亮的公文，将成为"稀缺人才"，有助于取得更大的事业成功。

本书与《公文写作点石成金之要点精析》是一个套系，后者侧重于公文写作理论、方法原则、内容要素等方面的讲解，如果将两者结合起来阅读，便可把理论和实例贯通起来，读者更能够知其然并知其所以然，得到的收益无疑是更大的。

目　录

第一章
公文的基础知识

公文的定义与分类

一、公文的定义

公文，顾名思义，即办理公务的文书，它与公众、公事、公意、公利等直接关联。无论是党政机关，还是社会团体和企事业单位，都要靠公文来表达意志、传递政策，进而推动事业发展，实现组织意图。

《党政机关公文处理工作条例》对党政机关公文的定义是"党政机关公文是党政机关实施领导、履行职能、处理公务的具有特定效力和规范体式的文书，是传达贯彻党和国家的方针政策，公布法规和规章，指导、布置和商洽工作，请示和答复问题，报告、通报和交流情况等的重要工具"。

二、公文的分类

按照不同的标准，公文可分为不同的类别。

（1）按照制文机关，公文可以分为党务机关公文、行政机关公文、司法机关公文、军事机关公文、企事业单位公文、社会团体公文。

（2）按照行文方向，公文可分为上行文、平行文、下行文。

上行文是指下级机关向所属上级机关和上级业务主管部门报送的公文。例如，国务院各部委，各省、自治区、直辖市人民政府报送给国务院的请示和报告，各省、自治区、直辖市人民政府有关部门向国务院有关对口部门报送的请示、报告等，都属于上行文。

平行文是指同级机关或不相隶属机关之间相互发送的公文。所谓不相隶属机关，主要是指在领导关系上没有领导与被领导关系，在业务关系上没有指导与被指导关系的机关。

下行文是指上级机关向所属下级机关、指导机关向被指导机关制发的公文。例如，国务院给各省、自治区、直辖市人民政府发的文件，国务院各部委给各省、自治区、直辖市人民政府的有关对口部门发的文件，都是下行文。

（3）按照涉密程度，公文可分为不同的密级。

涉密公文指党和国家根据文件内容划定了秘密等级的公文。这类公文因其内容涉及党和国家的秘密，需要控制知密范围和知密对象。目前，涉密公文根据涉密程度的不同，分为绝密、机密、秘密三个级别。

（4）按照紧急程度，公文可分为特急公文、加急公文、普通公文等。

特急公文是指内容特别重要而且特别紧急，要求在最短时间内以最快的速度传递和处理的公文，如内容涉及重大灾害、战争情报等的公文。加急公文是指内容重要且紧急，要求迅速传递和处理的公文。普通公文是指可以按正常的速度与程序传递和处理的公文。

（5）按照规范程度和行政约束力的强弱，公文可以分为规范性公文和非规范性通用公文。

规范性公文也叫法定公文，包括命令、决定、公告、通告、通知、通报、议案、报告、请示、批复、意见、函、纪要等类别。有专门的《党政机关公文处理工作条例》（后文简称《条例》）和相应的国家标准，对这些法定公文的格式、写作要求进行了规范。大家在工作中，要是有不明白的地方，可以查阅《条例》和相应的国家标准。

非规范性通用公文就是我们在工作中可能接触更多、写作更频繁的事务性公文，或者叫综合文稿，包括调查报告、计划总结、提案建议、讲话稿、简报信息等。那它们为什么又具有"公"的特点呢？

事务性公文虽然不像法定公文那样有法定约束力和严格的规范体式，但它们一样是各级组织实施管理的基本手段，是服务公务政务活动的重要工具，贯穿管理工作的始终。它们最重要的作用、最根本的定位在于以文辅政，就是通过文字工作来辅助处理政务、帮助决策。

公文的特点与功能

一、公文的特点

从事公文写作，准确把握公文的特点是应有之义。

（一）法定作者

公文虽由个人写作，但大多是"代机关立言"。其法定作者为发文机关，与自然人作者的起草者不一样。公文属职务作品，其权属归单位或使用者所有。一般文章属于文责自负作品，如某人在自媒体上发表了一篇文章，无论是赢得网友点赞还是招致一片骂声，对象都是这个人。但公文的文责是由最后签发者或使用者来承担的。

（二）既定程序

公文处理的程序性是指公文的处理过程有严格的程序规定。任何组织在进行公文拟制、办理、管理等工作时，都必须按照规定的程序来处理。

谁来起草、谁来修改、谁来审核、谁来定稿签发，是按照组织内部分工并由规章制度明确规定的。这样既通过层层把关保证公文质量，也满足了把个体智慧凝聚为组织智慧的需要，所以不能随意打破程序规定，也不能逾越职权。

（三）法定效力

公文是法定机关履行公务的重要工具，体现法定机关的意志、表达法定机关的主张、代表法定机关的权威，具有行政指导和行政指挥的作用。

公文具有约束性，一经颁布，就具有法律效力，受文者必须无条件地贯彻、执行，否则就会受到制裁，并承担相应的责任。相同的文章通过公文发出和在普通媒体上刊发具有截然不同的法律效力。

（四）法定格式

公文在格式上具有规范化、标准化的特点。公文是为履行职责而制定的，每个文种都有特定的功能及具体的格式。公文的格式由文种的功能决定，也与历史、文化和传统有关。

写作公文时，不能随意变动公文格式和标新立异。公文格式只有规范化、标准化，才能有效保障公文准确表达法定机关的意志，确保公文处理和执行准确、及时、有效、科学，提升公文发挥作用的效率。

（五）特定功能

公文还有一个特定功能，笼统地说，就是公文起着上传下达、施行政令、服务决策等作用。具体来讲，公文其实拥有五个方面的功能，即领导和指挥功能、规范和约束功能、联系和沟通功能、宣传和教育功能，以及依据和凭证功能。

二、公文的功能

（一）领导和指挥功能

公文是传达贯彻党和国家的方针政策的有效形式，党和国家可以通过制发公文来部署工作，传达自己的决策和意见，对下级机关或部门的工作进行领导和指挥。

党和国家的方针政策、各级政府的工作决策和安排，是各级各类机关开展各项公务活动的指导纲领和重要依据。

（二）规范和约束功能

公文作为管理国家和社会事务的重要工具，其本身所具有的权威性和法定性赋予了它很强的规范和约束功能。公文一经正式发布，在它的有效时间和范围内，对相关范围内的单位和个人均具有规范和约束作用。

（三）联系和沟通功能

公文是请示或答复问题、指导或商洽工作以及沟通情况的重要手段，是加强各级各类机关之间联系的纽带。各级党政机关、社会团体、企事业单位之间，需要经常用公文传递信息、沟通情况、商洽工作、交流经验。

（四）宣传和教育功能

公文是党政机关直接向广大干部和群众宣传党和国家的重大方针政策、单位或个人的典型经验和先进事迹的载体，是进行宣传和教育的工具，其在宣传和教育方面较新闻报道、理论文章来说，更具权威性。

（五）依据和凭证功能

公文是各级各类机关开展工作、处理公务的重要依据。一方面，上级机关所发公文无疑是下级机关开展工作的依据。另一方面，公文也是机关档案的主要来源。公文在发挥了它的现实执行效用后，要立卷归档，这时公文就成为记载当时某一事件、问题或活动的历史凭证。有的公文还可能成为研究历史的第一手资料，具有重要的史料价值。

总之，公文的功能不是单一的，一份公文往往同时具有多种功能。例如，一份上级机关制发的公文，对下级机关既有领导和指挥功能，又具有规范和约束功能，同时还具有联系和沟通功能。公文的功能还会变化，会因时间、地点和读者的不同而不同。例如，一份公文此时可能有领导和指挥功能、规范和约束功能、联系和沟通功能、宣传和教育功能，彼时则可能有依据和凭证功能。再如，一份公文对某些机关或群体有规范和约束功能，对另一些机关或群体则有宣传和教育功能。

公文的格式规范

为了保证公文的权威性和严肃性，对其发布与实施应做出统一、严格的规定，尤其是要对公文的文体、文面格式和版面形式做出详细、严格的规定。

公文一般由眉首、正文、文尾三部分组成。

一、眉首部分

眉首部分包括发文机关、发文字号、签发人、紧急程度、密级等内容，一般用横线与正文隔开。

（1）发文机关（公文版头）用醒目、整齐、庄重的字体套红印刷，置于眉首上部，居中。

（2）发文字号由发文机关代字、年份和发文顺序号组成，置于发文机关之下、横线之上，居中。

（3）向上级机关报送的重要公文，要标注签发人。签发人置于发文字号的同行右端。

（4）紧急公文分为"急件""特急件"两种，具体紧急程度标于眉首左上角。

（5）涉密公文应在眉首左上角准确标明"绝密""机密""秘密"等具体机密等级。

二、正文部分

正文部分一般包括标题、主送机关、内容、附件、落款等。

（1）标题置于眉首之下，主送机关之上，居中。标题一般包括发文机关名称、事由和公文种类。标题要准确简要地概括公文的主要内容，除发布和批转上级法规、规章性文件外，标题一般不加标点符号。

（2）"公告""通告""规定""决议""决定"等公文可不标明主送机关，其他公文应标明主送机关。主送机关一般置于正文内容之上、左端顶格。"决议""决定"若标明主送机关也可将其置于文尾抄送栏。

（3）正文部分内容的结构层次序数依次为"一、""（一）""1.""（1）"。规章和规范性文件按有关规定，用章、节、条、款、项标明结构层次。

（4）附件名称标于内容之后、成文日期之前。附件一般与主件合订发送，不能合订的应在附件首页左上角注明发文字号，与主件同时发送。

（5）落款包括发文机关名称、印章和成文日期。成文日期以发文机关负责人签发的日期为准。除纪要外，公文都应当加盖印章。加盖印章的公文一般不再另署发文机关名称。

三、文尾部分

文尾部分包括主题词、抄送栏、印发机关栏、印发日期、印制文件份数等。

（1）主题词置于横线之上左端，按主题词表规定标引，相邻词语相隔一个汉字的距离。

（2）抄送栏置于主题词横线之下。抄送机关可使用规范化的简称。

（3）印发机关栏及印发日期在抄送栏下用横线与抄送栏隔开，左端署印发机关全称，右端署印发日期。

（4）印制文件份数标于印发机关栏及印发日期之下，居右。

公文文字从左至右横写、横排。公文用纸幅面为国际标准A4型，并用统一的红头公文纸印刷，左侧装订。用于张贴的公文用纸大小根据实际需要确定。公文标题用二号宋体字体，内容用三号仿宋字体。

公文写作的基本要求

要写好公文，除了必须遵从诸如文通字顺、观点与材料统一、层次分明、结构合理等文章写作通则之外，还必须遵循下列基本要求。

一、要保证公文内容在政治上的正确性

首先，公文内容必须符合党的基本路线和国家的法律，因为它们是我们制定一切决策的总依据和指导纲领。其次，公文内容要符合本系统、本机关主管业务方面的方针政策和有关法规与规章，因为它们是本系统、本机关制定一切决策的直接依据。如果在公文中提出新的决策，应当加以说明。最后，因为公文内容还要受其他多方面的方针政策、法规与规章的指导和约束，所以系统和机关还要加强横向联系，了解同层级有关系统和机关的重要决策并与之保持一致，以便在工作中相互协调与配合，避免产生矛盾。

二、要实事求是，在业务方面符合客观实际

公文的制发必须符合客观实际，满足实际需要，讲求实效。

（1）制发公文需从实际出发，公文写作要具有目的性与针对性，反对形式主义与文牍主义。公文内容必须符合客观实际，反映客观事物的本来面目，提出切实可行的工作原则与方法，使公文具有真实性与可行性。公文内容失真或者所提工作原则与方法脱离实际都会导致机关决策失误，直接危害机关乃至国家的利益。因此，公文撰写人员必须深入实际，认真做好调查研究工作。

（2）注重时效。公文写作必须及时迅速、把握时机，满足机关行政管理的需要，以便尽快发挥公文的效用，提高机关的工作效率。

三、在文字表述方面要做到准确、简明、生动

准确是公文语言的主要特征和基本要求，即公文中的素材真实、数据准确、议论恰当、用语客观。公文应当把要说的事、要讲的理说准确、讲明白，符合实际情况和客观事理，让读者一看就懂。

简明指公文用语要简单明了、浅显通俗、明白晓畅。公文应当为群众所喜闻乐见，具有强烈的人民性。只有把公文写得简明易懂，群众才会乐于接受，公文也才会具有它应有的生命力与创造力。

公文用语在文字表述方面的第三个要求是生动。有些人认为公文是"板起面孔讲官话"，这种看法并不正确，一些经典的公文可读性很强，甚至本身就是美文，生动活泼，很吸引人。

公文应当语言生动、接地气，多用生活中的语言元素和来自群众的语言元素来表述。

四、要符合逻辑

公文中的概念、判断和推理过程须符合逻辑，让人明确其含义。实际上，公文因不符合逻辑而表意不明的情况时有发生，如有一份《中共×××县委政法委关于政法部门加强联合，共同搞好社会治安秩序整顿工作的通知》，其中"政法部门"就有诸如"政法单位""政法机关""政法各部门""公检司法""政法治安管理部门"等各种

不同的称谓，前后不一，造成了混乱。因此，当同一概念在一篇公文中出现不止一次时，必须做到前后一致，符合逻辑。

五、公文起草要符合统一规定的体式与程序

（一）公文的体式

公文的体式包括公文的文体、结构、附加标记和格式。为了保证公文的完整性、正确性与有效性，提高办事效率，给公文处理工作提供方便，公文起草要符合统一规定的体式。例如，请示和报告就是经常被混淆的两种文体。

请示和报告的主要区别就在于是否需要批复，但在实际工作中很多人容易用错，常常在报告中夹带请示事项，或者多头请示、越级请示等，这些都是不符合规范的。

（二）公文拟制的程序

公文拟制的程序包括交拟、起草、审核、签发、印制、发出六个环节。交拟是指机关或部门负责人交付起草公文的任务，这个环节完成的是公文起草的准备工作。公文从起草、修改，到审核和最后签发，都需要层层把关。在呈送或交办公文的同时，相关人员往往还要写上拟办意见。

在这些环节中，一个很重要的环节是审核。经审核不宜发出的公文，应当退回起草单位并说明理由；符合发文条件但内容需进一步研究和修改的，由起草单位修改后重新报送。

公文的行文规则

公文的行文规则指的是各级党政机关公文往来时需要遵守的制度和原则。遵守公文的行文规则,有利于党政机关公文传递方向正确、传递路线快捷,避免公文进入不必要的流通过程。

一、总体规则

党政机关公文的行文规则规定了各级党政机关的行文关系,即各级党政机关之间的公文授受关系。它是根据党政机关的组织系统、隶属关系和职权范围来确定的。总体来说,党政机关公文的行文规则包括以下两点。

(一)行文应当确有必要,讲求实效,注重针对性和可操作性

一切行文都要从实际需要出发,严格控制发文数量和范围。凡是不应该发和可发可不发的,一律不发;不应该转发和可转发可不转发的,一律不转发;不应该抄送和可抄送可不抄送的,一律不抄送;内容相同或基本相同的公文,可适当合并,以免重复行文;可长可短的公文要短;凡可用电话、面谈等方式解决问题的,就不必行文;解决个别单位个别问题的公文,不必普发到所有的单位;同一份公文已发给某一部门办理,就不要再发给另一部门重复办理;经批准在报刊上发布的行政法规和规章,可不再行文。

(二)行文关系根据隶属关系和职权范围确定

各级党政机关行文时一般都按照隶属关系向直属上级机关行文,直属上级机关解决不了的问题可由该机关向再上一级机关请示或报告。一般不得越级行文,特殊情况需要越级行文的,应当同时抄送被越过的机关。

越级行文只能在下列特殊情况下使用。

(1)由于发生特殊紧急情况,如严重自然灾害等,逐级上报会延

误时机，造成更大损失的问题。

（2）向具有隶属关系的上级机关请示多次，长期未能得到解决的问题。

（3）隶属下级机关与上级机关之间有争议而无法解决的问题。

（4）上级机关交办的，并指定越级上报的事项。

（5）对上级机关进行检举、揭发的问题。

（6）询问与请示极个别的、必要的具体问题。

二、上行文规则

下级机关向上级机关行文应当遵循以下规则。

（1）原则上主送一个上级机关，根据需要同时抄送相关上级机关和同级机关，不抄送下级机关。

（2）党委、政府的部门向上级主管部门请示、报告重大事项，应当经本级党委、政府同意或者授权；属于部门职权范围内的事项应当直接报送上级主管部门。

（3）下级机关的请示事项，如需以本机关名义向上级机关请示，应当提出倾向性意见后上报，不得原文转报上级机关。

（4）请示应当一文一事。不得在报告等非请示性公文中夹带请示事项。

（5）除上级机关负责人直接交办事项外，不得以本机关名义向上级机关负责人报送公文，不得以本机关负责人名义向上级机关报送公文。

（6）受双重领导的机关向一个上级机关行文，必要时抄送另一个上级机关。

三、下行文规则

上级机关向下级机关行文应当遵守以下规则。

（1）主送受理机关，根据需要抄送相关机关。重要行文应当同时抄送发文机关的直接上级机关。

（2）党委、政府的办公厅（室）根据本级党委、政府授权，可以向下级党委、政府行文。其他部门和单位不得向下级党委、政府发布指令性公文或者在公文中向下级党委、政府提出指令性要求。需经政府审批的具体事项，经政府同意后可以由政府职能部门行文，文中须注明已经政府同意。

（3）党委、政府的部门在各自职权范围内可以向下级党委、政府的相关部门行文。

（4）涉及多个部门职权范围内的事务，部门之间未协商一致的，不得向下行文；擅自行文的，上级机关应当责令其纠正或者撤销。

（5）上级机关向受双重领导的下级机关行文，必要时抄送该下级机关的另一个上级机关。

四、联合行文规则

联合行文指既可联合向上行文，也可联合向下行文。联合行文应当确有必要，且联合单位不宜过多。具体行文规则如下。

（1）同级党政机关、党政机关与其他同级机关必要时可以联合行文。

（2）属于党委、政府各自职权范围内的工作，不得联合行文。

（3）党委、政府的部门依据职权可以相互行文。

（4）部门内设机构除办公厅（室）外不得对外正式行文。

第二章
法定公文写作要领与范例

决议

决议是指党的领导机关就决策事项，经会议讨论通过其决策，并要求贯彻执行的重要指导性公文，也是应用文写作重点研究的文体之一。

一、决议的文种特点

决议是一种重要的下行文，其基本特点是具有决策性和权威性，另外也具有表达群体意志等特点。

决策性：决议是党的领导机关针对重大问题和重大事项所做出的决策，一经形成，就会在较大范围内对党内的工作和生活产生重大影响。

权威性：决议是经党的会议讨论通过才能生效并由党的领导机关发布的公文，是党的领导机关意志的体现；决议的内容事关重要决策事项，一经公布，都必须坚决执行，不能违背，因此决议具有很强的权威性。

表达群体意志：决议是会议的产物，而会议是一种群体活动，只有半数或三分之二以上的与会者举手或投票赞成才能形成决议；不履行表决手续，就不能形成决议，因此决议是大多数或全体与会者的意志的体现。

二、决议的语言特点

（1）决议必须紧扣会议精神和主题，准确阐明会议的决策事项，体现与会者的集体意志，做到中心明确、重点突出。

（2）由于会议内容具有多面性，与会者讨论的问题比较广泛，因此，决议必须更加注重结构严谨、条理清晰。与会者要恰当运用习惯用语区分决议的不同段落层次。常用的习惯用语有"会议决定""会议同意""大会要求""大会指出"等，这向人们表明了与会者的立场和观点，表示会议的决策事项是与会者集体讨论的成果。

三、决议的结构特点

决议一般由标题、通过的会议和日期及正文组成。

（一）标题

标题有两种写法。一是完整标题，即由发文机关、事由及文种构成的标题。这种标题的使用频率最高，因为它最能体现决议严肃、郑重的特点。二是由事由和文种或会议和文种构成的标题。

（二）通过的会议和日期

在标题下面应注明该决议由什么会议、于什么时间通过，并用括号括住。

（三）正文

决议的正文一般由两部分组成，即起首部分和主体部分。

起首部分主要概述做出该决议的目的、意义、作用、背景等。该部分虽不是决议的主体部分，但也要逻辑严谨，从而顺利引出决议的主体部分。

主体部分应当比较系统、科学地叙述决议的基本内容。对于所需阐明的事项，要观点鲜明，做出不容置疑、准确无误的结论或判断，以便受文者照章执行。必要时，需简洁而透彻地说明决议的理论依据和实践依据。

对于一些内容单一且集中的、结论性的决议，只需直接叙述会议的决策事项。

四、决议的写作要求

（一）要了解决议的形成

决议产生于会议，这一点是毋庸置疑的，但也要知道并不是所有会议决定的事项都可以形成"决议"。从原则上讲，只有经过法定程序选举或依据其他组织原则按照一定程序形成的会议、委员会会议才能形成"决议"。工作会议、专题会议或其他临时性会议决定的事项一般不使用"决议"这一形式，而采用"会议纪要"的形式行文。

（二）要明确决议的行文主体

一般公文的行文主体基本上是"制文机关"，而决议的行文主体基本上是"会议"。

（三）要准确把握会议的中心

决议是会议的成果之一，它传达了会议的中心思想及结论性的意见，表达了会议参加者的肯定或否定态度。因此，要写好决议，首先要把会议的中心思想吃准，即了解会议的背景、形式及目的，理解会议所要解决的基本问题及这个问题的历史，掌握会议的肯定性意见及其他看法、意见与要求，知晓会议决策方案的多种状态及其中的最佳方案。这样才能拟出一个有质量的、可供会议讨论通过的决议初稿。

（四）要强调快速成文的重要性

有的决议时效性很强，即使是一些可事先拟出，然后提交大型工作会议进行讨论的决议稿，也会受到会议实际情况的制约，并在会期内不断修改、补充与调整，以便按时提交给会议通过。所以，留给撰拟者写决议的时间是不宽裕的。鉴于这种情况，决议撰拟者在写作时要做到思维敏捷、快速成文。这就要求决议撰拟者平时对这一问题有充分的了解与认识，不仅要了解该问题的现状和历史，还要了解决策者对这一问题的倾向性和内心意图，因为只有"厚积"才能"薄发"。此外，决议撰拟者还要掌握好会议进程，不仅要了解多数人的意见，还要了解少数人的意见。

五、决议的种类

"决议"根据其内容的不同，一般分为审议批准性决议、公布性决议和阐述性决议三种类型。

审议批准性决议是肯定或否定某种议案的决议，即为审议批准法律、法规、文件等发布的决议。

公布性决议是为公布某种法规、提案而写作的决议。这类决议主要用来宣布某一重要会议的精神及所取得的成果，号召人们认真贯彻会议要求，循此前进。

阐述性决议是对某些重大结论的具体内容加以展开阐述的决议，属于针对某一专题性的问题进行充分说明的大型公文，具有极强的权威性和指导性。

六、决议的范例

中国共产党赤峰市第八次代表大会关于中共赤峰市第七届委员会报告的决议

（2021年9月29日　中国共产党赤峰市第八次代表大会通过）

中国共产党赤峰市第八次代表大会批准万超岐同志代表中共赤峰市第七届委员会所作的报告。

大会对报告给予高度评价。大会认为，报告以习近平新时代中国特色社会主义思想为指导，认真贯彻习近平总书记对内蒙古重要讲话重要指示批示精神，深入落实党中央和自治区党委决策部署，对推动经济社会高质量发展和推进全面从严治党作出全面部署、提出明确要求。报告确定的"凝心聚力，开拓进取，为实现'十四五'规划目标、创造赤峰人民更加美好生活不懈奋斗"主题，符合党中央和自治区党委决策部署，符合赤峰实际和时代特点，反映了全市广大党员和干部群众的共同愿望，是指导赤峰今后一个时期发展的纲领性文件。

大会充分肯定了中共赤峰市第七届委员会的工作。大会认为，市第七次党代会以来，市委坚持以习近平新时代中国特色社会主义思想领航定向，把增强"四个意识"、坚定"四个自信"、做到"两个维护"落到具体行动上，团结带领全市各族干部群众感恩奋进，砥砺前行，经济发展成效显著，"三大攻坚战"取得决定性成就，基础设施建设日益完善，改革开放持续深化，民生事业不断进步，民主法治建设扎实推进，党的建设全面加强，圆满完成了"十三五"规划和市第七次党代会确定的目标任务。

大会同意报告对形势的综合判断以及提出的今后五年总体要求和奋斗目标。大会认为，未来五年是我市奋进新时代、开启新征程的重要时期，完成目标任务，绝非轻而易举。既要看到我市发展面临的复杂形势、严峻挑战，树立忧患意识，增强发展的紧迫感危机感，随时做好应对风险挑战的准备，时刻保持奔跑奋进的状态；更要看到发展面临难得机遇，立足市情、抢抓机遇，拼搏进取、乘势而上，努力实现更高质量、更有效率、更加公平、更可持续、更为安全的发展。大会要求，要坚持以习近平新时代中国特色社会主义思想为指导，深入贯彻党的十九大和十九届二中、三中、四中、五中全会精神，全面落实习近平总书记对内蒙古重要讲话重要指示批示精神，切实加强党的领导，统筹发展和安全，牢固树立以人民为中心的发展思想，准确把握新发展阶段，深入贯彻新发展理念，加快融入新发展格局，坚持稳中求进工作总基调，紧紧围绕"五个定位"和"双子星座"发展要求，以创新为引领、以产业为支撑、以强市为目标、以民生为落脚点，着力优生态、抓发展、强基础、惠民生、增活力、保稳定，不断加强和改进民族工作，走好以生态优先、绿色发展为导向的高质量发展新路子，加快建设绿色赤峰、创新赤峰、开放赤峰、法治赤峰、和谐赤峰、清廉赤峰，为实现"十四五"规划目标、创造赤峰人民更加美好生活不懈奋斗。

大会同意报告关于全市经济社会发展的总体部署。大会强调，实现奋斗目标，全市上下必须坚持以习近平新时代中国特色社会主义思想为根本指南，以总书记和党中央为内蒙古确定的战略定位和行动纲领为根本遵循，全面落实党中央和自治区党委决策部署，统筹推进"五位一体"总体布局，协调推进"四个全面"战略布局，团结带领全市人民坚定正确的政治方向，始终沿着正确的道路奋勇前进，在新发展阶段跑出赤峰高质量发展的"加速度"。要致力优生态，加强生态环境保护，加大污染防治攻坚，促进绿色低碳转型，努力构筑生态安全屏障；要致力抓发展，加快发展现代农牧业，做优做强工业经济，不断壮大现代服务业，加快构建现代产业体系；要致力强基础，全面实施乡村振兴战略，推进以人为核心的新型城镇化，加强重大基础设施建设，统筹城乡协调发展；要致力惠民生，千方百计促进就业，办好人民满意教育，提高卫生健康服务水平，繁荣发展文化事业，完善社会保障体系，持续增进民生福祉；要致力增活力，深化重点领域改革，持续扩大开放合作，深入实施创新驱动发展战略，努力打造一流营商环境；要致力保稳定，全面加强和改进民族工作，全力维护公共安全，依法加强社会治理，加强社会主义民主政治建设，坚决守住安全发展底线。

大会强调，要认真贯彻落实新时代党的建设总要求，全面落实管党治党责任，坚持和加强党的全面领导，强化思想政治引领，全面提升基层党建水平，打造高素质干部队伍，加强党风廉政建设和反腐败斗争，为推动赤峰高质量发展提供坚强政治保证。

大会强调，在一代又一代赤峰人的努力下，古老的赤峰正展现新的魅力。跑好建设赤峰、发展赤峰的接力棒，必须提高站位，加强学习，解放思想，踏实苦干，一心为民，改进作风，努力用智慧和汗水创造无愧于历史、无愧于时代、无愧于人民的业绩！

大会号召，全市各级党组织和广大党员要更加紧密地团结在以习近平同志为核心的党中央周围，在自治区党委的坚强领导下，凝心聚力、开拓进取，以更加饱满的热情、更加昂扬的斗志、更加务实的作风，投身到推动赤峰高质量发展的具体实践，为实现"十四五"规划目标、创造赤峰人民更加美好生活不懈奋斗！

（来源：赤峰日报/2021年9月30日/第002版）

这篇决议的范例属于公布性决议。该决议公布了中国共产党赤峰市第八次代表大会对报告给予的高度评价，充分肯定了中共赤峰市第七届委员会的工作，宣布了这次会议的精神及所取得的成果，号召人们认真贯彻会议要求。

决定

决定是党政机关、社会团体、企事业单位为加强领导、统一行动、统一思想、提高效率而发布的重要的、具有指挥性和约束性的公文。

一、决定的文种特点

决定适用于对重要事项或重大行动做出安排，奖惩有关单位及人员，变更或者撤销下级机关不适当的决定事项等情况。它有以下特点。

（一）权威性

决定由领导机关制发，要求下级机关贯彻执行，一经发布，就对受文机关具有很强的约束力，受文机关必须遵照执行。因此，决定具有权威性。

（二）指挥性

决定在对重要事项进行决策时，也会提出工作任务、具体措施和实施方案，要求受文机关依照执行，所以其具有较强的指挥性。

（三）全局性

决定所涉及的事项和要解决的问题，一般都有全局性和重要的意义。对于某个问题一旦做出决定，受文机关就要在相当长的时间内贯彻执行。

二、决定的语言特点

在内容和语言方面，决定有其总体要求，即内容的严肃性、事实的确切性和行文的周密性。在具体写作中，决定的内容必须满足以下三个条件：给做出的决定提供法律法规、大政方针方面的依据；决定的内容须与上级和同级机关的相关规定保持一致；须有严密的逻辑，且与其他各项规定能很好地衔接。

内容详略应该根据决定的正文各部分的主次来安排。就决定的具体事项来说，在法规性决定和指挥性决定中，这一部分应该重点、详细地介绍；而在知照性决定中，这一部分应该简单、粗略地介绍。

可见，内容详略应该根据决定的不同种类而定，以便更好地写出符合要求的决定文稿。

三、决定的结构特点

决定一般由标题、主送机关、正文、落款四个部分组成。

（一）标题

决定的标题可用完整标题，由发文机关、事由和文种构成，如"中共中央关于科学技术体制改革的决定"；也可以采用省略式标题形式——"事由＋文种"，如"关于环境保护工作的决定"。

有时标题下面有题注，标明这一决定是在什么时间由什么会议通过的，并用括号括住，如"（××年×月×日××会议通过）"。

（二）主送机关

主送机关是要求执行本决定的受文单位或应该知照的单位。有些决定没有主送机关。

（三）正文

正文包括决定缘由、决定事项和决定要求三个部分。

决定缘由是指做出某个决定的依据、原因、目的等，一般用一个自然段来说明行文的背景，然后用"特做如下决定"几个字过渡到决定事项部分。

决定事项是指决定的具体内容，如处理的问题、部署的重大行动、知照的事项等。指挥性决定要讲明道理、指出原则、布置任务、拟出规定、交代办法，形式上多采取分条列项式写法；法规性决定的正文多以条款式逐条写出类似法规的决定内容；知照性决定要按逻辑说清事项。

决定要求是指对执行该决定提出的希望、要求或发出的号召。

（四）落款

落款要写明发文机关名称和发文日期。

四、决定的主要种类

根据具体用途和内容的不同，决定可分为以下四类。

（1）知照性决定。这类决定用于把决定的事项简要地传达给有关地区、单位和人员，多数没有执行要求，少数具有事项安排。如《国务院关于授予潘星兰、追授杨大兰同志全国先进工作者称号的决定》。

（2）法规性决定。这类决定用于发布权力机关制定、修订或试行的法律文件及由政府部门制定的行政法规，如《××市人民政府关于修改〈市商品交易市场管理规定〉的决定》。

（3）指挥性决定。这类决定用于对某个问题、某种事项、某种行动进行决策性的指挥部署，如《××市人民政府关于加快全市工业发展的决定》。

（4）奖惩性决定。这类决定用于表彰或处分有关单位或个人，如《关于表彰××年度先进集体和先进个人的决定》。

五、决定的写作要求

（一）要切实把握决定的多种结构形式

决定由于内容多样，故其结构形式也具有多样化的特点，要写好决定，首先要切实把握决定的多种结构形式。

一般来说，知照性决定因为主要用于解决具体问题，且内容单一、文字简短，所以大多一气呵成、不分段落，多采用"篇段合一"的结构形式。

指挥性决定主要用于传达对某项具体的重要工作或行动的决策意见，往往要交代一下决策的背景与依据，故要先写篇前撮要，再写决策的具体内容与要求。为了表达清楚和便于执行，指挥性决定多采用"分条列项"的结构形式，条与条之间呈并列的逻辑关系。这种结构形式叫作"撮要分条式"。

法规性决定的结构形式主要有两种：一是"分部分"的结构形式，即把全文划分为几个大的层次，层次与层次之间并列，相对独立，涉及重大问题、确定大政方针的决定大都采用这种结构形式；二是"分条列项"的结构形式，即把全文分作若干条，一条为一种独立的意思，同时可在条下列项，这种结构形式与法律法规的写法相似，适用于规范人们社会行为一类的决定。

奖惩性决定一般采用"分列自然段"的结构形式，即先用一段文字介绍表彰或处分对象的基本情况，再用一段或数段文字写表彰或处分的依据，然后写表彰或处分的决定，并就此提出希望、要求或发出号召。

（二）要处理好决定的内容详略问题

决定结构形式的多样化，带来了内容详略问题。决定应当内容搭配合理、详略得当。例如，知照性决定一般用较多的文字去写缘由，而事项部分所占比重较少。然而，法规性决定、指挥性决定却用较少的文字描述缘由，用大量文字说明决定事项。例如，《中共中央关于加强党同人民群众联系的决定》，全文并列写了九大问题，却只用了第一个问题说明制发本决定的背景、目的及其重大现实意义，除最后一个问题是讲决定的贯彻执行办法的，其余七个问题都在讲决定事项。

（三）要掌握恰当的表达方式

法规性决定、指挥性决定由于内容比较复杂，在表达方式上应当以说明为主，适当结合议论。说明性文字用来描述决定的缘由、事项与要求，而议论性文字通常置于全文每一部分、每一层次、每一段落之首，用来明确篇旨和段旨，起到亮明观点、点出主旨的作用。奖惩性决定在表达方式上多用说明性文字，议论性文字使用得较少，这类决定只在讲到事物的性质、意义或影响时才使用议论性文字。

六、决定的范例

贵州省人民代表大会常务委员会关于修改《贵州省林地管理条例》等地方性法规部分条款的决定

（2021 年 9 月 29 日贵州省第十三届人民代表大会常务委员会第二十八次会议通过）

贵州省第十三届人民代表大会常务委员会第二十八次会议决定，对下列法规部分条款作出修改：

一、对《贵州省林地管理条例》作出下列修改

1. 第九条修改为："林权类不动产登记类型包括首次登记、

变更登记、转移登记、注销登记、更正登记、异议登记、预告登记、查封登记。"

2. 第十条修改为："县级人民政府应当及时组织退耕还林工作，自然资源、林业、农业农村等主管部门对退耕还林地进行检查验收，验收合格的，进行首次登记，颁发不动产权属证书，并依法办理土地变更登记手续。土地承包经营合同应当作相应调整。"

3. 删除第十一条、第十二条、第十三条、第十四条、第三十条。

4. 第十九条中的"尚未取得林权证或者对林权有争议的"修改为"尚未取得不动产权属证书或者对林权有争议的"；第一项中增加"林权证"。

5. 第二十四条修改为："矿藏勘查、开采以及其他各类工程建设，应当不占或者少占林地；确需占用林地的，应当经县级以上人民政府林业主管部门审核同意，依法办理建设用地审批手续。"

二、对《贵州省森林林木林地流转条例》作出下列修改

1. 第十三条第二款修改为："国有森林、林木、林地的流转，应当依法采用承包、转包、出租、互换、合资合作的方式，并按照有关法律、法规规定的程序进行。"

2. 第十四条修改为："单位或者个人通过招标、拍卖、公开协商等方式依法有偿取得宜林荒山荒地的林地经营权、使用权，经依法登记取得权属证书的，可以依法采取转让、出租、入股、抵押或者其他方式流转。"

3. 第十八条修改为："国有森林、林木、林地的流转应当进

行森林资源资产评估，并经本单位全体职工或者职工代表过半数通过后，按照管理权限报县级以上人民政府林业行政主管部门批准后方可流转。"

4. 第二十一条修改为："以森林、林木、林地抵押的，当事人应当签订抵押合同，并到所在地县级以上人民政府不动产登记机构办理抵押登记。抵押权自登记之日起设立。"

5. 第二十二条第一款中的"林业行政主管部门"修改为"不动产登记机构"，第二项修改为"国家统一式样的不动产权属证书或者林权证书"。

6. 删除第二十三条、第二十四条、第二十五条、第三十三条。

7. 第三十五条中的"林业行政主管部门"修改为"林业、自然资源等主管部门"；第二项修改为"不依法登记、颁发不动产权属证书或者林权证的"；第三项修改为"利用职权擅自更改不动产权属证书或者林权证书的"。

8. 第三十六条修改为："本条例实施前已经发生的森林、林木、林地流转并办理了林权登记手续的，其流转继续有效。未办理登记手续的，当事人应当向县级以上人民政府不动产登记机构提出申请，依法办理登记。"

……

本决定自 2021 年 10 月 1 日起施行。

上述 11 件法规根据本决定作相应修改，重新公布。

（来源：节选贵州日报 / 2021 年 10 月 1 日 / 第 003 版）

这是一则法规性决定，用于法律文件的发布。标题形式为"发文机关＋事由＋文种"的完整标题。本决定以"对下列法规部分条款作出修改"引入正文，将修改的具体内容写得准确明白，最后写明了修改后的法律的施行日期。本决定语言十分精确、周密，没有歧义，是典型的法规性决定。

命令（令）

命令（令）是依照有关法律公布行政法规和规章，宣布施行重大强制性行政措施，任免、奖惩有关人员时使用的文种。

一、命令（令）的适用范围

《党政机关公文处理工作条例》规定："命令（令）。适用于公布行政法规和规章、宣布施行重大强制性措施、批准授予和晋升衔级、嘉奖有关单位和人员。"

使用命令（令）这一文种时，必须严肃谨慎，不能滥用错用。《中华人民共和国宪法》和《中华人民共和国地方各级人民代表大会和地方各级人民政府组织法》规定，只有全国人民代表大会常务委员会、全国人民代表大会常务委员会委员长、中华人民共和国主席、国务院、国务院总理、国务院各部委、各部委部长、地方各级人民代表大会和人民政府及军事领导机关，才可发布命令（令），其他机关和个人不得随意发布。党群组织、企事业单位不发布命令（令）。

二、命令（令）的文种特点

命令（令）具有重要性、权威性、强制性和指挥性等特点。

重要性：命令（令）所涉及的事项，无论是发布的行政法规和规章，还是宣布施行的重大强制性行政措施，都是非常重要的内容；此外，需要注意的是，运用命令（令）对相关人员进行奖惩处理，针对的是影响较大的情况，如果是一般性的表彰先进或批评错误，使用"通报"即可。

权威性：除了有权发布命令（令）的领导机关，其他任何单位和个人均不得发布命令（令），这就是命令（令）的权威性；一旦发布，其他单位和个人都不得修改或歪曲命令（令），如果其他公文内容与命令（令）的有关精神相抵触，一律以命令（令）为准。

强制性：在党政机关公文中，命令（令）是强制性最高的文种；只要上级机关发布了命令（令），下级机关不管是否同意，不管有什么困难或问题，都必须无条件执行；违反命令（令）或抗拒执行命令（令），都要受到法律制裁。

指挥性：命令（令）的内容一般都具有指挥下级机关或有关人员行动的作用。

三、命令（令）的语言特点

（一）语言要特别精确

命令（令）体公文的篇幅一般都非常短小。"公布令""任免令"一般只有几十个字，全文只有一段话，而这一段往往又只有一句话，即篇、段、句合一。"动员令""行政令""宣布令"的篇幅虽然稍长一些，但全文也不超过一千字，与其他公文相比仍然属于短篇。不管是几十字，还是几百字，命令（令）都肩负着统一行动的使命。命令（令）

能指导党和国家的重大社会活动，使全党、全军、全国步调一致。基于上述几个方面的因素，命令（令）体公文的用语应当讲求精确。"精"指的是言简意赅、文约事丰，要使用一些凝练的"浓缩"式语言；"确"指的是所言之事要逻辑严密，要求十分具体，如时间要求、度的掌握、投入的力量、组织手段、协同关系、达到的目的、个别问题的政策对待等，都要有具体的规定。自古以来，命令（令）都是用来传达国家重大事项的，事关重大，因此，精确的语言具有特别重要的意义。

（二）体现排山倒海的文势

自古以来，写文章都讲究文势。文势就是文章的气势，其与题材有着极为密切的关系。命令（令）是传递时代重大历史使命内容的文种，其本身所具有的气势必须显得很强烈。

影响文势的另一个因素是文章的结构。"气不可以不贯，不贯则虽有英词丽藻，如编珠缀玉，不得为全璞之宝矣"，我们必须通过文章的开头、过渡、转折、收合、结尾以及内容的详略安排等，形成一种排山倒海的气势，这就是命令（令）体公文气势的本质。

语言更是体现气势的重要因素。人们常说："言为心声。"同样的事情，采用不同的语言表达方式，必然会形成不同的文势。语言的情调、声调，句子的长短，不同的句式、成语、警句以及辞格的运用等，都能体现命令（令）体公文的气势。《向全国进军的命令》一文连续使用了三个以"拒绝这个协定……"开头的句子，其势如强弩连发，击中了国民党反动派假和平、真内战的要害；"奋勇前进""坚决、彻底、干净、全部地""均须缉拿归案，依法惩办"等短句与并列词语的连续使用，反映了"将革命进行到底"的坚定态度及铿锵有力的声威，体现了"压倒一切敌人"的雄伟气势。

四、命令（令）的结构特点

命令（令）主要由标题、编号、主送机关、正文、结尾、落款六部分组成。

（一）标题

命令（令）标题的结构形式一般有以下三种。

第一种是命令（令）专用标题，由"发令机关或领导人职务 + 文种"构成。需要注意的是，如果已经将这类标题规范为专用版头（公文名称），版头（公文名称）则与标题合二为一，如"中华人民共和国国务院令"。

第二种是公文式标题，由"发文机关 + 事由 + 文种"构成，如"国务院、中央军委关于授予 ××× 警衔的命令"。

第三种标题由"事由 + 文种"构成，如"×××× 动员令"。

（二）编号

编号即发文字号，放在标题下方，如"国发〔2004〕20 号"。

（三）主送机关

命令（令）的主送机关主要有两种情况。第一种情况是多数命令（令），不用书写主送机关，因为命令（令）的内容是"周知"类的问题，是面向全社会或集体的；确实有必要注明主送机关的，可以在抄送机关栏目的上方标注"主送""分送"机关。第二种情况是少数命令（令）类公文，如赦免令、嘉奖令等，可以在正文前面写明主送机关。

（四）正文

命令（令）的正文按照公文的正常格式书写即可。正文一般情况下分为四部分，分别是发布命令（令）的原因、根据、目的、意义。不同的命令，其正文的写法也不尽相同。同时，因为命令（令）的篇幅都比较短，所以命令（令）可以采用分段式、分条式、整段式的方法进行书写。具体来讲，发布（命令）令正文要注明发布对象、发布根据、发布决定和执行要求。

（五）结尾

结尾主要用来写明执行要求，语言要简短精练，不要啰唆，以体现命令（令）的强制性和权威性。

（六）落款

落款包括发文机关或发文领导、发文日期。需要注意的是，发文领导虽然写的是个人的名字，但其代表的是权力机关，具有法定效力，应写在正文右下角。发文日期是成文日期，年、月、日要写全。

五、命令（令）的写作要求

命令（令）是权威性和强制性最高的文种，所以写作时要注意以下几个问题。

（一）不能越权使用

命令（令）必须严格按照法定权限制发，不能越权行文。例如，有些公司发布命令（令），这是不妥当的。

（二）不能随意发布命令（令）

命令（令）所针对的事项必须是重要问题或重大事件，一旦发布，受文机关就要严格执行，没有商量的余地。因此，撰写命令（令）时，要斟酌是否确需发布命令（令），以防小题大做,更不能随意发布命令(令)。

（三）目的明确，语言精要

命令（令）具有指挥性，用于指导下级工作。因此，命令（令）必须目的明确，切忌模棱两可；语言精要，语气庄重严肃，正确运用命令语言，令行与禁止相辅相成。

六、命令（令）的种类

命令（令）的种类较多，常用的命令（令）主要有 4 种，分别是发布令、行政令、嘉奖令和任免令。

发布令：用于发布行政法规和规章的命令（令），由令文及附件组成，附件就是公布的行政法规和规章。

行政令：用于宣布施行重大强制性行政措施的命令（令）。

嘉奖令：用于宣布嘉奖有关单位或个人的命令（令），包括授勋令，这类命令一般也称为通令。

任免令：用于宣布人员任免情况的命令（令）。

七、命令（令）的范例

西藏自治区人民政府关于 2021 年冬季至 2022 年春季森林草原防火灭火的命令

（第 167 号）

自治区代主席 严金海

根据《中华人民共和国森林法》《中华人民共和国草原法》和

《森林防火条例》（国务院令第 541 号）、《草原防火条例》（国务院令第 542 号）及《西藏自治区实施〈中华人民共和国森林法〉办法》《西藏自治区实施〈中华人民共和国草原法〉办法》等有关规定，结合我区今冬明春森林草原防火灭火形势，确定 2021 年 11 月 15 日至 2022 年 5 月 31 日，为今冬明春森林草原防火期，2021 年 12 月 15 日至 2022 年 4 月 30 日为森林草原防火紧要期。为切实做好我区森林草原防火灭火工作，特发布如下命令。

一、广泛开展森林防火宣传教育活动

全区各级人民政府及有关部门要充分认识森林草原防火灭火对确保生态安全、建设美丽西藏的重大意义，积极组织开展多种形式的全民森林草原防火灭火宣传教育活动，充分利用新闻媒体宣传森林草原防火法律法规及防火扑火安全知识。通过发布公益广告及信息，加强"12119"森林草原防火报警电话的宣传，大力开展森林草原防火灭火宣传"进学校、进社区、进施工单位、进乡村、进农牧户"，切实增强全民的森林草原防火灭火意识和自觉性，做到森林草原防火灭火家喻户晓，人人皆知，自觉遵守，着力营造群防群治、群策群力的良好氛围。

二、严格野外火源管理

全区各级人民政府及有关部门要按照《森林防火条例》和《草原防火条例》规定，严格野外用火管理工作，重点地段、入山路口要重点防范、专人看守。森林草原防火期内，当地群众上山放牧，必须在当地乡（镇）和村（居）委会进行登记备案。同时，林区范围内野外用火必须做到"十个严禁"，即：严禁林区野外用火做饭、严禁林区野外用火取暖、严禁林区野外烧香、严禁林区野外使用太阳灶、严禁林区吸烟、严禁林区狩猎打猎、严禁林区砍伐林木、严禁林区举办篝火晚会、严禁林区运输使用爆破物、严禁林区施工爆破实弹射击。严格执行森林草原各种用火审批制度，实行野外用火管制，逐一落实防范措施，对未经许可擅自在森林草原区域用火者，按有关规定从重从快查处。严格施工审批制度、责任制管理，施工单位必须制订防火预案，安排森林草原防火监管员。

三、扎实做好扑火救灾准备工作

全区各级人民政府及有关部门必须修定和完善森林草原火灾应急处置预案，确保一旦发生森林草原火灾能够按照预案快速响应、迅速处置。全区各级人民政府要把森林草原火灾预防和扑救经费纳入同级财政预算，落实扑救经费，做好物资储备，全面检修扑火机具等设备，确保防火灭火的需要。各地（市）、县（区）各类专业、半专业扑火队伍以及乡（镇）级森林草原防火灭火突击队，要加强灭火演练，做好防火灭火的一切准备。各级森林草原防灭火指挥部要牢固树立"以人为本，安全第一"的思想，建立健全防扑火安全机制，坚决避免人员伤亡事故的发生。

四、严格执行森林草原火灾报告制度

全区各级人民政府和森林草原防灭火指挥部要严格执行森林草原防火值班制度和信息报告制度。在森林草原防火期内，各级森林草原防灭火部门必须坚持 24 小时值班和领导带班，保持政令和火情信息畅通。严格执行森林草原火灾归口上报制度，保证火情及时得到有效控制。公益林专业管护员、护林员、草监员要扩大巡查范围，加大巡查密度和巡查频率，发现火情立即做出处置，并报有关部门。各级气象部门要通过各种媒体及时发布本区域内森林草原火险等级预报。一旦发现森林草原火灾，任何单位和个人都有义务立即向当地森林草原防灭火指挥部或林草行政主管部门报告，拨打"12119"森林草原防火报警电话，切实做到快速反应，实现"打早、打小、打了"，有效遏制森林草原火灾所致损失。

五、组织开展森林火险隐患排查和督导

全区各级人民政府和自治区森林草原防灭火指挥部办公室要分别制定森林草原火险隐患排查方案，明确排查内容、排查方式、排查要求、排查工作组织等，对森林草原火险隐患要做到层层排查、处处排查、时时排查。要加强火险隐患排查督导，自治区森林草原防灭火指挥部要根据天气情况，组织相关部门每个月在全区范围进行一次隐患排查和督导，各地（市）每20天进行一次排查，各县（区）每周进行一次排查。护林员、草监员每日都要在管辖范围内进行全方位和不间断火情排查，不留死角、不留盲点，发现隐患要及时报告、及时处置，健全完善立体式、不间断的火情隐患排查机制，真正做到情况清、底数明，防患于未然。

六、加大依法治火力度

全区各级人民政府及有关部门要坚持依法治火、依法管火，加大对森林草原火灾肇事者的打击力度。对发现火灾隐患不作为或玩忽职守、失职、渎职引发森林草原火灾的，对发生火情隐瞒不报、贻误扑火战机的，对防火责任不落实、组织灭火不得力造成重特大森林草原火灾或重大影响的，要坚决追究当地政府的主体责任。同时，一旦发生森林草原火灾，当地公安部门组成专案组，对相关责任人依法从严从快查处，并及时向社会公布，做到处理一个、警示一片、教育一方。

全区各级人民政府主要领导和森林草原防灭火指挥部主要负责人，必须认真履行森林草原防火灭火第一责任人和主要责任人的职责，层层签订森林防火灭火目标责任书。把专员（市长）、县（区）长、乡（镇）长、村（居）委会主任的责任贯穿到森林草原防火灭火工作全过程。实行各级领导分级、分片包干负责制。各级森林草原防灭火指挥部成员单位要明确责任，履行职责，积极主动地做好森林草原火灾的预防工作和扑火救灾准备，确保一旦发生火灾，能够立即赶赴现场组织扑救。要切实加强森林草原防火灭火的日常管理工作对违反规定引起森林草原火灾的，要严肃追究肇事者的责任，并视情追究有关领导的行政责任以及法律责任。

自治区代主席　严金海

2021 年 11 月 10 日

这篇命令，由"标题""编号""正文"及"落款"四部分组成。标题由"发文机关＋事由＋文种"组成；"第 167 号"这就是编号；正文开篇首先交代我区今冬明春森林草原防火依据的相关法律，这就是"令的依据"；从"一、广泛开展森林防火宣传教育活动"到全文结束是"令的执行要求"。落款"自治区代主席　严金海""2021 年11 月 10 日"是发文领导与发文日期。

公报

公报是党政机关和人民团体公开发布重大事件或重要决定事项的报道性公文，是党和国家经常使用的重要文种。

一、公报的适用范围

《党政机关公文处理工作条例》规定："公报。适用于公布重要决定或者重大事项。"这里的重要决定或者重大事项包括：重要会议或会谈的决定和情报；级别较高的机关向人民群众公布的重大决策、重要事项或重大措施；国家之间、政党之间、团体之间经过会议达成的某种协议；等等。

二、公报的文种特点

公报是一种兼具重要性、公开性和新闻性的文种，也是公文写作中的重要文种之一。公报具有重要性、公开性和新闻性等特点。

重要性：公报发布机关的级别很高，如中华人民共和国国务院、全国人民代表大会常务委员会、中华人民共和国各部委、中华人民共和国最高人民法院、中华人民共和国最高人民检察院等；公报涉及的内容都是党内外、国内外瞩目的重大事件。

公开性：公报即"公开报告"，是一种公之于众的文种，全国、全世界人民都可以阅读。

新闻性：公报的内容一般都是最近发生的事件或最新做出的决定，是广大人民群众普遍关心的且有知情权但尚未获悉的事项。

三、公报的语言特点

公报用语要具有准确性和概括性。公报作为党政机关和人民团体使用的公文，用以公布重大事件或重要决策，因此它十分讲究用语的准确性和概括性。是什么，不是什么；应怎样做，不应怎样做，必须确切无误地传递给读者。公报要最大限度地使用高密度的语言，用较少的文字说明丰富的内容，做到言简意赅。只要认真品味党的十六届四中全会公报和中美上海《联合公报》的语言，我们就不难体会和理解公报的语言特点。

四、公报的结构特点

公报包括首部、正文和落款三个部分。

（一）首部

首部包括标题和成文日期。

1. 标题

公报常见的标题形式有三种。第一种是直写文种，如"新闻公报"；第二种由会议名称和文种构成；第三种是联合公报，由发表公报的双方或多方的简称、事由、文种构成。

2. 成文日期

标题之下正中位置需要注明公报发布的年、月、日，并用括号括住。

（二）正文

正文包括开头、主体两部分。

1. 开头

开头即前言部分。事件性公报要求用最鲜明、最精练的语言概述事件的核心内容，即在何时、何地发生了什么重大事件；会议性公报要求概述会议的名称、时间、地点、参加人员等；联合公报要求概述公报的由来，即在何时、何地谁与谁举行了什么会谈或谁对谁进行了什么性质的访问等。

2. 主体

主体部分应当把公报的内容完整、系统、有序地表达清楚。主体部分有三种常见的写作方式：第一种是分段式，即每段说明一层意思或一项决定；第二种是序号式，多用于撰写内容繁杂的公报；第三种是条款式，多用于撰写联合公报。

（三）落款

有的公报有落款，有的公报没有落款。联合公报要在正文之后写明签署人的身份和姓名，并写明签署日期和地点。

五、公报的写作要求

（一）要注意严把"内容关"，做到当"公"则"公"，当"报"则"报"

公报要公之于世，这是它的空间特性；公报又是一种历史性文件，这是它的时间特性。正是这种时空特性，要求我们必须对写入公报的内容进行认真筛选、严格把关。

（二）要做到重点明确，主旨突出

有些公报，特别是会议公报和统计公报，内容往往比较繁杂。因此，相关人员在撰写公报时必须抓住重点，突出行文的主旨；要把写作重点放在对事件的陈述和对观点的阐述上，并且要紧扣全文的中心来写，切忌内容芜杂，令人难得要领。

六、公报的种类

（一）新闻公报

新闻公报是以新闻的形式将重大事件向党内外、国内外公布的公文。新闻公报往往由新闻发布机关在新闻媒体上公之于众，它的传播范围没有限制。新闻公报应当具有新闻的及时性和真实性，所以有人认为它是一种新闻性公文。

（二）联合公报

联合公报是政党之间、国家之间、政府之间就某些重大事项或问题经过会谈、协商取得一致意见或达成谅解后，双方联合签署发布的公文。

（三）会议公报

会议公报是党政机关、人民团体或单位在召开重要会议后公开发表的一种公文。会议公报是公报的一种，应用场景比较单一。

（四）统计公报

统计公报是国家和政府统计机关用于发布国民经济和社会发展情况的一种公文。我国统计部门发布这类公报时通常以年度（或半年度）为计数的时间单位。地方的统计公报一般不对外发布，只在地方报刊上发布。

七、公报的范例

第七次全国人口普查公报[1]（第八号）
——接受普查登记的港澳台居民和外籍人员情况

国家统计局

国务院第七次全国人口普查领导小组办公室

（2021年5月11日）

根据第七次全国人口普查结果，现将2020年11月1日零时居住在我国31个省、自治区、直辖市接受普查登记的港澳台居民和外籍人员主要数据公布如下：

一、人口数

居住在31个省、自治区、直辖市并接受普查登记的香港特别行政区居民371380人、澳门特别行政区居民55732人、台湾地区居民157886人，外籍人员845697人，合计1430695人。

二、性别构成

上述人员[2]中，男性736286人，女性694409人。

其中：香港特别行政区居民，男性为202296人，女性为169084人。澳门特别行政区居民，男性为29067人，女性为26665人。台湾地区居民，男性为102897人，女性为54989人。外籍人员，男性为402026人，女性为443671人。

三、居住时间

上述人员中，居住时间三个月以下的 40659 人；居住时间三个月至半年的 56342 人；居住时间半年至一年的 166884 人；居住时间一年至两年的 248174 人；居住时间两年至五年的 314954 人；居住时间五年以上的 603682 人。

四、来内地或来华目的

上述人员中，以商务为目的 77008 人；以就业为目的 444336 人；以学习为目的 219761 人；以定居为目的 419517 人；以探亲为目的 74735 人；其他目的 195338 人。

五、地区分布

上述人员按居住地分，人数排在前十位的省份是：广东 418509 人，云南 379281 人，上海 163954 人，福建 106248 人，北京 62812 人，江苏 58201 人，浙江 46189 人，广西 26043 人，山东 21829 人，辽宁 20562 人。居住在其他省份的 127067 人。

注释：

[1] 本公报数据均为初步汇总数据。

[2] 上述人员指普查标准时点居住在我国 31 个省、自治区、直辖市接受普查登记的港澳台居民和外籍人员，不包括因出差、旅游等原因短期停留的港澳台居民和外籍人员。

这是一篇统计的新闻公报。全文简明扼要，共三部分。一是导语，即第一自然段，作用是引出公报的主要内容，即 2020 年 11 月 1 日零时居住在我国 31 个省、自治区、直辖市接受普查登记的港澳台居民和外籍人员主要数据；二是主体，即对导语提到的数据予以公布；三是结尾，即对公报中的个别内容进行解释说明。

公告

公告是国家权力机关、行政机关向国内外宣布重要事项或者法定事项的公文。

一、公告的适用范围

《党政机关公文处理条例》规定："公告。适用于向国内外宣布重要事项或者法定事项。"所以，公告的适用范围包括：宣布国家领导人选举结果、国家重要领导岗位的变动结果；宣布国家重大事务活动，如国家领导人出访或者外国领导人来访，答谢外国政府、政党及某知名人士对我国重大政治活动和重大庆典的祝贺；宣布国家重要统计数据、国家重大科技成果；宣布涉外经济合作的重要决定；全国人民代表大会及其常务委员会宣布重要事项、重大决定或颁布法律、法令；各省、自治区、直辖市人民代表大会及其常务委员会颁布地方性法规。

二、公告的文种特点

公文具有广泛性、限制性、重大性和新闻性等特点。

（1）广泛性。广泛性是公告的基本特点，是由公告本身的内容和作用决定的。一般来说，公告的发布范围往往是非常广泛的，可能涉及全国乃至全世界。

（2）限制性。与发布范围的广泛性相反，发布公告的权力是被限制在高层行政机关及其职能部门的范围之内的，公告具有极强的限制性。一般来说，除省、自治区、直辖市及以上层级的行政机关和部分法定机关有发布公告的权力外，其他机关或组织是不能发布公告的。

（3）重大性。考虑到公告的影响力和意义，在题材上应该考虑其重大性。只有那些能在国内外产生一定影响的重大题材，才能使用"公告"这一文种发布。

（4）新闻性。公告是需要告诉人们一些他们关心、未知的事项，且这些事项应该是近期发生的，因而新闻性也是公告的一个非常重要的特点。

三、公告的语言特点

在语言方面，公告应该满足得体、准确的要求。

"得体"，就是要用与公告风格相似的语言。公告是面向大众的，用较平实的语言显然更能体现其得体性，更能让人们读懂。

"准确"，就是基于公告的政策性和规定性特点，无论是在文字的使用、遣词造句，还是句式上都要体现"准确"这一特点。它是公告语言的基本要求。从"准确"角度来说，公告语言应符合社会的客观实际，符合规范的语法层次和逻辑，符合内容表达的恰当性要求。

四、公告的结构特点

公告一般由标题、正文、落款三部分构成。由于公告的发布范围不受限制，因此公告中不写主送机关。

（一）标题

公告的标题由发文机关、事由和文种三要素组成，如"中国人民银行关于进一步改革外汇管理体制的公告"。标题中可以省略发文机关和事由，但是必须写明文种——"公告"。

（二）正文

公告的正文一般由缘由、事项和结语三部分组成。

（1）缘由部分要写明发布公告的目的、根据和原因。

（2）事项部分要写明公告事项的具体内容。如果内容较多，可采用分条列项的写法。有些公告需要写清将在何时、何地发生什么重大事项。

（3）结语部分常用"现予公告""特此公告"作结，有时也可省略。

（三）落款

落款即署名和写上发文日期。标题中已写发文机关名称的公告，文后可以署名，也可不署名；标题中没有写发文机关名称的公告，文后必须署名，并且要写全称。发文日期可以写在发文机关名称下面，也可写在标题下面。

五、公告的写作要求

公告的内容必须是能在国内外产生一定影响的重要事项，或者依法必须向社会宣布的法定事项。因此，公告的内容必须是庄重且严肃的，能体现国家机关的威严。也就是说，合格的公告既要做到将有关信息和政策公之于众，又要避免在国内外产生不良的政治影响。

（1）公告是一种高级别的文种。只有在涉及具有全局性的重要事项或法定事项时，才能由高级别的权力机关或行政机关发布公告。

（2）公告是用来宣布重要事项或法定事项的，所涉及的事项多是国家大事，不重要的事项或非法定事项，不能采用公告的形式发布。

（3）公告是向国内外宣布重要事项或法定事项时所采用的文种，它的发布范围比较大，涉及全国甚至全世界。

（4）公告多数时候刊登在新闻媒体上，一般不能用红头文件的形式下发，也不能公开张贴。

六、公告的种类

公告主要有要事性公告、政策性公告、任免性公告、法定性公告四种类型。

要事性公告：国家党政机关向国内外宣布重大事项的公告，如宣布重大国事活动、重大科技成果，答谢国外有关部门对我国重大活动的祝贺等。

政策性公告：凡国家行政机关向国内外发布方针、政策，均用此类公告，如根据《中华人民共和国商标法》及其实施细则发布的商标公告，根据《中华人民共和国专利法》公布的申请专利公告等，都是政府的职能部门依据有关法律法规，按照法定程序发布的。

任免性公告：向国内外宣布人员职务任免事宜采用此类公告，这类人员多系国家领导人和政府重要官员，如换届时全国人民代表大会会议主席团发布的《中华人民共和国全国人民代表大会公告》。

法定性公告：向国内外宣布法定事项或颁布法律法规而使用的公告，如《中华人民共和国××法》是由中华人民共和国第×届全国人民代表大会第×次会议于××××年×月×日通过《中华人民共和国全国人民代表大会公告》公布施行的，这就是典型的法定性公告之一。

七、公告的范例

江苏省人民代表大会常务委员会公告

　　常州市选出的江苏省第十三届人民代表大会代表齐家滨已调离本省、泰州市选出的江苏省第十三届人民代表大会代表史立军已辞去代表职务。依照代表法的有关规定，齐家滨、史立军的代表资格终止。

　　南京市选出的江苏省第十三届人民代表大会代表祁豫玮，南通市选出的江苏省第十三届人民代表大会代表冯军，宿迁市选出的江苏省第十三届人民代表大会代表杨中云已辞去代表职务。依照代表法的有关规定，祁豫玮、冯军、杨中云的代表资格终止。

　　截至目前，江苏省第十三届人民代表大会实有代表784名。

　　特此公告。

江苏省人民代表大会常务委员会

2021年9月29日

（来源：新华日报/2021年/9月/30日/第003版）

　　这篇要事性公告结构比较简单，依次写明了标题、公告内容、发文机关名称和成文日期。这篇公告涉及江苏省第十三届人民代表大会代表的变动，是国家党政机关向国内宣布重大事项的公告，最后以"特此公告"收尾。整篇公告结构严谨，内容简洁。

通告

　　通告是国家机关、社会团体、企事业单位在一定范围内向社会公众或者有关单位、人员公布应当遵守或周知的事项的知照性公文。《党政机关公文处理工作条例》规定："通告。适用于在一定范围内公布应当遵守或者周知的事项"。通告不同于公告，通告主要用于满足有关单位开展业务的工作需要。

一、通告的文种特点

　　通告是各级机关、各类团体常用的具有一定约束力的文种，它具有周知性、法规性、务实性和广泛性等特点。

　　周知性：通告的内容要求一定范围内的人群普遍知晓，以使他们了解有关政策法令，遵守某些规定，共同维护社会管理秩序。

　　法规性：通告常用来颁布地方性的法规，这些法规一经颁布，特定范围内的部门、单位和民众都必须遵守、执行。

　　务实性：通告是一种直接指向某项事务的文种，务实性比较突出；其内容一般属于业务方面的问题，并且多为局部的、具体的问题，交通、金融、能源等部门使用通告的频率比较高。

　　广泛性：通告不只是对本组织发出的，还是对本组织之外的社会成员发出的，其对象范围具有广泛性。

二、通告的语言特点

通告的语言要通俗易懂，语气要庄重严肃。通告不能使用不容易理解的专业术语或冷僻的词语，以免影响群众理解和遵守；通告的语气要坚决、肯定，具有不容置疑的威慑力；通告的内容要严谨，尽量客观、真实地陈述事实，少加议论。

三、通告的结构特点

通告由标题、正文、发文机关署名、成文日期四个部分组成。

（一）标题

通告的标题可以包含三个要素，即发文机关、事由、文种，如"××市人民政府关于禁止'法轮功'邪教组织活动的通告"；也可以由发文机关和文种组成，如"中华人民共和国公安部通告"。

（二）正文

通告的正文通常由三部分组成。

第一部分简要交代通告的根据或目的，以增强通告的权威性和针对性。

第二部分准确说明通告的具体事项。内容较多时，为使条理清晰，可以采用分条列项的方式表达。

第三部分提出贯彻通告的明确要求，如使用"请认真遵照执行""特此通告"等习惯用语来结尾。

（三）发文机关署名

在正文之后写明发文机关的名称。

（四）成文日期

在发文机关名称之下标明发文的年、月、日。

四、通告的写作要求

第一，通告的内容要遵守"一文一事"原则，主旨要明确。通告要通篇围绕一个中心写，表达的内容要清楚明白，使阅读对象有章要循、有规可依。

第二，通告具有法定的约束力，因此，通告对于"允许做什么""禁止做什么""做了以后怎么惩处"等内容要明确规定。由于有些通告以规定禁止的事项为主，要求人们不得违反，因此相关人员必须仔细斟酌，避免出现不妥之处而导致发文机关陷入被动局面。

第三，尽管通告的约束力很强，但是它毕竟不是单独立法，所以通告的内容要有法可依，要注意在内容上、处罚规定上不能与现行法律法规相抵触。

五、通告的种类

通告是在公布社会各有关单位和个人应当遵守或者周知的事项时所使用的公文文种。按公布的内容不同，通告有以下几种类别。

知照性通告：知照性通告公布的是需要有关单位和个人周知的某些事项，如通告停电、停水等；知照性通告最能体现通告这一文种的特点，其包含标题、正文、发文机关署名、成文日期等要素。

办理性通告：办理性通告公布的是要求有关单位和个人办理的事

项，要求办理的事项多为注册、登记、年检等公共事项，其目的在于告知公众就某个事项应该如何操作；也有因更改办理方法而发布的通告，此类通告的语气应比较委婉，要表达出因更改办理方法而给公众带来不便的歉意；就写作格式而言，办理性通告应该包含标题、正文、发文机关署名、成文日期等要素，其正文往往会以"敬请谅解！""特此通告！"等习惯用语结尾。

　　禁管性通告：禁管性通告公布的是一些禁止的事项，如交通管制、查禁违禁物品等事项；禁管性通告在结构上和其他类型的通告相似，但在内容上，禁管性通告必须说明哪些是违法和违规的操作，以及违法和违规操作后会承担什么后果，这样才能使公众树立正确的意识，起到通告的作用。

六、通告的范例

国家烟草专卖局　国家市场监督管理党局
关于进一步保护未成年人免受电子烟侵害的通告

2019 年第 1 号

　　2018 年 8 月 28 日，国家市场监督管理总局、国家烟草专卖局发布了《关于禁止向未成年人出售电子烟的通告》（国家市场监督管理总局　国家烟草专卖局通告 2018 年第 26 号，以下简称《通告》）。自《通告》发布以来，社会各界共同保护未成年人免受电子烟侵害的意识普遍增强，向未成年人直接推广和销售电子烟的现象有所好转。但同时也发现，仍然有未成年人通过互联网知晓、购买并吸食电子烟。甚至有的电子烟企业为盲目追求经济利益，通过互联网大肆宣传、推广和售卖电子烟，对未成年人身心健康造成巨大威胁。为进一步保护未成年人免受电子烟侵害，现将有关事项通告如下：

电子烟作为卷烟等传统烟草制品的补充，其自身存在较大的安全和健康风险，在原材料选择、添加剂使用、工艺设计、质量控制等方面随意性较强，部分产品存在烟油泄露、劣质电池、不安全成分添加等质量安全隐患。按照《中华人民共和国未成年人保护法》的有关规定要求，为加强对未成年人身心健康的保护，各类市场主体不得向未成年人销售电子烟。任何组织和个人对向未成年人销售电子烟的行为应予以劝阻、制止。

同时，为进一步加大对未成年人身心健康的保护力度，防止未成年人通过互联网购买并吸食电子烟，自本《通告》印发之日起，敦促电子烟生产、销售企业或个人及时关闭电子烟互联网销售网站或客户端；敦促电商平台及时关闭电子烟店铺，并将电子烟产品及时下架；敦促电子烟生产、销售企业或个人撤回通过互联网发布的电子烟广告。

各级烟草专卖行政主管部门、市场监督管理部门应切实加强对本《通告》的宣传贯彻和执行，保护未成年人免受电子烟的侵害。烟草专卖行政主管部门要加大对电子烟产品的市场监管力度，加强对通过互联网推广和销售电子烟行为的监测、劝阻和制止，对发现的各类违法行为依法查处或通报相关部门。

特此通告。

国家烟草专卖局　国家市场监督管理总局

2019 年 10 月 30 日

这篇关于保护未成年人免受电子烟侵害的通告，正文由三个部分组成。第一部分为发布通告的原因、背景和目的，内容明确清晰，使人一看便知为什么要发布此通告；第二部分为通告事项，分别从电子烟自身的危害、应该采取哪些措施，以及相关部门如何监管等方面来说明通告的具体内容；第三部分以"特此通告"收尾。从整体写作结构上来看，该范例非常典型，极具参考价值，是标准的知照性通告。

意见

意见是上级领导机关、同级机关之间或主管部门，针对当前或者将来要开展的主要工作和亟待解决的重大问题提出原则性的要求和具体的处理办法的，直接发至下级机关或转发至有关机关要求其遵照执行的，具有指示作用的公文。

一、意见的适用范围

《党政机关公文处理工作条例》规定："意见。适用于对重要问题提出见解和处理办法。"

作为下行文的意见，一般是指上级机关对重大问题、重要事项、重要工作提出的具有指导性、指示性的意见；作为上行文的意见，一般是指下级机关对重大问题提出的见解和解决办法；作为平行文的意见，一般是指两个及以上不相隶属的机关提出的自己对某一问题的见解和处理办法，这类意见要带有商榷、建议的意思，还要提出解决办法。

可见，意见的适用范围很广泛：它既可以用来对工作做出指导、提出要求，又可以用来对工作做出评估、提出批评；它既适用于党政机关，也适用于党群组织、企事业单位。

二、意见的文种特点

（一）行文方向的灵活性

绝大多数公文文种具有严格的方向性，即上行文不能用于下行，下行文也不能用于上行。但意见既可以用于下行，也可以用于上行。例如，1989 年 2 月，中共中央以《关于进一步繁荣文艺的若干意见》一文下达各省、区、市委，就是用于下行的意见。

（二）实用性

意见既可用于行政机关联合行文，又可用于行政机关单独行文。

（三）参考性与指示性

上呈的意见无论是对重要问题提出见解，还是对处理某事项提出办法、措施，都是以下级机关的身份说话，旨在提供决策参考；下达的意见不同于命令（令），其多以协商的态度与缓和的语气提出见解和处理办法，给下级机关以指示。

三、意见的语言特点

意见的行文方向不同，其用语也截然不同。上行的意见要使用下级向上级汇报见解、陈述办法的语气，习惯用语如"我们考虑""我们认为""我们建议""我们要求""请""敬""望"等。下行的意见则多用一些带有祈使语气的词表示肯定态度，或带有禁止语气的词表示否定态度。平行的意见要使用平等协商的语气，多用带有商量意味的语句，以征得对方的理解与支持。

四、意见的结构特点

意见一般包括标题、正文、落款三部分。

（一）标题

标题通常有两种形式：第一种由发文机关、事由和文种构成；第二种由事由和文种构成。

（二）正文

（1）主送机关。主送机关已标注在批转通知中，故正文中不再标注主送机关。直接下发的意见要标注主送机关。

（2）开头。开头要讲明针对的问题、布置工作的意义和重要性，以及提出意见的目的和依据。

（3）主体。主体要明确工作任务，提出原则性要求、措施、处理办法或步骤等。

（4）结尾。篇幅较长的意见通常以提出号召、希望、督察要求结尾。局部性意见大多没有专设的结尾，而是随着正文的结束而自然结尾。

（三）落款

直发性意见一般要在文后署名和标注成文日期。转发性意见通常不在文后落款，而是将发文机关名置于标题之下。

五、意见的写作要求

意见所写的问题必须是重要问题。所谓重要问题，是指在当前工作中所遇到的涉及全局性、方针政策性的重大事项和主要问题，特别是新问题。

意见是为贯彻落实上级精神而制发的带有宣传、引导、说明、阐释性质的指导性公文，所以在行文时，语气要相对缓和，不要使用命令性的强制语气。

在撰写意见时会较多地使用到议论这种表达方式，因此在行文时，语言要尽量简洁、明确，不用像写论文或宣传材料那样做全面论述。

六、意见的种类

按照内容的性质和用途，意见可分为指导性意见、实施性意见、呈报性意见和呈转性意见。

指导性意见：用于向下级机关布置工作，对下级机关的工作有一定的规范作用和行政约束力，具有突出的指导性，主要阐明工作的原则和方法，从而指导下级机关开展工作；指导性意见包括标题、主送机关、正文、发文机关署名和成文日期等，其中正文往往采用分条列项式写法，逐层、逐条介绍具体的指导性意见内容；下级机关开展工作时，便以此意见为参照来处理相关事宜。

实施性意见：用于规定某一时期某方面工作的目标和任务，提出相应的措施、方法和步骤；实施性意见与指导性意见的结构大体相似，但需要注意的是，实施性意见的正文一般更加具体，便于下级机关按此意见来对照实施，从而解决当前工作中的问题。

呈报性意见：用于向上级机关提出关于某方面工作的建议，供上级机关参考，上级机关对此类意见可以不用行文反馈；呈报性意见属于上行文，因为发文机关级别较低，所以一般没有发文字号；其正文主要是将具体工作中存在的各种问题汇报给上级机关并提出合理建议，并不要求上级机关批复。

呈转性意见：指就开展和推动某方面的工作提出初步的设想，呈送上级机关审定并要求批转至指定范围内，让相关部门执行的意见；这类意见一经上级机关批转，就代表上级机关认同此类意见并成了上级机关的意见，以便让相关部门执行；呈转性意见与呈报性意见结构相似，但就正文而言，呈转性意见不仅向上级机关汇报了情况、提出了意见，还要求上级机关批准转发。

七、意见的范例

黑龙江省纪委监委
关于纪检监察机关监督保障优化营商环境的意见

为深入贯彻落实习近平总书记关于优化营商环境的重要讲话指示批示精神，完整、准确、全面贯彻新发展理念，充分发挥监督保障执行、促进完善发展作用，推动我省营商环境持续优化和政治生态根本好转，提出如下意见。

一、切实提高政治站位

好的营商环境就是生产力、竞争力。习近平总书记多次对东北地区和我省发表重要讲话，对打造全面振兴好环境提出明确要求。省委把优化营商环境作为重要政治任务，持续深化机关作风整顿优化营商环境，我省投资吸引力、市场竞争力、群众满意度明显增强。全省纪检监察机关立足职能职责，以精准有力的政治监督，以正风肃纪反腐释放的监督推力，为优化营商环境提供有力保障。同时必须看到，纪检监察机关在服务保障优化营商环境中仍存在一些问题。有的思想认识不到位，监督保障的主动性不强；有的监督执纪力度不够，警示震慑效果不明显；有的工作方法单一，监督不够精准有效等。这些问题，必须切实加以解决。

进入新发展阶段、贯彻新发展理念、融入新发展格局，推动高质量发展，要求我们更加注重优化营商环境。全省纪检监察机关必须提高政治判断力、政治领悟力、政治执行力，把监督保障优化营商环境作为践行"两个维护"的实际行动，作为营造风清气正政治生态的重要内容，坚持围绕中心、服务大局，立足"监督的再监督"职责，保障促进黑龙江振兴发展和现代化建设；坚持问题导向、目标导向，着力推动解决群众反映最强烈、市场主体最困扰、制约发展最突出的问题；坚持系统施治、标本兼治，一体推进不敢腐、不能腐、不想腐，促进政策落地、效能提升、法治公平；坚持统筹协调、上下联动，推进监督精准化、办案规范化、改革精细化、队伍专业化、保障信息化，以纪检监察工作高质量发展助力打造优良营商环境。

二、准确把握监督重点

（一）加强对优化营商环境决策部署贯彻落实情况的监督检查，坚决整治有令不行、有禁不止问题。聚焦习近平总书记关于推进东北地区和黑龙江振兴重要讲话精神、党中央关于"十四五"期间东北全面振兴决策部署贯彻落实情况，聚焦深化"放管服"改革、支持民营经济发展、纾困惠企等重大举措落实情况，聚焦国务院《优化营商环境条例》和《黑龙江省优化营商环境条例》《黑龙江省委省政府关于重塑营商新环境的意见》等政策措施落实情况，跟进监督、精准监督、做实监督，坚决纠正搞"包装式""洒水式""一刀切式"落实等突出问题，严肃查处乱拍板乱决策、走过场做虚功、打折扣搞变通等行为，确保政令畅通。

（二）加强对优化营商环境责任落实情况的监督检查，坚决整治履责不力、失职失责问题。督促党委政府切实扛起优化营商环境主体责任，健全完善领导体制和工作机制，逐级压实责任，坚决纠正不重视不研究、把责任推给部门和基层、相关领域改革进展迟缓、遗留问题久拖不决等问题。督促职能部门认真履行监管责任，强化"双随机、一公开"监管、"互联网＋监管"和包容审慎监管，坚决纠正牵头部门不负责、配合部门不上心，出台政策相互掣肘、不接地气，推动落实抓而不紧、抓而不实等问题。

三、全面提升监督效能

（一）拓宽监督渠道。注重从信访举报、干部群众反映、媒体报道等途径中见微知著，综合运用调研督导、专项检查、明察暗访等方式发现问题。搭建纪企沟通"绿色通道"，选取不同层面的企业和个体工商户作为营商环境监督监测点，聘请营商环境监督员，定期听取"两代表一委员"、行业协会商会、市场主体的诉求反映。充分运用巡视巡察监督、职能部门监管执法、财政审计专项检查、司法机关案件查办等工作成果，善于利用现代化信息技术手段，精准发现问题。与行政执法部门和司法机关完善落实问题线索移交机制，及时受理处置、跟踪督办、加强反馈。

（二）开展专项整治。巩固深化已有营商环境专项整治成果，持续推动系统施治、标本兼治。聚焦政策支持力度大、投资密集、资源集中的领域和环节，将市场主体反映强烈、反复出现的问题作为整治重点，列出年度整治计划，一领域一专项一方案，以小切口解决大问题。健全纪委监委专责监督、职能部门具体整治、上下联动推进落实工作机制，采取定期会商、联合督查、线索处置、通报情况、提出建议等方式，促进监督和监管同向发力。探索建立与巡视巡察协同联动工作机制，为专项整治提供有力支撑。坚持开门搞整治，向群众公示项目、通告进展、公布成果，接受监督评价。

四、精准稳慎执纪执法

（一）准确把握政策法律界限。坚持实事求是、宽严相济，依据纪法、考量情理，以发展的眼光看待和处理市场主体历史上的不规范行为，把一般违法行为与犯罪行为严格区分开来，把发生在党的十八大前与十八大后严格区分开来，把拉拢腐蚀围猎干部与被索贿勒卡严格区分开来。对涉案企业人员具有自动投案、积极配合调查、重大立功表现等情形的，依规依纪依法从宽处理。认真落实

《关于进一步推进受贿行贿一起查的意见》，重点查处多次行贿、巨额行贿以及向多人行贿，在重要工作、重点工程、重大项目、重点领域中行贿，实施重大商业贿赂等行为；建立行贿人"黑名单"制度，及时向有关部门通报情况，采取限制从业行为、取消资格待遇等措施，开展联合惩戒。

（二）审慎规范使用调查措施。依法慎用限制人身权和财产权的措施，严格区分合法财产和违法所得，严格区分个人财产和企业法人财产、家庭成员财产，从严把握留置、搜查、技术调查、限制出境等措施，严禁超范围查封、扣押、冻结涉案人员和企业财物。在审查调查中需要有关企业实际控制人等配合调查的，要充分评估对企业正常经营的影响，合理采纳配合调查人员对维护企业正常经营的意见；对采取留置措施的，应及时通知所在企业妥善安排人员接替工作。慎重发布涉企案件信息，防止影响企业声誉、信誉。

五、健全完善保障措施

（一）加强组织领导。全省纪检监察机关要把监督保障优化营商环境工作摆上重要位置，纳入政治监督、日常监督，作为政治生态建设成效考核的重要内容，着力构建长效常治工作机制。省纪委常委会每年专题听取工作情况，研究解决重要问题、重点工作。要细化分解任务，明确部门责任，定期调度工作，加强对下督导指导。要把监督保障情况作为纪检监察工作考核的重要内容，考核结果作为评价工作和干部选拔任用的重要依据。各市（地）纪委监委主要负责同志要亲自部署推动，年初有部署，年末有总结，每年12月底前向省纪委监委报告工作情况，重要情况及时报告。

（二）完善监督机制。要把监督保障优化营商环境作为纪律监督、监察监督、派驻监督、巡视巡察监督的重点内容，推动监督贯通联动。统筹纪检监察机关内部监督力量，各部门结合职责抓好落实。发挥派驻监督作用，对驻在部门履行职责、服务支持市场主体发展情况开展近距离、全天候监督。加强巡视巡察监督，把优化营商环境情况作为监督重点内容，注重梳理分析，在反馈意见中提出整改建议，跟进督促整改。建立"室组"联动监督、"室组地"联合办案工作机制，提升监督效能。

附件（略）。

（节选）

（来源：黑龙江日报/2021年/12月/9日/第003版）

这是一篇典型的实施性意见，整体采用"总分"式结构。首先提出此意见的原因、目的，然后点明总体要求和工作目标，这是"总说"，接着罗列了"五点"内容来详细"分说"，最后还有附件。全文有目标、有任务、有提出措施和步骤，是极具参考价值的一种意见写作方式。

通知

一、通知的适用范围

《党政机关公文处理工作条例》规定："通知。适用于发布、传达要求下级机关执行和需要有关单位周知或者执行的事项，批转、转发公文"。

通知的适用范围在实际应用中远不止这些，能否使用通知要视发文机关的层级、职权范围及具体的发文目的等因素而定。但有一点要注意，不能凡事都用通知。有些单位在全部发出的公文中，通知所占的比例相当高；有些单位甚至把应该写成纪要的内容也写成了通知，这是应当避免的。

二、通知的文种特点

（1）广泛性。通知的行文主体包括各级各类社会组织及其部门；通知的内容既可以是上级的指示，也可以是上级部署的工作任务或告知的重要公务信息；从行文关系上说，通知可作为下行文和平行文。

（2）主题性。通知具有主题单一的特点，其恪守"一文一事"原则。一份通知只涉及一项工作、一个问题或一项公务活动。

（3）时效性。受文单位必须在特定的时间范围内执行和办理通知中的相关事项，因此，通知的正文通常包括时间要素。

（4）灵活性。根据内容的繁简程度的不同，通知的表述形式可分为多层多段和篇段合一两种。另外，通知在内容安排上也较为灵活。

三、通知的语言特点

通知的语言应当庄重、平实。具体来讲，在语言方面，通知必须满足以下四个要求。

（1）用语要符合客观实际。

（2）语言要明确、精练。

（3）语言要适合具体语境。

（4）多用书面语，少用口语。

四、通知的结构特点

通知由标题、主送单位、正文、发文单位名称和成文日期组成。

（一）标题

通知的标题写法与通告类似，具体有以下几种。

（1）由发文单位、事项、文种构成，如"××集团关于做好投资工作的通知"。

（2）由发文单位和文种构成，如"××企业后勤部通知"。

（3）由事项和文种构成，如"关于调整组织结构的通知"。

（4）也可以只用"通知"二字作为标题。

（二）主送单位

通知一般需要写明主送单位，便于通知中的事项的执行和办理。但如果是普发性通知，或内容简短、事项单一的通知，也可省略主送单位。

（三）正文

通知的正文一般由通知缘由、通知事项和通知结尾构成。

（1）通知缘由：需概括情况、交代背景、说明目的，也可陈述理由、指出依据，可用"现通知如下："等语句过渡到通知事项。

（2）通知事项：需要告知或要求遵守或执行的事项。发文通知一般只有这个部分，其格式一般为"×××同意×××《××××××××的意见（或其他文件）》，现转发给你们，请遵照执行"。然后以附件形式附上同意的文件，或直接在成文日期后面附上相关文件。

（3）通知结尾：提出相关要求或希望，最后可以用"特此通知"等习惯用语结尾。

（四）发文单位名称和成文日期

通知的发文单位名称和成文日期依次写在正文的后面。如果标题已写明发文单位名称，此处可以省略。

五、通知的写作要求

（一）通知事项要明确

通知的可操作性很强，因此，通知必须将需要传达、贯彻、落实、周知的事项交代清楚，便于受文单位理解和执行，绝不能含糊其词、模棱两可。

（二）主题要单一

通知要解决实际问题，因此，要严格遵守"一文一事"原则，只说明一件事情、布置一项工作，保证主题单一，让人一看就明白，以便受文单位迅速执行与办理相关事项。

（三）确保表达清晰

通知以说明为主，无论是采用篇段合一的写作方式还是分层表达的写作方式，在语言表达上都要做到准确简练、层次分明、条理清晰，不产生歧义，使读者一目了然。

（四）交代发文依据

为了达到较好的行文效果，撰写通知时要注意增强其权威性，通知缘由部分应当尽可能将发文的政策法规依据或事实依据交代清楚。针对某个问题下达的指示性通知，要注意将行文背景交代清楚，以增强行文的针对性。

六、通知的种类

（一）指示性通知

指示性通知用于发布指示、布置工作。凡是需对某一事项进行处理、对某个问题做出指示，又不适合用命令（令）、决定、指示行文时，均可用通知行文。

（二）发布性通知

发布性通知用于传达方针政策，发布法规、条例等。除一些重要的法律文件需要用命令（令）颁布之外，多数法规和规章文件都适合用通知颁布。

（三）批转性通知

批转性通知用于批转下级机关报来的文件，转发上级、同级或不相隶属的机关发来的文件。

（四）晓谕性通知

晓谕性通知用于告知某一事项，如机关人事调整，启用作废公章，机关名称、机关隶属关系变更，迁移地址，安排假期等，其用途很广泛。

（五）任免性通知

任免性通知用于宣布任免干部的职务。根据职位高低不同，可分别采用不同的文种来宣布职务任免情况，最高可用任免令，其次用决定，再次用通知。基层干部的任免事宜通常用通知宣布。

（六）会议通知

会议通知用于告知有关单位或人员参加会议，并提出与会议相关的要求。

七、通知的范例

关于政府购买服务有关预算管理问题的通知

财预〔2014〕13号

党中央有关部门，国务院各部委、各直属机构，总后勤部，武警各部队，全国人大常委会办公厅，全国政协办公厅，高法院，高检院，有关人民团体，新疆生产建设兵团财务局，有关中央管理企业，各省、自治区、直辖市、计划单列市财政厅（局）：

为全面贯彻落实党的十八大和十八届二中、三中全会精神，加快政府职能转变，改进政府提供公共服务方式，优化资源配置，提高财政资金使用效益，根据《国务院办公厅关于政府向社会力量购买服务的指导意见》（国办发〔2013〕96号）有关要求，现就推进政府购买服务有关预算管理工作通知如下：

一、妥善安排购买服务所需资金

政府购买服务所需资金列入财政预算，从部门预算经费或经批准的专项资金等既有预算中统筹安排。对预算已安排资金且明确通过购买方式提供的服务项目，按相关规定执行；对预算已安排资金但尚未明确通过购买方式提供的服务，可根据实际情况，调整通过政府购买服务的方式交由社会力量承办。既要禁止一些单位将本应由自身承担的职责，转嫁给社会力量承担，产生"养懒人"现象，也要避免将不属于政府职责范围的服务大包大揽，增加财政支出压力。

二、健全购买服务预算管理体系

要加强调查研究，总结试点经验，立足成本效益分析，加快建立购买服务支出标准体系，推进购买服务项目库建设，逐步在预算编报、资金安排、预算批复等方面建立规范流程，不断健全预算编制体系，提高购买服务预算编制的科学化、规范化。

三、强化购买服务预算执行监控

财政部门和预算单位要对购买服务提供进行全过程跟踪，对合同履行、绩效目标实施等，发现偏离目标要及时采取措施予以纠正，确保资金规范管理、安全使用和绩效目标如期实现。承接主体要认真履行合同规定，采取有效措施增强服务能力，提高服务水平，确保提供服务的数量、质量等达到预期目标。

四、推进购买服务预算信息公开

严格执行《中华人民共和国政府信息公开条例》有关规定，建立健全购买服务信息公开机制，拓宽公开渠道，搭建公开平台，及时将购买的服务项目、服务标准、服务要求、服务内容、预算安排、购买程序、绩效评价标准、绩效评价结果等购买服务预算信息向社会公开，提高预算透明度，回应社会关切，接受社会监督。

五、实施购买服务预算绩效评价

购买服务预算绩效评价是全过程预算绩效管理的有机组成部

分。要按照建立全过程预算绩效管理机制的要求，强调结果导向，大力推进购买服务预算绩效评价工作，将预算绩效管理理念贯穿于购买服务预算管理全过程，强化部门支出责任，加强成本效益分析，控制降低公共成本，节约社会资源，加强绩效评价和结果应用。评价结果作为以后年度编制预算和选择承接主体的重要参考依据，不断提高对财政资金使用效益和公共服务的质量。

六、严格购买服务资金监督检查

使用购买服务预算资金要严格遵守相关财政财务管理规定，不得截留和挪用财政资金。要加强对政府购买服务预算资金使用的监督检查，适时开展抽查检查，确保预算资金的规范管理和合理使用。对发现的违法行为，依照《财政违法行为处罚处分条例》（国务院令第 427 号）等有关规定追究法律责任。

财政部

2014 年 1 月 24 日

这是一篇关于政府购买服务有关预算管理问题的通知。标题是由事项和文种构成的常规标题；正文部分以逐条陈述的方式行文，将主要事项用一句话写明，充分体现了晓谕性通知简洁明了的特点。

通报

通报是国家机关、社会团体、企事业单位用于表彰先进、批评错误，传达重要精神或通报有关情况的公文。通报使用起来比较灵活，使用频率颇高。

一、通报的适用范围

《党政机关公文处理工作条例》规定："通报。适用于表彰先进、批评错误、传达重要精神和告知重要情况。"通报虽然具有"广而告之"的特点，但它的发布范围往往仅限于一个机关或一个系统的内部。

二、通报的文种特点

通报具有典型性、引导性、时效性、真实性和公开性等多个特点。

典型性：通报的题材必须是既有普遍性、代表性，又有个性和新鲜感的典型人物、典型事件或典型情况，因为只有这样才能引起人们的高度关注，强化人们对通报的认识，起到以点带面的作用。

引导性：无论是表彰先进、批评错误，还是通报情况，通报发布的最终目的不仅在于宣布事件的处理结果，还在于通过典型的人物或事迹引导人们树立正确的价值观，为人们提供借鉴，帮助人们总结经验、吸取教训。

时效性：通报的行文一定要及时，行文单位要具有高度的责任感和政治敏锐性，及时发现好的趋势或不良倾向，第一时间制发通报，对其进行表彰或批评，以指导当前的工作；换言之，通报发布得越及时，对工作的指导作用就越大。

真实性：无论是表扬先进、批评错误，还是告知情况或传达精神，通报中的案例都必须是真实的，不允许有任何虚假成分，必须准确无误、实事求是，否则就达不到引导教育的目的。

公开性：通报应当及时在一定范围内公之于众，或直接向干部群众宣读，又或者及时发至有关单位，上情下达，交流信息，使通报真正起到应有的作用。

三、通报的语言特点

通报的语言与其他公文文种的语言一样，应讲求庄重，但也不完全排斥添加感情色彩，关键是要掌握好分寸，做到感情色彩与客观事实相符，对褒奖性事项赞美而不失庄重，对惩戒性事项严厉而不耸人听闻。

四、通报的结构特点

通报一般由标题、主送机关、正文、日期和落款等几部分构成。

（一）标题

通报的标题一般常由发文机关名称、事由和文种三要素构成，也可以采用由事由和通报构成的简化式标题或仅用"通报"二字作为标题。

（二）主送机关

除普发性通报外，其他通报一般都应标明主送机关和发布范围。主送机关在标题下面顶格书写，主送机关之间用顿号隔开，最后用冒号引出正文。

（三）正文

通报正文的写法比较灵活，主要介绍通报的事件或人物，一般需把通报的缘由、时间、地点、经过、结果、要求等交代清楚，并分析阐明所陈述内容的性质、意义，或提出引以为戒及值得注意的事项；结尾时写明所做出的决定或指示性意见，并提出有关要求或发出号召等。

通报的种类和内容不同，其正文的写法也不尽相同。现简述如下。

1．表彰性通报

这类通报的正文首先要介绍有关单位或个人的事迹，文字要简明精练；接着评析其事迹，并指出要向有关单位或个人学习，注意内容要生动、详尽、具体，具有感染力；最后发出号召，提出希望、要求或决定。此类通报应当做到实事求是、恰如其分。

2．批评性通报

此类通报的正文首先要简明扼要地写清楚被通报单位或个人的主要问题、情节，错误的性质、动因等；然后陈述对所通报错误、问题或事故的处理意见和决定，并在此基础上提出告诫性要求，指出应从中吸取教训，防止类似事件再次发生。

3．情况通报

此类通报的正文首先要交代所通报的情况，对主要情节进行客观阐述；然后在对客观事实分析的基础上，表明发文者的要求和意见。但一般的情况通报也可以不提出具体的要求或希望。

（四）日期和落款

通报正文的右下方落款处要写明发文机关名称及发文日期。发文机关名称如在标题中已经注明，落款处也可不写。此外，若发文日期已在标题下的居中位置注明，落款处也可略去不写。

五、通报的写作要求

（一）要注意典型的真实性

发布通报的目的在于用典型事实对广大干部和群众进行引导、教育、典型事实既可以是正面典型，也可以是反面典型，因此，写进通报中的内容必须是具有广泛的代表性或能反映当前社会上某种错误倾向、具有反面教育意义的事件，或者能给人以启迪、警示的事件。同时，要特别注意这些事件的真实性，绝不可人为地拔高或贬损，否则就难以使人信服，从而从根本上损害通报的质量和效用。

（二）要向深处挖掘

通报的写作，特别是表彰性通报和批评性通报的写作，往往要在叙述事实的基础上进行进一步分析，挖掘事件或事故发生的根本原因并确认责任归属，据此揭示问题的本质，概括可供借鉴的经验和应当汲取的教训。通报应当触及事件的本质，向思想深处挖掘，切中要害，一针见血，否则就难以起到以典型事例引导、教育广大干部和群众的作用。

（三）要明确直达与转述的区别，在表达手法上有所侧重

根据发布方式的不同，通报可分为直达式与转述式两种类型。其中前者是以领导机关名义直接下发的通报，后者则是对下级来文加写按语后予以批转的通报；前者是单体行文，后者是复体行文。鉴于此，在撰写不同类型的通报时，所使用的表达手法也各不相同。直达式通报侧重于叙事，也会适当使用说明性文字；转述式通报则侧重于议论，常使用评价性文字。应当注意的是，这种评价性文字不是对下级来文内容的简单重复，而是对下级来文内容的提炼与升华，要起到画龙点睛的作用，以指导下级的行动。从这个角度讲，写好这种评价性文字是转述式通报有效发挥指导作用的关键。

（四）要区别指导性通报与指示性通知

指导性通报与指示性通知相似，那么在具体用法上又如何进行区

分呢？区分的关键就在于弄清所依据的事实是某一方面的综合情况，还是刚刚发生的某一典型事例。虽然指导性通报与指示性通知都要提出解决问题的意见，并要求下级执行，但所依据的事实如属前者，应用"指示性通知"，如属后者，则可用"指导性通报"。

六、通报的种类

根据内容的不同，通报可以分为表彰性通报、批评性通报和情况通报。

表彰性通报：用来表彰先进单位或个人，介绍先进经验或事迹，树立正面典型，号召大家向其学习。

批评性通报：用来批评错误，以示警诫，要求被通报者和大家汲取教训。

情况通报：在一定范围内传达重要情况、动向和精神，以指导工作为目的。

七、通报的范例

**永州市冷水滩区经济建设投资有限公司关于巡察
整改进展情况的通报**

根据《中国共产党巡视工作条例》以及省委巡视带巡察上下联动的要求，十一届省委第十轮巡视冷水滩区的同时，由永州市委统一部署，2020年12月15日至2021年1月18日，市委第七巡察组对永州市冷水滩区经济建设投资有限公司进行了巡察。4月15日，市委第七巡察组向永州市冷水滩区经济建设投资有限公司反馈了巡察意见。按照党务公开原则和巡察工作有关要求，现将巡察整改进展情况予以公布。

一、关于责任落实不够到位，管党治党宽松软弱的问题

整改情况：一是强化内部管理。严格落实公司各项内部管理制度，尤其是财务管理制度，做到公司工作人员借印鉴必须提出书面申请，交董事长签字、必须至少2人到场（财务分管领导必须到场）、及时交还印鉴入专柜由专人保管、每次购买支票有登记、支票存根做账有登记、支票专人管理。严格按照制定的财务管理制度管人、管事、管账，加强财务人员的日常管理和财务印鉴的管理，防止类似监守自盗事件的发生，确保公司资金安全。财务账目做到日清月结，财务分管领导做到每月不定期检查账目不少于4次。二是自觉接受监督。加强了与派驻纪检组的汇报与工作联系，董事会召开前，做到提前两天将会议议题和相关会议资料呈纪检组审批同意后，再商定时间召开董事会，并邀请派驻纪检组全程参与公司董事会，开展"三重一大"事项监督工作。三是加强合同管理。纠正了合同签订存在的"一岗双责"错位现象，做到了合同由专业机构拟定后，由工程部相关工作人员和法律顾问审核把关，再由公司董事会集体研究修改审定，其中500万元以上的合同报区委、区政府审批同意。四是严格落实党风廉政建设责任制。每半年至少召开一次党风廉政工作专题会议，一把手亲自部署安排党风廉政工作。加强党员干部

廉政教育，不定期开展廉政党课活动。5 月 27 日组织观看了《守住第一次》警示教育片，6 月 4 日到永州监狱开展了现场警示教育。

二、关于资金使用混乱，国有资产效益损失的问题

整改情况：一是加强项目专项资金贷款管理，制订了《项目融资及资金管理办法》。根据省市债务清理及防范金融风险的要求，公司已整体合并到冷水滩区高科建公司，不再承担政府融资职能。对项目融资资金实行"谁审批谁负责"的审批制度，确保资金用于融资项目上。二是规范资金拨付。加强公司财务管理人员的业务培训，让工作人员熟悉资金使用范围及拨付流程，进一步完善公司工程款支付制度、流程，严格将工程款支付至总承包单位的基本账户和农民工工资专户，做到资金专款专户使用；规范资金拨付程序，严格按照合同约定支付各项前期费用，做到合同与具体事项、金额相匹配，做到账务资金不混淆，对上报不符合使用范围的资金坚决拒绝拨付，并按谁审批谁负责原则追究责任。三是加大历史遗留问题处理。对巡察和审计指出的小额扶贫贷款问题，公司组织人员进行了全面的梳理和自查自纠，明确专人负责，限期纠正。目前，相应的款项已基本清退和追缴到位。

三、关于工程建设存在乱象，违规违法问题多发的问题

整改情况：一是严格按照《国家招投标法》的相关规定，以公平、公开、公正为原则，在省市规定的媒体上发布招标公告。业主单位加大对招标文件的把关审核，公司董事会组织部室、代理公司、法律顾问、派驻纪检组召开专题研究，报区委常委会、区政府常务会议审议后，再由区住建行政主管部门审核发布招标

公告。二是对勘察、设计等一些前期服务类的工作，严格按照基本建设程序，先报财政预算评审，施工完成后进行结算评审，避免结算时超过 30 万元限额再下浮采取包干价。三是项目建设将严格按照程序，完善相关手续后启动建设，尤其对土地报批、建设基本流程的办理严格按照规定执行，确保不出现盲目赶进度造成"三边工程、三无工程"的发生。四是加强项目建设过程中的施工管理，督促监理严格履职履责，对存在质量问题的项目，约谈施工单位相关责任人，并严格按照设计图纸、相关法律法规、质量标准由施工单位无偿整改到位。

四、关于经营管理失策失范，政府债务风险加大的问题

整改情况：一是以本次巡察为警示，根据省市债务清理及防范金融风险的要求，已建立了更严格的融资担保审批制度，不再给予本公司无直接关联的公司和个人提供任何担保。二是制定《项目融资及资金使用管理办法》，按照"五个条件"的要求进行市场化融资，公司合并到高科建公司后，不再承担政府融资职能，高科建公司对项目融资实行更严格的审批制度，实行谁审批谁负责，确保今后资金融得到、用得出，不再出现资金滞留现象。

欢迎社会各界群众对巡察整改落实情况进行监督，若有意见建议，请及时向我们反映。

永州市冷水滩区经济建设投资有限公司

2021 年 9 月 23 日

（来源：区纪委）

这是一篇内容规范、结构完整的批评性通报。通报开头部分先概括交代了市委第七巡察组对永州市冷水滩区经济建设投资有限公司进行了巡察，然后进入主体部分。整个主体部分分别讲述了四个方面的问题。

报告

报告是向上级机关汇报工作、反映情况、提出意见或者建议，答复上级机关的询问时使用的文种。按照上级部署或工作计划，每完成一项任务，一般都要向上级提交报告，反映工作的基本情况、在工作中取得的经验教训、存在的问题，以及对今后工作的设想等，以获得上级的指导。

一、报告的适用范围

报告的适用范围非常广泛，根据《党政机关公文处理工作条例》，报告"适用于向上级机关汇报工作、反映情况，回复上级机关的询问"。《党政机关公文处理工作条例》大体上给报告规定了四种用途，即汇报工作、反映情况、提出建议、答复上级机关的询问。在现实工作和生活中，我们经常使用报告这个文种。

二、报告的文种特点

（一）内容的汇报性

所有的报告都是下级机关用于向上级机关或者主管部门汇报工作的，从而让上级机关掌握工作的基本情况并及时对自己的工作进行指导。所以，汇报性是报告的一个特点。

（二）语言的陈述性

因为报告具有汇报性，是下级机关用于向上级机关汇报做了什么工作、工作做得怎么样、在工作中遇到了什么问题及怎样处理的等一系列事项的，所以报告在行文上一般陈述其事即可，而不用像请示那样采用祈使、请求等语气。

（三）行文的单向性

报告是下级机关向上级机关的行文，可为上级机关进行宏观指导提供依据，所以不需要上级机关的批复，也就是说，报告是单向行文。

（四）成文的事后性

多数报告都是在事情做完或发生后，下级机关再向上级机关提交的，也就是说，多数报告是事后或事中行文。

（五）沟通的双向性

虽然报告不需批复，下级机关却可以此获得上级机关的支持和指导；同时，上级机关也能通过报告获得信息。

三、报告的语言特点

报告是陈述性公文，要言之有物，不说大话、空话、套话。报告是上行文，因此不宜在报告中讲过多的大道理，应着重写观点或相关情况。

报告应当语言简洁，篇幅短小。要做到篇幅短小，就要简要地概述相关内容并突出重点。

要使报告短小精悍，就应"避繁就简"。这里的"繁"，主要是指拼凑现象、罗列事实，也就是通常讲的"记流水账"；这里的"简"，主要是指注意综合分析、寻求规律、提炼重点、显示本质。撰写报告时还应当坚持"厚积薄发"。所谓"厚积"，是指占有的材料多，这样写起报告来才能文思泉涌。所谓"薄发"，是指撰写报告要言简意赅、一语中的。最后，还要"舍得删削"。草稿写成后，写作人员要通过修改，把那些可用可不用的字、词或句子删掉；删削叠床架屋的用语；化冗长的句子为短小精悍的句子；要"脱靴摘帽"，削减开头的"套话"和结尾的"空话"。总之，撰写报告时要字斟句酌，力求语言精练。

四、报告的结构特点

报告由标题、主送机关、正文和落款四部分组成。

（一）标题

报告的标题常用的写法有两种，一种是发文机关加主要内容加文种的写法；另一种是主要内容加文种的写法。

（二）主送机关

报告一般主送一个上级机关；情况比较特殊的，可以主送多个上级机关。若需要向上级机关报送，报告上应写明报送机关名称；若需要在大会上宣读，报告上可以写出称呼语，如"各位代表""各位领导、同志们"等。

（三）正文

报告的正文一般由缘由、事项、尾语三部分组成。

（1）缘由。缘由部分应该言简意赅地交代清楚撰写报告的依据、理由、目的等，让上级机关了解报告的背景信息。

（2）事项。报告事项的具体内容根据报告的不同种类和行文目的而定，但其主要运用叙述的表达方式，并按时间顺序、逻辑关系或工作进展过程等层次分明、条理清楚地进行概括叙述。

（3）尾语。报告一般用公文常用的结尾语收束全文，如"特此报告""以上报告，请审阅""以上意见，如无不当，请批转执行"等。

（四）落款

以书面形式向上级提交的报告，发文机关和成文日期应一上一下落在正文右下方。在大会上宣读的报告，可以将报告人姓名与成文日期或宣读日期一起标注在标题之下。

五、报告的写作要求

第一，标题部分要精练准确，不要用大而不全、华而不实的语言。

第二，结尾部分不要写"以上报告如有不妥，请指正"之类的结束语，因为报告是无须上级回复的文种。

第三，报告内容要避免拖沓冗长、语言啰唆，那样容易使受文者产生厌倦、烦躁情绪，从而无法认真审阅。

六、报告的种类

报告按其性质可分为综合性报告、专题性报告两大类，按其内容可以分为工作报告、情况报告、检查报告、回复报告。

（1）工作报告。这类报告主要用于汇报工作，行文目的是供上级机关了解工作进展情况，接受上级机关的指导与监督，并为上级机关制定政策、部署工作提供依据。这类报告不需要上级机关批转。

（2）情况报告。情况报告是指向上级机关报告某种重要情况、某种重要动态、某一重大问题或工作中的某些状态时使用的报告。

（3）检查报告。检查报告通常是因某项工作发生失误而向上级机关提交的报告，其内容包括发生失误的原因、产生的问题、汲取的教训、应负的责任及整改措施等。

（4）回复报告。回复报告是对上级机关查询、督办、催办的事项做出专门的回复时使用的报告。回复报告要根据上级机关提出的要求逐项做出回答，不能回避问题，答非所问。

七、报告的范例

××分公司关于××仓库发生火灾事故的报告

总公司：

××××年×月×日上午×时×分，公司××号仓库发生火灾事故。（交代火灾发生的时间地点）

事故发生后，市消防队出动两辆消防车，经过两个小时的扑救，才将大火扑灭。火灾虽然未造成人员伤亡，但烧毁××号仓库及大部分商品，直接经济损失达××万元。（交代火灾损失）

这次火灾是电焊工××违章作业，使铁窗架电焊火花溅到易燃货品上所引起的，但也与公司仓库管理处及员工安全意识薄弱、

公司安全制度未落实、许多安全隐患长期得不到解决有关。此次火灾的教训是深刻的。（说明火灾原因）

火灾发生后，公司各级领导十分重视。总经理带领部分人员赶赴现场调查和处理，召开紧急防火电话会议，并视情节轻重，对有关人员做了相应的处理。今后，公司将认真汲取教训，切实加强对安全工作的领导，尤其要加强对基础设施和员工思想的管理，及时消除各种不安全的因素和隐患，为公司创造良好的经营环境。（对火灾的处理与总结）

"特此报告"

××分公司×××

××××年×月×日

这是一篇关于事故处理的情况报告，是向上级领导对所处理的情况进行的汇报。该报告简洁完整，正文首先用准确的数据说明了火灾发生的时间和地点，接着说明了火灾造成的损失，然后说明了造成火灾的原因，最后简要汇报了事故的处理情况和汲取的教训。全文结构严密，逻辑清晰，是典型的事故类情况报告，值得借鉴。

请示

请示是向上级机关请求指示、批准时所用的文种，是下级机关向上级机关请求决断、指示、批示或批准时所使用的呈批性公文。请示属于上行文，其适用范围比较广泛。

一、请示的适用范围

请示作为报请性的上行文，适用范围十分广泛，总体来说，其适用于以下几种情形。

第一，下级机关遇到新情况、新问题，因无章可循而没有对策或没有把握，需要上级机关给以明确指示时。

第二，下级机关在处理较为重大的事件和问题，因涉及必须慎重对待的有关方针政策，或为防止工作失误而需要报请上级机关时。

第三，下级机关在工作中遇到问题，虽然有解决的办法，但由于职权、条件的限制，没有权力或没有能力实施这些办法，需要上级机关提供帮助时。

第四，下级机关对有关方针政策和上级机关发布的规定、指示有疑问，需要上级机关明确答复才能办理时。

第五，各下级机关在较重要的问题上出现意见分歧，无法达成一致，需要上级机关裁决才能处理时。

第六，因情况特殊，遇到某些难以执行现行规定、有待上级机关重新指示才能办理的事项时。

第七，下级机关遇到上级机关明确规定必须向其请示、批准才能办理的事项，或上级机关明文规定完成一项工作任务后，需要其审核认定的事项时。

二、请示的文种特点

（一）内容的请求性

请示是向上级机关请求指示和批准的公文，具有请求的性质；而报告是向上级机关汇报工作、反映情况、提出建议、答复上级机关的询问的公文，具有陈述的性质。

（二）目的的求复性

请示的目的是请求上级指示、批准，解决具体问题，要求做出明确批复；报告的目的则在于让上级知道、掌握某方面或某阶段的情况，不要求批复。

（三）请求的超前性

请示必须在事前行文，等上级机关做出批复之后才能付诸实施；报告则可在事后行文，也可在事中行文。

（四）事项的单一性

请示需严格遵守"一文一事"原则；报告可以"一文一事"，也可以"一文数事"。

三、请示的语言特点

（1）凡是请求上级机关解决人、财、物等方面的问题的请示，事项部分必须准确说明所需款项及金额。

（2）请示尾语的态度不能生硬，如"上述意见望政府尽快研究解决，并将意见速于春耕前告知我们，以便各地和有关部门执行"。这段尾语显然口气过大，好像上级对下级说话，尤其是"尽快""速于"两词带有指令性的口吻，这是不严肃的。上述尾语可以修改为"以上意见如可行，望早日批复，以便通知各地执行"。

（3）请示尾语是祈使性词句，语气应当诚恳谦和，不应当用疑问语气或句式。少数机关的请示尾语写成了疑问句式，如"以上意见当否？请批示"。这一尾语中的"？"使用不当。请示是下级机关用来向上级机关请求批准事项、答复问题的，不是用来向上级机关发出疑问的，因此"？"应当改为"，"。

四、请示的结构特点

请示一般由标题、主送机关、正文、落款、附注五部分组成。

（一）标题

请示的标题一般有两种：第一种由发文机关名称、事由、文种构成，如"××县人民政府关于××××的请示"；第二种由事由、文种构成，如"关于开展春节拥军优属工作的请示"。

（二）主送机关

请示的主送机关是指负责受理和答复该请示的直属上级机关。请示在确定主送机关时，要注意以下三点。

（1）每件请示只能写一个主送机关，不能多头主送。如需同时送达其他上级机关，可用抄送的形式。

（2）请示主送的只能是上级机关，不能是某领导个人。

（3）请示不得越级行文。

（三）正文

请示的正文由开头、主体、结语组成。请示应将理由陈述充分，其提出的解决方案应具体、切实可行。

（1）开头。开头主要交代请示的缘由。它是使请示事项成立的前提条件，也是上级机关批复的根据。一般而言，这部分要写明所遇到的新情况、新问题，或者自身没有能力解决的问题。只有原因讲得客观、具体，理由讲得合理、充分，上级机关才能及时决断，予以有针对性的批复。

（2）主体。主体部分主要说明请示事项。请示事项是请示最核心、最重要的部分，它是向上级机关提出的具体请求，也是陈述缘由的目的所在。这部分要分层分项写清具体要求，并说明理由，列出充足的事实和理论依据；同时，要依据实际情况提出切实可行的处理意见，为上级机关做出判断和指示提供参考。

请求指示的请示，要写明想在哪些问题上得到指示；请求批准事项和解决问题的请示，要把请求批准的事项分条列款、一一写明。如果在请求批准的同时还需要得到人、财、物等方面的支持和帮助，则需要把编制、数量、途径等表达清楚、准确，以便上级机关及时批准。

（3）结语。请示的结语比较简单，另起一段，用程式化语言写明期复请求即可，如"当否，请批示""妥否，请批复""以上请示，请予审批""以上请示如无不妥，请批转各地区、各部门研究执行"等。

如有文件、图表类附件，应在正文后空一行，按照所附文件的顺序写明文件的名称。

（四）落款

请示落款由署名、成文日期组成。如果标题已写明发文机关的名称，这里可不再署名，但需加盖单位公章。

（五）附注

使用请示这一文种时，应添加附注。附注的写法是，在成文日期下一行居左空二字，加括号注明发文机关联系人的姓名和电话号码。

五、请示的写作要求

（一）不滥用请示

下级机关不要事无巨细地一概向上级机关请示。凡是上级机关已有明文规定的事项，或属于下级机关职权范围内的事项，要敢于负责、自行处理。

（二）请示应坚持"一文一事"的原则

请示忌"一文多事"，以便于公文的及时处理。

（三）请示的目的要明确

无论是哪一种请示，都应做到既要提出问题，又要有自己的看法、设想或处理意见，不然上级机关就难以批复。

（四）请示的理由要充分

请示的理由一般包括两个部分，一是"需要"，二是"可能"。例如，要请求建立一个建设项目，就得说明为什么需要，甚至迫切需要建立这个项目，以及该项目建成后将带来怎样的经济效益、社会效益等。此外，还要说明建设这个项目的可能性，包括地理条件、资源条件、社会条件、资金来源等。当然，有些简单事项的请示只说明"需要"就可以了。

（五）不要多头主送

每一项业务都有相应的主管部门，所以，请示应送直接主管部门，不要多头主送。

六、请示的种类

（1）请求指示的请示。请求指示的请示是指下级机关对有关方针政策、规定不明确、不理解，或在执行中需做变通处理时，请求上级机关给予明确解答的请示。

（2）请求批准的请示。请求批准的请示是指下级机关根据职权范围，在办理自己无权决定的事项之前，请求上级机关审核、批准、批转的请示。这类请示多用于机构设置、审定编制、人事安排、重大决策以及请求批转等事项。

（3）请求支持、帮助的请示。请求支持、帮助的请示是指下级机关在工作中遇到难以克服的困难时，请求上级机关在人力、物力、财力等方面给予支持、帮助的请示。

七、请示的范例

××县文化局关于拨款修复
一座古建筑的请示

县人民政府：

我县有一座古建筑，由于年久失修，现已摇摇欲坠。

这座古建筑建造于清代乾隆年间，位于县城西南角。它的画栋雕梁、院墙门扇具有很高的艺术价值。修复这座古建筑，对于保护历史文化遗产，开发我县的旅游资源，促进我县的精神文明建设，都具有一定的意义和作用。

据初步匡算，修复这座古建筑，共需800万元。由于我局现有资金不足，无力承担，为此，请求县人民政府如数拨款。

以上请示，请予批复。

联系人：×××

联系电话：×××××××××

××县文化局

2010 年 3 月 4 日

这份请示由起因、理由、请示事项、结尾语四个部分组成。全文思路层次较清晰，逻辑结构较严密，内容较顺畅，语言文字较精练，可供参阅。

批复

批复是上级机关根据有关的方针政策和法律法规，依据自身的职权，针对下级机关的请示事项所做的书面答复。它是上级机关回答下级机关请示事项时所使用的一种下行文。批复表达了上级机关对下级机关要开展某项工作或者处理某个事项所持的态度或指示性的意见，因此具有强制约束力和严肃郑重性，并且有很强的针对性和结论性，下级机关必须贯彻执行。

一、批复的适用范围

《党政机关公文处理工作条例》规定，批复是"适用于答复下级机关请示事项"的公文。该定义给出了批复的适用范围，即上级机关对下级机关。

二、批复的文种特点

批复具有被动性、针对性、权威性和简明性等特点。

被动性：批复是用来答复下级机关请求事项的，下级机关有请示，上级机关才会有批复；下级机关有多少份请示呈报上来，上级机关就有多少份批复回转下去；批复是公文中唯一的、纯粹的被动性文种。

针对性：批复的针对性极强，下级机关请示什么事项或问题，上级机关的批复就指向这一事项或问题，绝不能答非所问。

权威性：批复的目的是指导下级机关的工作，上级机关应当概括地说明方针政策以及执行中需遵守的原则和注意事项；批复代表着上级机关的意志，批复的意见具有指令作用，下级机关必须遵照执行。

简明性：批复对请示事项只进行原则性、结论性的表态，无须进行具体的分析和阐述，因而批复一般要简明扼要。

三、批复的语言特点

（1）凡是批复，都要及时做出，要言语明确、言简意赅。

（2）批复一要合情、合理、合法且正确，这是前提；二要明确，态度要鲜明，用语要准确，绝不能模棱两可；三要具体，要把所请示的事项表述清楚，不能使用"关于你部所请示的事项，同意或不同意"之类的语言，要把同意或不同意的内容表述清楚。

四、批复的结构特点

批复一般由标题、主送机关、正文、落款四部分组成。

（一）标题

批复的标题一般有两种。

第一种由发文机关名称、表态词、事由、文种组成，如"民政部关于（同意）山东省设立蓬莱市的批复"。

第二种由发文机关名称、事由、文种组成，如"国务院关于编纂《中华大典》问题的批复"。

（二）主送机关

主送机关一般为请示的发文机关。若批复的内容涉及其他机关，则要采用抄送的形式送达。

（三）正文

批复的正文由批复引语、批复事项和结语三部分组成。

（1）批复引语。批复引语是指通过引述下级机关来文的日期、标题、请示事项或来文字号来指出批复对象，然后用"经研究，现批复如下"等向批复事项部分过渡。

（2）批复事项。批复事项是指针对下级机关请示所发出的指示、做出的批准决定，以及补充的有关内容。批复事项可分为两部分，即答复依据和答复事项。答复依据是指引述的与批复意见有关的材料。简短的批复或肯定性批复可省略答复依据；而解答性批复、否定性批复或对请示事项有异议的批复都要交代答复依据，做到以理服人。答复事项即针对请示的问题逐一做出的明确具体的答复。

在批复请示事项时，针对性要强，批复的内容要明确具体、简明扼要，表达要准确无误。如果批复的内容复杂，可分条表述，但必须坚持"一文一批"的原则，不得将若干请示合在一起用分条列项的方式分别予以答复。

（3）结语。结语是批复正文的最后一部分。它的写法有三种：第一种，提行写"此复"或"特此批复"；第二种，写希望和要求，给下级机关执行批复事项指明方向；第三种，批复完请示事项之后，行文自然结束，此种结尾方法使用频率较高。

（四）落款

落款即在批复正文的右下方署成文日期并加盖公章，成文日期应使用阿拉伯数字。如果标题写了发文机关名称，落款处可以省略发文机关名称，只写成文日期；如果标题没有写发文机关名称，落款处必须写清楚发文机关名称。

五、批复的写作要求

一是态度要明确，表达要准确，千万不要含糊其词，同时要注意语气。因为批复是一种要求下级机关遵照执行的公文，所以其具有很强的权威性和强制性，要依据现行的有关政策规定进行拟制。

二是要有针对性，就事论事；要求解决什么问题，就对什么问题进行批复，一般不涉及其他事宜。

三是行文的单向性，一定是给向上级机关呈送请示的单位下发批复，一般不涉及其他单位。

六、批复的种类

批复按其内容可分为以下三类。

（1）指示性批复：这类批复中有些内容较多，篇幅较长，一般是对请示事项的执行或其他方面提出指示性意见的批复。

（2）审核性批复：这类批复内容比较简单，篇幅较短，大多是对请示事项表明同意、需要修改或反对的态度。

（3）阐释性批复：针对请示中提出的有关法规政策方面的不明白或不甚明白的问题做出阐释。

七、批复的范例

福建省人民政府关于优化调整我省高速公路货车收费标准的批复

省交通运输厅、发改委、财政厅：

你们《关于优化调整高速公路货车收费标准的请示》（闽交规〔2020〕91号）收悉。经研究，同意你们关于我省高速公路货车收费标准优化调整的意见，即：

一、货车及专项作业车基准费率不变。高速公路基准费率为0.450元/车公里。其中，渔平高速公路延伸线（平潭大桥）、成功大桥基准费率为2.000元/车公里，泉州湾跨海大桥、厦漳跨海大桥和平潭海峡公铁两用大桥公路桥基准费率为2.140元/车公里。

二、优化各类货车及专项作业车收费费率。高速公路1～6类车型收费费率分别调整为0.450元/车公里、0.869元/车公里、1.406元/车公里、1.851元/车公里、2.024元/车公里、2.505元/车公里，1～6类车型收费系数分别调整为1.00、1.93、3.12、4.11、4.50、5.57；跨海大桥1～6类车型收费费率根据各类车型收费系数和对应基准费率调整。

三、优化调整后的货车收费标准从2021年1月10日起实施。

福建省人民政府

2021年1月2日

（来源：福建省人民政府门户网站）

本篇批复的标题由"发文机关名称"（即"福建省人民政府"）、"事由"（优化调整我省高速公路货车收费标准）与"文种"（即"批复"）组成，正文包括"关于优化调整的意见"与"执行时间"两个方面的内容。

议案

议案是由具有法定提案权的国家机关、会议常设或临时设立的机构和组织，以及一定数量的个人，向权力机关提出进行审议并做出决定的议事原案。每个国家的议案提交程序和规定都是不一样的，但是提交议案都是行使国家权力的重要手段。

一、议案的适用范围

《党政机关公文处理工作条例》规定："议案。适用于各级人民政府按照法律程序向同级人民代表大会或者人民代表大会常务委员会提请审议事项。"

《中华人民共和国全国人民代表大会组织法》规定："全国人民代

表大会主席团，全国人民代表大会常务委员会，全国人民代表大会各专门委员会，国务院，中央军事委员会，国家监察委员会，最高人民法院，最高人民检察院，可以向全国人民代表大会提出属于全国人民代表大会职权范围内的议案……一个代表团或者三十名以上的代表，可以向全国人民代表大会提出属于全国人民代表大会职权范围内的议案。"

《中华人民共和国地方各级人民代表大会和地方各级人民政府组织法》第十八条规定："地方各级人民代表大会举行会议的时候，主席团、常务委员会、各专门委员会、本级人民政府，可以向本级人民代表大会提出属于本级人民代表大会职权范围内的议案，由主席团决定提交人民代表大会会议审议，或者并交有关的专门委员会审议、提出报告，再由主席团审议决定提交大会表决。

"县级以上的地方各级人民代表大会代表十人以上联名，乡、民族乡、镇的人民代表大会代表五人以上联名，可以向本级人民代表大会提出属于本级人民代表大会职权范围内的议案，由主席团决定是否列入大会议程，或者先交有关的专门委员会审议，提出是否列入大会议程的意见，再由主席团决定是否列入大会议程。

"列入会议议程的议案，在交付大会表决前，提案人要求撤回的，经主席团同意，会议对该项议案的审议即行终止。"

二、议案的文种特点

从议案的行文、内容和时效等角度来看，议案具有行文的定向性、内容的政策性和时效的规定性三个特点。

行文的定向性：议案只能由各级人民政府行文，政府的工作部门不能使用议案；同时，议案只能向同级人民代表大会或人民代表大会常务委员会行文，不能向其他任何部门或单位行文。

内容的政策性：议案是否纳入法律程序，人民政府无权决定，因为须提请国家权力机关人民代表大会审议的事项，一般是关于国家主权、权力和利益、重要法律法规、国家机关主要领导人任免等的事项。

时效的规定性：议案应当而且必须在同级人民代表大会或其常务委员会举行会议规定的限期前提出，否则就不能被列为议案；同时，提交大会审议的议案，必须限期审议表决或提出处理意见。

三、议案的语言特点

由于议案需提交至同级人民代表大会或人民代表大会常务委员会，其提交对象是国家权力机关，议案审议与否、通过与否，均需由大会做出决定。因此，议案在语言表达上必须做到准确恰当、字斟句酌、笔笔中的，并且要切合上行文的语体特点和风格，着重体现一种"提请"的姿态，语气要中肯，否则就会有损议案的质量和效用，使提请审议的愿望落空。

四、议案的结构特点

议案一般由标题、主送机关、正文、落款、日期和附件等部分构成。

（一）标题

标题一般有两种写法：一是写明发文机关、发文事由和文种，即写出完整的标准式的公文标题，如"沈阳市人民政府关于提请审议沈阳市乡镇企业条例（草案）的议案"；二是写明发文事由和文种，省去发文机关，如"关于提请审议《广州市外商投资企业管理条例（草案）》的议案"。议案的标题不能省去发文机关、发文事由，而只写文种，这是其不同于其他某些公文文种的标题的地方，要特别注意。许多议案是按照专用的议案稿纸的格式要求逐项填写的，因此标题常省略发文机关。

（二）主送机关

主送机关是指审议议案的人民代表大会或其常务委员会。主送机关要在正文上方顶格写。

（三）正文

正文是议案的主体和核心部分，写法如下。首先，写明缘由。这是提请审议有关事项的理由和根据，也叫作案据。这部分内容要概括地说明有关事项的背景、目的、意义、作用和具体做法，要有理、有据（包括事实、法律），并且具有解决有关问题的迫切性和必要性。任免人员的议案不写缘由。其次，写明提请审议的事项，这是议案的主要内容，也叫作方案等。方案作为文本附送，形同附件，但无须以"附件"标注。提请审议的方案只用把其名称写清楚就行了，不必重复条文的内容。这部分内容要说明方案是周密的、具体的、切合实际的、可行性强的，这样有利于审议通过。最后，写结尾语。一般用带有请求语气的习惯用语结尾，如"现提请审议""请予审议""请审议通过""请审议批准""请审议决定"等。有些议案把"提请审议"一类的词语写在正文开头的一段，后面写完议案的正文即结束，不加结尾语。总之，正文要简洁、明确、醒目，具有说服力。

（四）落款

在正文之后的右下角写明制发议案的负责人的姓名，如省长

×××，市长×××，县长×××。根据《中华人民共和国国务院组织法》的规定，国务院向全国人民代表大会或全国人民代表大会常务委员会提出议案，由总理签署。以此类推，地方各级人民政府提出的议案，也应由行政首长签署，并写明政府名称。

（五）日期

在落款的下面写明制发此议案的年、月、日。

（六）附件

有些议案，如关于法律、法规的议案，必须附有法律条文、法规条文。而有些议案必须附有相关的事实材料、说明文字、图表等，如关于兴建水利工程的议案。把附件放在正文之后，能更好地说明问题，有利于议案审议通过。

五、议案的写作要求

在撰写议案时应当注意以下四点。

（1）熟悉国家的法律法规和党的方针政策。议案的政治性、政策性很强，议案可能涉及立法事项或重大方针政策，因此在撰写议案时必须以法律、政策为依据。

（2）语言要求准确、精练、庄重。议案篇幅不宜过长，缘由要简明扼要。在撰写议案时应当抓住要点，不必展开论述、说理，主要针对事项进行描述，讲完即止。

（3）议案的标题必须醒目、具体和明确。事项应明了、单一，一般要"一案一事"，不能"一案数事"。

（4）议案情况需属实，观点要鲜明，内容要具体。有些议案在结尾处，还会提出一些具体的措施、原则和要求。

六、议案的种类

根据内容、用途的不同，议案可以分为立法案、人事任免案、机构变动案和重大事项案四种。

（1）立法案，指国家行政机关为提请国家权力机关审议法律、法规而提出的议案。

（2）人事任免案，指国家行政机关向国家权力机关提请审议的关于任免国家机关工作人员的议案。

（3）机构变动案，指国家行政机关就国家行政机构组织的设立或变动情况提请国家权力机关进行审议的议案。

（4）重大事项案，指国家行政机关就本行政区域内的某个重大事项（如预算、重大工程、缔结国际条约等）提请国家权力机关进行审议并做出决定或解释的议案。

七、议案的范例

××市人民政府关于提请

审议《××市环境保护条例（草案）》的议案

市人大常委会：

为了维护和改善本市的生活环境与生态环境，防治污染和其他公害，保障人民群众身体健康，促进社会主义现代化建设，根据《中华人民共和国环境保护法》和其他法律、法规，结合本市情况，市生态环境局起草了《××市环境保护条例（草案）》。该草案已经××××年××月××日市人民政府第二十三次常务会议讨论通过，现提请审议。

市长：××（印章或签名）

××××年××月××日

附件：关于《××市环境保护条例（草案）》的说明。（略）

这是一份申请制定地方性法规的议案。此类议案是最具代表性的地方性法规议案。标题由"提请机关"（××市人民政府）、"事由"（提请审议……）及"文种"（议案）三个要素构成。正文部分先简明扼要地交代提请审议事项的目的和意义，以此作为行文的依据，接下来陈述要求审议的事项，最后表明提请审议的要求。这份议案内容完整、格式规范、层次清晰。

函

一、函的适用范围

《党政机关公文处理工作条例》规定："函。适用于不相隶属机关之间商洽工作、询问和答复问题、请求批准和答复审批事项。"除了用于不相隶属机关之间商洽工作、询问和答复问题，函也可以用于向有关主管部门（这里的有关主管部门是指对请求批准事项有决定权和批准权的部门）请求批准事项，还可以用于下级机关向上级机关询问具体事项，上级机关答复下级机关的询问事项或请求批准事项，以及上级机关向下级机关催办有关事宜。此外，函有时也可用于上级机关对某篇原发公文做较小的补充或更正，不过这种情况并不多见。

二、函的文种特点

函主要具有平等性和沟通性、灵活性和广泛性、单一性和实用性等特点。

平等性和沟通性：函用于不相隶属机关之间商洽工作、询问和答复问题，这体现了平等沟通的关系，是其他上行文和下行文所不具备的特点；即使是向有关主管部门请求批准事项，在双方不存在隶属关系的时候，也不能使用请示和批复，而只能用函，并且函的姿态、措辞、口气也跟请示和批复大不相同，要体现其平等性和沟通性的特点。

灵活性和广泛性：函对发文机关的资格要求很宽松，高层机关、基层单位、社会团体、企事业单位均可发函，函的内容和格式也比较灵活。

单一性和实用性：函的内容必须单一，一份函只能写一个事项，函不需要在原则和意义上进行过多的阐述，应强调实用性。

三、函的语言特点

（一）叙事清楚，说理有节

要想对方理解、接受、支持相关事项，取得圆满的结果，函一要叙事要清楚、明白；二要说理有节，令人信服。如果做不到这两点，对方不能充分理解你提出要求的背景，不能产生共鸣，他就不能千方百计地帮助你解决问题。而要做到上述两点，一是要善于思索，整理好思路，占有一定的材料；二是要言辞恳切、态度谦和，避免使用"你们要……""你们不要……""否则，由此引起的一切后果由你方承担全部责任""承蒙关照"等带有命令、声讨、客套、寒暄、过分感激等类的语句；三是提出的意见、办法、请求要符合对方的实际情况。

（二）入木三分，用语平和

当遇到纠纷或具有交涉性的事情，相互致函时，要注意掌握好分寸，避免使用过激词语，做到叙事入木三分，但用语要平和，即"外柔内刚"，切不可使用怒斥、讨伐等语调。俗话说"有理不在声高"，这是由函这一文种的性质所决定的。

（三）短小精悍，注意技法

短小精悍是指写函时不必详叙过程，不必大发议论，要求文约意丰；注意技法是指写公函时应根据具体内容，推断对方见函后的心理特征，采用不同的写法。

四、函的结构特点

函一般由以下几个部分组成。

（一）标题

标题基本上由"三要素"，即"制文机关""事由""文种"构成，如"中国科学院××研究所关于商洽建立全面协作关系的函""××市人民政府办公室关于清缴各类机密文件的函""××市第一变压器厂关于请归还贵厂劳动服务公司开办费借款的函""国务院办公厅关于宁夏回族自治区农村税费改革试点方案的复函"。

（二）正文

正文一般有两个层次。

第一层次内容是制文的依据、缘由与背景，即为什么要发函，如申请函开头关于"为什么要申请"的内容，商洽函开头的"提出商洽问题的原因"，答复函开头的"所引来文的标题及发文字号"等。例如，"我局所属 ×× 区食品公司，承担着该地区猪、禽、蛋的购销任务。根据商业部及市人民政府关于实行一条龙经营的方针，区供销社经营的收购业务移交给区食品公司。但由于区供销社房屋紧张，只移交了业务，未移交房屋，猪、禽、蛋收购无地方"。这是 ×× 市第二商业局写给市规划局的申请函《关于 ×× 区食品公司建立食品购销站征用土地的函》的第一层次内容。

"你厂于 2004 年 1 月，从我厂借去资金 11 万元，作为贵厂劳动服务公司开办费，当时议定年内偿还"。这是 2005 年 1 月 10 日 ×× 市第一变压器厂写给市第七变压器厂催还借款的催款函的第一层次内容。

第二层次内容是申请、商洽、回复的具体事项。以 ×× 市第二商业局写的申请函为例，它的第二层次内容是："为了支持生产，方便收购，拟在 × 辛店和 × 苑各建购销站一处，每处征地两亩，共需征地四亩，拟请贵局协助选址和办理征地手续"。第一变压器厂写的催款函的第二层次内容是："目前，正在编制 2004 年财务决算，为及时搞好各类款项的清理结账，望贵厂能将所借款项于 1 月 20 日前归还我厂。"

（三）结语

属申请及商洽事项的函，通常结尾要写"可否，请审批""同意否，望复函"等作为结语。答复函的结尾一般可写"特此复函"。

五、函的写作要求

（1）撰写函时要注意行文简洁明确、用语得体。对于复函，行文的针对性和答复的明确性则是应该重点关注的问题。

（2）函也存在时效性的问题，特别是复函，应该迅速、及时发出，这样才能保证日常行政工作的顺利进行。

（3）在函的写作过程中要注意以下几个问题。

① 如果是正式的公函，则要严格按照公文的格式规范来写。

② 函的内容必须单一、集中。一般情况下，一个函件最好只讲清一个问题或一件事情，不能贪多。

③ 函的内容必须真实、准确。

④ 函最主要的写法就是陈述，把商洽的工作、询问和答复的问题写清楚就可以了。

⑤ 发函的人或者因为工作问题，或者因为其他问题，大多是有求于对方的，因此，函的语言应当朴实，态度应该谦虚，语气应该委婉。

⑥ 一般情况下，函的结尾会使用"即请函复""特此函达""此复"等习惯用语，有时也可不用。

六、函的种类

函按性质分可以分为公函和便函两种。公函用于机关单位正式的公务活动往来，便函则用于日常事务性工作的处理。

函按发文目的可以分为发函和复函两种。发函是为了主动提出公事事项所发出的函；复函则是为了回复对方所发出的函。

函按照其用途和作用一般可分为商洽函、询问函、告知函、申请函和答复函等。

（1）商洽函：多用于平行或不相隶属机关之间请求协助、商洽工作。

（2）询问函：用于上行、平行、下行机关或不相隶属机关之间询问情况、征求意见、核查问题等。

（3）告知函：用于将情况告知对方。

（4）申请函：向平行机关或不相隶属机关主管部门请求批准时使用。

（5）答复函：用于答复询问。

七、函的范例

××省人民政府关于要求免税进口救灾物资的函

海关总署：

今年我省遭受特大干旱，大批农作物枯死，养殖水产品因缺淡水成批死亡。八月三十一日至九月二日我省又遭受了十六号强热带风暴及特大海潮的袭击。仅××、××、××三市就冲毁盐田 7.9 万亩、虾池 22 万亩，冲跑对虾 650 万千克，损坏渔船 1400 多条；果树受灾 140 万亩，农业遭灾面积达 250 多万亩，粮食减产 4 亿多千克，直接经济损失达 20 多亿元。

灾情发生后，我省各级领导、各有关部门以及全省人民积极行动，全力开展抗灾自救。为保护出口货源，帮助企业尽快恢复生产，我省经贸委安排进口钢材 × 万吨，胶合板 ×××× 立方米，木材 × 万立方米，柴油 × 万吨，以发展灾后出口商品生产，确保完成今年出口 ×× 亿美元创汇任务。为此，特请海关总署减免我省经贸委统一安排进口的上述救灾物资的海关关税、产品增值税等。

当否，请审批。

×× 省人民政府（印章）

二〇 ×× 年九月二十五日

抄送：×× 海关

这是一份申请函。申请函系向主管部门请求批准事项时使用的。范例是某省人民政府就进口救灾物资要求免税一事给海关总署的函。此函的标题是由发文机关、事由和文种组成的完整标题。正文分为两个部分：一是要求免税的缘由、背景，即为什么要求免税；二是需要免税的具体事项。

纪要

纪要是在会议记录的基础上，对会议的主要内容及议定的事项，经过摘要整理的、需要贯彻执行或公布于报刊的具有纪实性和指导性的文件。纪要既可以反映有关情况和问题，又可用来指导工作和统一协调各方面工作的步调。

一、纪要的适用范围

《党政机关公文处理工作条例》规定："纪要。适用于记载会议主要情况和议定事项。"

二、纪要的文种特点

（一）纪实性

纪要是对会议的基本情况、主要精神等的忠实记录，是对会议的宗旨、进程、议项等内容的客观反映。因此，纪要具有纪实性的特点。

（二）综合性

纪要是在全面掌握会议内容的基础上，经过综合分析、归纳、整理形成的书面材料，它在行文上充分体现了条理性和系统性。这也是纪要与会议记录的主要区别。

（三）概括性

纪要是对会议的情况进行综合归纳后形成的文字材料，它对会议内容进行了加工和概括。它是会议内容的高度浓缩，是会议内容的精华。

三、纪要的语言特点

纪要要按照其用途，恰当地使用不同的语言。上报的纪要可用"会议讨论了以下几个问题""会议考虑"等语言；下发的会议纪要可用"会议决定""会议要求""会议强调""会议号召"等语言。

纪要的语言要注意条理化、理论化。这是纪要与会议记录的一个主要区别。会议记录一般要把每个人的发言尽量客观、详细地记录下来，而纪要的写作则需要有一个对会议讨论的意见进行综合分析、整理加工的过程，这个过程就是条理化、理论化的过程。所谓条理化，就是对会议讨论的意见进行分类归纳，使之层次清晰；所谓理论化，就是对会议讨论的意见尽力给予理论上的概括，提纲挈领，画龙点睛。当然条理化、理论化并不是脱离会议实际，搞虚假的"粉饰"和"拔高"。

纪要的文字要简朴、凝练，语体、语言、语气要准确、得体，经得起推敲。纪要少用形容词，不要用华丽、生僻的词句，更不能写大话、空话、套话。

四、纪要的结构特点

纪要一般由标题、日期、正文三部分构成。

（一）标题

标题由会议名称和文种组成，如"全国高校大学语文教学研讨会纪要"。

（二）日期

日期通常写在标题之下，位置居中，并用括号括住；也可在文末右下角标明日期。

（三）正文

正文可由开头、主体、结尾三部分构成，也可只写前两部分。

（1）开头部分应简明扼要地叙述会议概况，如会议的名称、目的、时间、地点、参会人员、议程及主要收获等。

（2）主体部分主要写会议研究的问题、讨论中的意见、做出的决定、提出的任务要求等。一般有以下三种写法。

一是概述法，即总结并概述会议上的发言内容、讨论情况。这种写法适用于小型会议。

二是发言记录式写法，即按照会上发言顺序，摘录每个人发言的主要内容。此写法主要用于座谈会。

三是归纳法，就是把会议中研究、讨论的内容归纳成几个问题来写。此写法适用于规模较大、内容复杂的会议。运用归纳法写作时，可根据需要，分条列项写或拟小标题分部分、分层次写。

总之，无论采用哪种写法，主体部分都要围绕会议中心和目的选材、剪裁，并突出重点。

（3）结尾部分通常会提出希望、发出号召，要求有关单位认真贯彻会议精神，也可以在写完主体部分后自然结尾。

五、纪要的写作要求

纪要一般采用第三人称写法。由于纪要反映的是参会人员的集体意志和意向，所以其常以"会议"作为表述主体，习惯用语如"会议认为""会议指出""会议决定""会议要求""会议号召"等。

纪要必须择要而记，即将那些重要的情况、重大的问题及相关决策意见等的要点记录下来，并概括会议的主要精神。

纪要必须如实反映会议的内容，它不能脱离会议的实际情况而搞再创作，否则，它的内容就会失去客观真实性，违反纪实性的原则。

纪要是依据会议的实际情况提炼而成的文件。撰写纪要时，应围绕会议的主旨及主要成果来整理、提炼和概括会议的内容，尤其要将重点放在介绍会议的成果上，而不是叙述会议的过程，切忌使用"记流水账"式的叙述方式。

纪要报送上级时，会议主办单位需要另拟一份报送报告，与纪要一并报送。

纪要与会议记录的区别如下。

（1）纪要只记载与会议相关的要点，是法定行政公文；会议记录是会议上发言内容的实录，是事务公文。

（2）纪要通常需要在一定范围内传达或传阅，并要求相关人员贯彻执行；会议记录一般不公开，无须传达或传阅，只被当作资料存档。

六、纪要的种类

（1）办公会议纪要。各机关、团体、企事业单位领导人和有关部门负责人为研究决定日常工作事项所召开的办公会议形成的纪要。

（2）专题会议纪要。由领导机关召开的研究某个方面或某一专题工作的形势、任务、方针、政策和措施等重要问题的会议形成的纪要。

（3）工作会议纪要。它侧重于记录需贯彻的有关工作的方针政策，及要解决的相应问题。

（4）代表会议纪要。它侧重于记录会议议程和通过的决议，以及关于今后工作的建议。

（5）座谈会议纪要。它的内容比较单一、集中，侧重于记录工作上、思想上、理论上、学习上某一个问题或某一方面的问题。

七、纪要的范例

××县交通局关于 2010 年第二季度安全工作例会会议纪要

6月29日，县交通局×××局长主持召开全县交通系统第二季度安全工作例会暨全县联合开展交通违法行为整治紧急行动会。安监局、监察局等有关人员，县客货运输企业（公司）及维修企业负责人参加了会议。会议总结了上半年交通安全工作，传达了上级安全工作精神，就第三季度交通安全工作进行了部署。县人民政府××副县长到会并作了讲话。现将会议纪要如下：

会议认为，第二季度，我县交通安全生产工作总体上按年初的部署和阶段性的工作要求平稳有序进行。但近段时间道路交通事故频发，安全生产形势严峻，必须立即加强道路交通安全整治工作。

会议要求，各单位对交通安全工作：一要高度重视、认清形势、强化宣传。要克服麻痹思想和侥幸心理，时刻紧绷安全这根弦，进一步强化安全生产责任，加强城区和乡镇的宣传，各乡镇要拉一条安全横幅。二要严格监管、落实责任。三要联动协作、落实到位。各单位各部门一定要互相配合、沟通，要主动工作，要有大局意识。对安全工作各环节一定要加大执法监督力度，把防范重特大交通事故的各项工作和措施落到实处，确保我县道路交通安全形势的稳定。

会议强调，第三季度要重点做好以下几项工作……

2010 年 6 月 30 日

这是一份工作会议纪要。开头先交代了会议的自然情况（如会议的名称、时间、参加人员及主要议题），然后以"会议认为""会议要求""会议强调"分别引出三个段落，从思想上、组织上、具体工作上对全县第三季度交通安全工作进行部署。

第三章
事务性文书写作要领与范例

讲话稿

讲话稿有广义和狭义之分。广义的讲话稿是指人们在特定场合发表讲话时使用的文稿。狭义的讲话稿一般指领导讲话稿，即党政机关、社会团体和企事业单位的负责人，在各种集会或正式会议上发表讲话时使用的一种书面文稿，也可以说是经常应用而又没有固定模式和规格的一种特殊文稿。

一、讲话稿的特点
（一）内容的针对性和权威性

讲话稿的内容是由会议主题、讲话者的身份及听众决定的，所以在写讲话稿之前，写作人员必须了解会议的主题、性质、议题，讲话的场合、背景，领导的指示、要求，听众的背景情况、心理需求和接受习惯等。因此，讲话稿具有针对性。

领导在重要场合发表的讲话不同于一般的演讲和发言，其目的是贯彻上级的指示精神，对工作提出有针对性的指导性意见，体现了党政机关、社会团体和企事业单位的意图。因此，这样的讲话稿还具有权威性。

（二）篇幅的规定性和限制性

讲话是有时间限制的，因此对讲话稿的篇幅有严格的要求，讲话稿篇幅的长短需根据不同的场合来决定。一般来说，会议讲话的讲话稿的篇幅可以适当长一些，而表彰大会、庆典等场合的讲话要简短一些，故讲话稿的篇幅不宜过长，避免喧宾夺主。

（三）语言的通俗性和得体性

讲话者与听众面对面进行交流，所以讲话稿的语言要通俗易懂、形象生动，有启发性和吸引力，便于现场听众理解和接受。此外，讲话稿也要讲究语言的得体性。

（四）交流的互动性和思想哲理性

讲话是一种面对面的交流方式，讲话稿一般需要具有一定的号召力和感染力。当听众用表情与讲话者进行无声交流，表达思想和感情上的共鸣时，讲话才算真正被听众接受了，因此讲话不是单向性的，而是具有互动性的。

讲话稿的思想哲理性较强。正言昭人、以理服人，是讲话稿的深度和力度所在。一篇好的讲话稿，需就有关的重要决策和重大问题，从理论和实践的结合上，讲出一套可以启迪和征服人心的道理来。它摆出的事实雄辩有力，阐述的道理无懈可击，能引人深思、催人警醒、令人信服和振奋。

二、讲话稿的结构和写作过程

（一）讲话稿的结构

1. 标题

讲话稿的标题分为两种。第一种由单位名称或讲话人的姓名和职务、事由以及文种构成，如"×××在党的群众路线教育实践活动总结大会上的讲话"。

第二种为复式标题，由一个主标题和一个副标题组成。主标题通常用来概括讲话的主旨或主要内容，副标题则与第一种标题的构成形式相同。

2. 正文

正文由开头、主体和结尾三部分组成。

（1）开头首先要根据与会人员的情况和会议性质写明适当的称谓，如"同志们""女士们，先生们""各位专家学者"等，要求称谓庄重、严肃、得体；其次要把讲话的内容简单概括一下，说明讲话的缘由或者所要讲的内容重点；最后引出正文。

（2）根据会议的内容和发表讲话的目的不同，主体部分有以下两种结构。

一是并列式结构，就是将几个方面的问题并列起来，说完一个，再说一个，各个问题如果相互交换位置，一般不影响意思的传达。此类结构多用于总结性的会议讲话，也可用于部署工作的会议讲话。

二是递进式结构，就是由现象到本质、由表层到深层的安排内容，各层意思之间呈现逐层深入的关系，即为什么（重要性）、做什么（具体措施）、怎么做（保障条件），多用于部署工作和统一思想的会议讲话。

（3）结尾用以总结全篇，照应开头，发出号召，或者征询对讲话内容的意见或建议等。

（二）讲话稿的写作过程

讲话稿的写作过程一般要经过酝酿准备、起草初稿和审修定稿三个阶段。

1. 酝酿准备

要写出一篇好的讲话稿，往往需要在动笔之前就开始构思，也就是说，准备工作至关重要。在接受任务之后，就要抓紧时间做好起草前的各种准备工作，其中最要紧的是摸准领导意图。因为起草讲话稿就是代领导"立言"，领导的意图往往就是讲话稿的主旨。起草前的任务就是准确地领会、表达领导意图，创造性地深化、拓展领导意图，这要作为一根主线贯穿整个起草过程。这里讲的"深化"和"拓展"是以"领会"为前提的，绝不能背离领导意图另搞一套。这是起草讲话稿的一条规矩，也是一条"捷径"。因此，起草讲话稿前一定要细心倾听领导对打算讲什么、怎么讲的提示，没有弄明白的必须问清楚。领会了领导的意图之后，还要认真阅读有关的理论著作、政策文件和参考资料，就讲话中必然涉及的一些重要问题进行调查座谈，在经过一番思考、胸有成竹的基础上，再同有关人员一起琢磨和议定讲话稿的主题思想、主要观点和大体框架，并拟订一个写作提纲。

2. 起草初稿

有了写作提纲，并经领导认可之后，就可以进入起草初稿阶段。起草过程实际上是一个再运筹、再思考、再创造的过程，是苦心经营、精心制作的过程。如果写作提纲对路、思虑周密，写起来就会行云流水、通畅无阻，就能一气呵成。但深知写作甘苦的人都知道，这种情况并不多见。因为"写"与"想"和"说"毕竟有些不同，它要求更明确、更全面地反映客观事物，要有更严谨、更细密的思想逻辑、文字逻辑。在起草讲话稿的过程中，面对一大堆素材，面对应当提出和回答的许多问题，面对错综复杂的客观情况，如何具体地表达和深化主题、提炼和阐明观点、组织和取舍材料、理顺和展开层次，以及如何起承转合、遣词造句等，都不是一件容易的事。解决办法就是边写边想、边写边学、边写边议。如果实在写不下去，就干脆停笔，先放松一下。我们每个人的大脑中都存储了很多东西，只要你舍得开动这部"机器"，动动脑筋、皱皱眉头，"灵感"和"存货"自然就会跑出来帮忙。

3．审修定稿

渡过难关、写出初稿之后，还要回过头来推敲修改，主要看主题是否鲜明、突出，观点是否精当、确切，段落是否严谨、分明，语言是否简洁、流畅，内容有没有疏漏和重复，文辞有没有歧义和差错，标点符号是否使用准确。在审修定稿的过程中，该补的要补、该删的要删、该改的要改，尤其是对某些政策原则和敏感性问题的提法，更要反复斟酌，切不可疏忽大意。有些重要讲话稿的初稿完成后，要先向主讲领导送审，征求他的意见，有时甚至要召开专门的座谈会征求意见；然后综合各方面的意见，进行再修改，有时甚至是重大的修改。对此，我们的态度应当是：不厌其烦、文不厌改、忍痛割爱、精益求精，以"行百里者半九十"的精神，圆满地完成写讲话稿的任务。

三、讲话稿的范例

讲话稿的适用范围相当广泛，种类也比较多。讲话稿按照会议的性质可以分为工作会议的讲话稿、专题会议的讲话稿、代表大会的讲话稿、座谈会的讲话稿、研讨会的讲话稿等。

用心干事　潜心成事，以实际行动抓好全年目标任务落实

——在 2017 年全县三级干部大会上的讲话

同志们：

今天，我们县、乡（镇）、村三级干部肩负着全县 86 万人民的重托，相聚在这里，其目的是：庆发展，谋发展，话发展，唱响欢乐颂隆重表彰 2016 年在全县各行各业的先进单位和个人，吹响冲锋号进一步动员全县上下按照年初县党代会、人代会、政协会的决策部署，用心干事，潜心成事，快干起来，大干起来，以实际行动抓好全年目标任务的完成，抓好全县各项工作的落实。会上，我们隆重表彰了 2016 年在全县各行各业的先进单位和个人。受到表彰的这些先进单位和个人形成了一道靓丽的风景线，代表了 2016 年各条战线的发展成果、发展成绩、发展成功。在这里，我谨代表县委、县人大、县政府、县政协，向受到表彰的先进单位和个人，表示热烈的祝贺！希望全县上下的同志都能向先进学习、向先进看齐，让今天台上的红一人、台下的红一片，通过今天的会议，通过今天的动员，通过同志们的努力，把今年年初确定的各项工作目标任务细化、硬化、落实化，转化为今年的全年红、全县红。

春节前，我们相继召开了县十四届一次党代会和十七届人大二次会议、十四届政协二次会议，对去年的工作进行了总结，今年全县工作的指导思想和奋斗目标大政方针已定，目标任务已经明确。现在，关键就是要同志们抓落实，就是要挽起袖子、甩开膀子，用心干事，潜心成事。用心和潜心是一种工作态度，是一种工作信仰，

是一种工作动力，是一种工作精神，更是一种工作要求和纪律，不用心，事就干不好；不潜心，事就成不了。下面，我就围绕"用心干事、潜心成事"这一主题，讲三点意见：

一、在解放思想中坚定用心干事、潜心成事的信心

只要思想不滑坡，办法总比困难多。思想通，工作容易成功；思想不通，工作容易落空。思想落后，就会山重水复疑无路；思想解放，就能柳暗花明又一村。坚定用心干事、潜心成事的信心，关键是要在思想上做到"三只要、三不怕"：

第一，定位决定地位：只要起点高，就不怕起步晚。站得高，才能看得远。对个人思想境界修为来说是如此，对一个地方的发展来说也是如此。从外地先进经验来看：深圳，曾经的边陲小渔村，现在的国际化大都市，发生如此巨变的背后，是深圳始终坚持以全球视野谋发展，始终坚持经济特区、开放前沿的定位抓发展。从当前发展趋势来看：当前进入发展新常态，新常态打开了新的窗口期、划定了新的起跑线。也就是说，在新常态面前，各地的机遇是一样的、困难也是普遍的，能不能抓住机遇、克服困难从而用好新的窗口期、赢在新的起跑线上，关键看我们站在一个什么样的高度、一个什么样的角度去认识和看待新常态。我们迎来了哪些窗口期和机遇期呢？就是习近平同志去年在江西考察指导，对江西工作提出了"一个新的希望，四个坚持"，为江西发展指明了前进的方向，注入了强大的动力。××汇聚了"一带一路"、长江经济带、长江中游城市群等一系列国家重大机遇。这也是为什么县第十四次党代会提出要立足新起点、适应新常态、争创新优势、实现新发展的原因，是我们

强调既要立足××看××，也要跳出××、放眼省市、胸怀全国看进贤的找定位、找目标的原因，是换届后我们为什么先后16次邀请专家前来集中授课、组织大家集中学习的原因，都是为了让我们进一步解放思想、统一思想，以好的定位和理念来谋划我们的工作。

第二，思路决定出路：只要有思路，就不怕没出路。我们有的同志常说，我们××财政基础差、底子薄，先天条件不如先进县区，所以只能落后。还有的同志，一说干工作、抓落实，总是认为是历史遗留问题，摇头晃脑摆问题。我们干工作、抓落实，以问题为导向是对的，但不能在困难面前低头、绕道。如果工作没困难、任务好完成，要我们干部干什么？干部就是去干事的、去破解难题的。谋发展、抓发展、促发展需要一些条件、具备一些资源，但这不是完全的，条件对任何人、任何地方都是公平的。从全球来看，日本有什么钢铁资源？但它现在照样是汽车生产强国。从全国来看，江苏、浙江等长三角区域的工业基础比不上东北这样的老工业基地，但现在它们的先进制造业早就超过了东北，在全世界都有影响力。再看我们自己，从招商引资看，通过这几个月的对接，我们现在基本敲定了一批项目：深圳新路田新能源项目已经落户，三德冠精密电路科技有限公司项目基本敲定。这些项目都是无中生有的，说明我们谋划的架桥生物与新能源产业、装配式建筑与新材料产业这两个基地，是被各界客商看好的，说明我们谋发展的定位和思路是被外界人士认可的。这样的例子还有很多、举不胜举。我们干工作，就是要有题必做、小题大做、无题创作、难题敢做。抓发展要讲条件，但最大的条件在人，在于思想、在于思路、在于实干。财富不是在口袋里，而是在脑袋里，思路决定出路，实干决定未来。

第三，态度决定高度：只要肯干事，就不怕不成事。当前，我们提出的把握"四新要求"，打造"四大板块"，加快"四县建设"发展思路和"勇当昌抚合作示范排头兵、拼争全省县域经济前十强"发展目标，上级领导、各界人士都是认同的，但也有出于对××的关心，发出了能不能落实下去的疑问。有志者事竟成。今天是全县三级干部大会，很多企业家也在这里，在座的各位都是××的精英，都在这里工作，都在这里创业，都是一个单位、一个地方或者是一个企业的当家人，一定要有雄心壮志来抓好各项工作的落实、各项目标的完成，来打消外界对我们能力、作风的疑虑。同志们都要有信心和决心。我们××人敢闯敢拼、勤劳善良、淳朴厚道。在部队里，我们有将军；在科研领域，我们有院士；在政界，上至中央部委，下至地方政府，都有我们××人；在商界，我们在全国的医疗器械、文化用品、钢网结构市场举足轻重，××籍的商会会长遍布全国，等等，所有这些都说明我们××人聪明能干。只要敢干、肯干、会干、苦干，没有什么是干不成的、是不可超越的！客观地讲，现在我们××相对先进县区来说，是暂时落后了，但落后不可怕，可怕的是丢失信心和决心，可怕的是丧失志气和锐气。只要我们全县上下万众一心、用心潜心，见第一就争，有红旗就扛，咬紧牙关苦干实干加巧干，干上三五年，我们就完全可以颠覆在全省的排位，就一定能够谱写出"勇当昌抚合作示范排头兵、拼争全省县域经济前十强"辉煌篇章。

二、在围绕主题中把握用心干事、潜心成事的重心

贯彻落实省第十四次党代会、市委十一届二次全会精神，结合进贤工作实际，在年前的县委全会暨全县工作务虚会和县"三会"上，对今年全县工作的主题、重点都已经进行了明确。今年全县工作主题，就是"三个年"，即：产业升级年、城乡治理年、作风加强年；全县工作的重点，就是"四个聚焦、一个共享"，即：聚焦"四大板块"、共享发展成果。主题就是必须回答的发展课题，重点就是必须把握的工作重心。全县各级各部门都要围绕这个主题课题，把握这个重点重心来开展工作。

三、在健全机制中保持用心干事、潜心成事的恒心

用心干事、潜心成事，不能只是会上激动，会后动一动，时间久了就不动。县委、县政府将进一步健全完善一套成体系的工作机制，强化层级管理，严格问责问效，使用心干事、潜心成事成为全县各级干部的一种习惯、一种常态。

（节选）

这是一篇年初在县、乡（镇）、村三级干部大会上的讲话。开篇阐述了会议的目的任务。接下来第一部分从思想层面来讲，鼓励增强工作的信心。第二部分主要讲工作重点，怎么干事；先总体阐述年度工作主题和重点，接下来讲组织领导、责任分工等。第三部分从健全机制来阐述，出台具体办法来抓。结构清晰，层次分明。这篇讲话稿的用语也非常灵活，有许多的排比句、哲理性金句，是学写讲话稿难得的素材。

演讲致辞

演讲致辞又叫演讲稿或演说辞，是指在较为隆重的仪式上和某些公众场合发表个人的观点、见解和主张的文稿。演讲致辞是演讲的依据，是对演讲内容和形式的规范和提示，它体现了演讲的目的和手段、演讲的内容和形式。演讲致辞是人们在工作和生活中经常使用的一种事务性文书。

一、演讲致辞的特点

（一）整体性

演讲致辞有自己的体系，有自身的完整性。一篇演讲致辞是演讲者思想深度和知识广度的综合表现。在演讲致辞的准备过程中，演讲者要考虑演讲的话题和它的目的，了解演讲的时间、空间和听众的情况；同时，演讲者还要考虑自身的表情与动作，以及演讲语言的运用等。

（二）口语性

口语性是演讲致辞区别于其他文书的重要特征。其他文书如大会报告、讲话稿等，不太讲究口语性，虽然它们也是由某人在台上宣读，但听众手中一般都有一份印制好的文书，一边听一边阅读，不会有太多听不明白的地方。演讲致辞就不同了，在演讲过程中演讲者可能即兴发挥，不可能事先印好演讲致辞发给听众。为此，演讲致辞必须讲究"上口"和"入耳"。所谓"上口"，就是讲起来很流畅。所谓"入耳"，就是听起来非常顺畅，没有语言障碍，听众不会曲解原意。

（三）临场性

演讲致辞一般都是事先准备好供演讲者演讲时使用的，但它并不是一成不变的。演讲者在演讲时要面对听众，听众会对演讲者或演讲的内容及时做出反应：或表示赞同，或表示疑问，或表示反对，或表示感兴趣，或表示不感兴趣。演讲者对听众的各种反应不能置之不理，而应根据听众的反应和现场的效果，尽力调整自己的演讲内容。

二、演讲致辞的结构

演讲致辞的结构和一般文章类似，也是由标题、开头、主体和结尾四部分组成的。

（一）标题

标题是影响听众选择是否听演讲的关键因素。它往往是论题的直观表达。标题的确定与演讲的论题、内容、形式、风格息息相关。一个新颖而富有影响力的标题，不仅能在演讲前激发听众的兴趣，还能在演讲后给听众留下深刻的印象，甚至成为警句广为流传。因此，演讲者应选取一个有吸引力的标题。

（二）开头

演讲致辞的开头也称"开场白""开始语"，虽然不是主体，却起着非常重要的作用。开头的方式主要有以下几种。

一是以幽默的方式开头。演讲时以幽默的方式开头往往妙趣横生。这样既一语双关，又不失礼，能让听众在轻松愉快的氛围中接收演讲内容。

二是以交代背景的方式开头。这种开头主要通过交代发表演讲的背景，让听众更好地了解演讲的内容。

三是以提问的方式开头。通过提问，引导听众思考一个问题，并由此形成一个悬念，吸引听众继续听下去。如有一篇演讲致辞的开头为"年轻的朋友，如果在你的面前，同时有金钱、爱情、知识、名誉，你准备选择哪一样呢？"

（三）主体

演讲致辞的主体就是演讲的中心内容所在，一篇演讲致辞是否内容完整、论证严密，主要看主体部分写得怎样。对于演讲致辞的主体总的要求如下。

（1）主题突出。运用多种论据，采用各种手法，证明中心论点，从而突出主题，使主体层次清晰；多个层次之间要靠逻辑关系联系起来，注意过渡自然、衔接紧密。

（2）行文起伏。演讲致辞不能平铺直叙、罗列数据，要采用多种技巧，使行文富于变化。

（3）材料生动。选择的材料应具体生动，切忌说教。

（4）结构简单。演讲致辞的结构不能太复杂，因为演讲的内容是通过语言传达给观众的，太复杂的结构会引起听众的反感，所以演讲致辞的篇幅不宜过长，应适可而止。

（四）结尾

演讲致辞的结尾或归纳，或升华，或希望，或号召，方式很多。好的结尾应收拢全篇，卒章显志，干脆利落，简约有力。总之，结尾应给听众留下深刻的印象。

三、演讲致辞的写作要求

一是演讲者要了解听众，注意听众的类型，了解他们的性格、年龄、受教育程度，分析他们的观点、态度、希望和要求。

二是演讲致辞要有一个鲜明的主题。无中心、无主次、杂乱无章的演讲是没有人愿意听的。

三是好的演讲致辞应该既要热情地鼓动听众，又要进行冷静的分析，要把抒情和说理有机地结合起来，做到动之以情，晓之以理。

四是演讲致辞的语言要做到准确、精练、生动形象、通俗易懂。演讲致辞不能讲假话、大话、空话，也不能讲过于抽象的话；要多用比喻，多用口语化的语言，深入浅出，把抽象的道理具体化、形象化，让听众听得明白、印象深刻。

四、演讲致辞的范例

公园城市的新经济图景
——2021年市委书记在新经济共享大会上的致辞

刚才，我们通过短片认识了一个以新思想新理念为引领、志在世界城市体系中后发赶超的××，一个以公园城市为特质、志在闯出中国特色新型城镇化之路的××。

九天开出一××，万户千门入画图。天府之国的每一丝血脉都激荡着创新创造的勇气，每一寸热土都流露出优雅时尚的气息。新时代，我们以建设全面体现新发展理念的国家中心城市为旗帜，引领城市能级全方位跃升、发展方式全方位变革、治理体系全方位重塑、生活品质全方位彰显。2020年，GaWC全球城市、全球金融中心指数、全球创新指数排名分别跃升至××位、××位、××位，连续×年稳居新一线城市榜首，连续××年蝉联中国最具幸福感城市榜首。

习近平总书记深刻指出，变革创新是推动人类社会向前发展的根本动力。面对新一轮科技革命和产业变革的历史性交汇，我们以后发赶超的自觉和弯道超车的自励，站位全球城市竞争和科技创新前沿，在全国率先成立新经济发展委员会，统筹布局数字经济、智能经济、绿色经济、创意经济、流量经济、共享经济"六大形态"，构建服务实体经济、智慧城市建设、创新创业平台、人力资本协同、消费提档升级、绿色低碳建设、现代供应链创新"七大应用场景"，致力打造新经济话语引领者、场景培育地、生态创新区，建设最适宜新经济发展的城市，新经济企业超过××万家，新职业人群突破××万人，新经济总量指数居全国第×，新经济新动能释放强大创造力驱动力。

进入新阶段、服务新格局，需要发展新经济，增强供需体系适配性。新经济以新技术应用优化供给结构，以新场景生成激发需求潜力，推动产业分工重构、动能更新再造，成为后疫情时代实现更高水平供需动态平衡的重要支撑。我们前瞻布局卫星通信、量子计算等引领技术前沿的未来赛道，重点培育工业无人机、精准医疗等抢占战略制高点的优势赛道，大力支持区块链、清洁能源等面向共性需求的基础赛道，推动创新链产业链深度融合。我们构建未来城市场景试验区，完善机会清单，创新应用实验室、未来场景实验室供给机制，实现从城市场景向场景城市的全方位跃升。我们依托西部国际门户枢纽拉动和国际消费中心城市功能外溢，着力实现开放与创新融合互动、产品供给和市场拓展相得益彰。

　　践行新理念、创造新生活，需要发展新经济推动以人为核心的新型城镇化。建设践行新发展理念的公园城市示范区，是××走向世界的鲜明标识，是吸引优秀人才的核心优势。公园城市示范区把服务人、陶冶人、成就人作为价值依归，让人人都享有城景相融的宜居环境，推动城市自然有序生长，把乐观从容、舒适惬意的心灵向往活化为可感可及的现实体验，实现开窗可见千秋瑞雪、推门即是草树云山。让人人享有幸福和美的生活体验，把热爱生活的态度融入城市血脉，实施幸福美好生活十大工程，建设社区服务圈、打造市井生活圈，创造全龄友好、全民共享的高品质公共服务，为老××留住乡愁记忆、为新×漂营造归属认同。让人人都享有梦想出彩的发展机会，把人力资源协同深度嵌入高质量发展场景，以产业生态圈和创新生态链为牵引，构建更具吸引力的人才引育政策，加快打造青年人的逐梦之都、创业者的圆梦之城。

　　发展新经济，培育新动能，生命力在于营造共建共享的创新生态。天行有常，新经济新动能的孕育生长，离不开适宜的气候，更离不开肥沃的土壤。我们将聚焦打造最适宜新经济发展的城市品牌，以政府采购支持种子企业产品应用，以定制化方式赋能独角兽企业市场拓展，以平台化思维推动头部企业与城市深度对接，为企业提供合作伙伴价值承诺。开展"上云、用数、赋智"行动，建设公共数据运营服务平台，推动数据要素流通增值和市场化运营，加快形成数字城市基础框架。把稳定公平可及作为政策实施的关键，推行沙盒管理、设置柔性边界，最大限度赋予新产业新业态容错试错机会，以最灵活的体制、最包容的监管、最高效的服务，吸引最优秀的新经济企业来 × 发展。

来源：《先锋》杂志

这篇演讲致辞以短片开篇，给人以视觉化的感受；紧接着引入习近平总书记的指示，再次强调了"变革创新是推动人类社会向前发展的根本动力"，然后论述了发展新经济的若干作用。全文有理有据，娓娓道来。

工作报告

工作报告多指会议的主题报告，它是代表整个机关或组织回顾总结工作、分析研究形势、部署工作任务时使用的一种文体，有的工作报告还需要提请会议代表进行审议批准。例如，大到党的十九大报告、国务院总理的政府工作报告，小到一家国有企事业单位向职代会所作的工作报告等。

一、工作报告的特点

（一）工作报告最大的特点是其综合性

可以说，工作报告是领导讲话、工作总结、经验介绍材料、工作方案等几类公文形式的大综合，其他几类文种的要求，全部集中体现在对工作报告的要求中。例如，如果把工作报告中回顾工作的部分单独拿出来，实际上就是一篇工作总结；把总结经验的部分拿出来，实际上就是一篇经验介绍材料；把布置工作的部分拿出来，就是一篇工作方案。因此，只要能写好工作报告，写好其他几类公文便是水到渠成的事情了。

（二）工作报告的集体性

工作报告一般是代表班子，是集体作品，不是个人意见，所以从内容到程序上，都体现了集体性，是大家观点的集纳和提炼，是集体智慧的结晶。

（三）工作报告的庄重性

工作报告以庄重平实准确为要，不应体现个人风格，不像讲话那样可以有强烈的个人色彩。但工作报告起草也要有创新意识，不拘泥于传统的老套的提法，要有新的理念和新的思路，但对新的提法一定要仔细推敲琢磨，要站得住脚，经得起各方的追问和实践的检验。

二、工作报告的写法

（一）如何确定工作报告的标题

主题的直接呈现就是标题。一篇文稿有主标题、副标题，有次级标题、小标题，还有主旨段、主旨句，这共同构成主题的完整表现形态。

主标题有三种常见写法：第一种是体现讲话场合及讲话内容的叙事性标题。主要用于小型会议、一般性工作会议或公务活动。第二种是体现会议主题及讲话内容的观点性标题。主要用于庄重场合或大型会议、大型活动，如党代会报告，工作会报告。这类标题往往在后面加设副标题，说明什么场合、谁的讲话。第三种是固定标题。如各级人代会上的政府工作报告、法院工作报告、检察工作报告，企业的职代会报告，从中央到地方，沿用几十年不变，成为一种法定标题。

（二）工作报告常用的结构形式

工作报告讲述工作的中心思想、总体思路和全面要求，表明讲话者的立场、观点、意见和方法、措施以及希望和要求。在文章的主题和内容确定后，就要确定结构，即文章分几块，每块讲什么。

一般文稿的正文都比较长，往往需要用序号分出几个部分。常见的划分方式如下。

第一，两块式。即整个讲话分两大部分。第一部分总结成绩，第二部分指出工作思路、目标任务具体要求和政策措施等。这种结构适用于单纯的工作布置，如果用于论述全面工作和综合性工作，很容易形成"大观点套小观点，小观点套更小的观点"的复杂结构，不便于理解和接受，甚至会造成听觉混乱。

第二，三块式。工作报告的主要目的是解决问题、推动工作，所以既要向与会者讲明道理，又要确定工作目标和任务，还要提出保证完成工作任务的一系列措施。因此往往按照"讲道理、定任务、提措施"这样的逻辑框架来安排结构。所以在实践中，"三块论"是最常用的结构，因为它符合人们认识问题、解决问题的一般思维规律。

第三，多块式。一般在四块以上，多的达十余块，这种结构适用于大型综合报告，工作会议报告也可采用。其惯用做法是，将某个事物中的关键问题或某项工作中的重点环节"抽"出来，独立成一部分，依次阐述。这种结构比较简单，不用像三块式那样费太多心思去考虑各部分之间的关系，而且逻辑层次不能错乱颠倒，相对更灵活自由一些。

（三）工作报告的内容如何写实

内容要写实，重点在于"把准三脉"。

一是把准时政方针的"脉搏"。善于吃透上情，及时学习与本行业、本单位有关的精神和政策，把局部工作放在大局中去思考和衡量，立足全局、胸怀大局。使文稿符合党和国家的方针政策，符合行业的发展规律，符合时代的发展方向。

二是把准领导思想的"脉动"。及时跟进领导的思想动向，注意把握领导谈话中的最新闪光点，做好归纳分析，摸准领导的想法，站在领导的角度考虑问题，树立"身在兵位、胸为帅谋"的责任感，想领导所想之事，谋领导所谋之策，把领导的"关注点"作为思考问题的"着力点"，写出具有领导独特风格的思想文字。

三是把准现实问题的"脉络"。坚持从实际出发，尽可能地深入实际工作，熟悉现实情况。选取的素材要真实可靠，事实材料、数据材料要核实清楚，任务、措施要避免泛泛而谈，讲究可操作性。始终做到对情况胸中有数，对现阶段发展特征把握准确，提高文稿的针对性，防止说过头话、写过时语。

三、工作报告的范例

玉林市人民检察院工作报告
——2021年9月27日玉林市第六届人民代表大会第一次会议

玉林市人民检察院副检察长　黄昱

各位代表：

现在，我代表市人民检察院向大会报告工作，请予审议，并请列席的同志提出意见。

第一部分：过去五年的工作回顾

过去五年，玉林市检察院在市委和自治区检察院的坚强领导、市人大及其常委会的有力监督和市政府、政协及社会各界的大力支持下，坚持以习近平新时代中国特色社会主义思想为指导，深入贯彻习近平法治思想和习近平总书记对广西工作的系列重要指示精神，把增强"四个意识"、坚定"四个自信"、做到"两个维护"融入检察履职，按照"讲政治、顾大局、谋发展、重自强"的新时代检察工作总要求，忠实履行宪法和法律赋予的职责，各项检察工作取得了新发展，为谱写新时代玉林新篇章提供了有力法治保障。

五年来，两级检察院共获市级以上集体和个人荣誉1116项，其中获自治区级以上荣誉584项；在自治区级以上会议作经验交流32次；市检察院荣获"全国先进基层检察院建设组织奖""全国维护妇女儿童权益先进集体"等荣誉称号；北流市检察院荣获"全国先进基层检察院"、博白县检察院被最高人民检察院记集体一等功；

涌现"全国模范检察官"李金丽等一批先进个人。

一、回顾五年，党的领导更加坚强有力

检察工作是政治性极强的业务工作，也是业务性极强的政治工作。我们始终把讲政治摆在第一位，全市检察机关坚持强化政治意识，坚定政治方向，提高政治站位，把讲政治落实到各项检察工作中。

坚持党的绝对领导。全面增强贯彻执行党的路线、方针、政策的自觉性，检察工作更深更实体现政治要求，自觉接受党的绝对领导，全面贯彻《中国共产党政法工作条例》，严格执行重大事项请示报告制度，市检察院主动向市委、市委政法委和自治区检察院请示报告89次，获市委、市政府主要领导肯定批示13次，确保检察工作正确政治方向。

理想信念坚定不移。开展"两学一做""不忘初心、牢记使命"和党史学习教育等主题教育活动，坚持把抓好党史学习教育与各项检察工作统筹推进，把学史明理、增信、崇德落实到"力行"上；召开专题会学习习近平新时代中国特色社会主义思想、习近平法治思想和习近平总书记重要讲话、指示批示精神等58次，确保思想统一、意识形态正确，形成了良好的政治生态。

接受监督主动自觉。牢固树立"监督者更要自觉接受监督"的理念，主动邀请人大代表、政协委员、人民监督员、社会各界代表共850多人次参加各种主题的检察开放日、公开听证等重要检务活动73次，办结人大代表、政协委员意见建议117件，加强沟通联系、畅通监督渠道，向市人大常委会作专题报告5次，在接受监督中，确保检察人员忠诚履职、廉洁从检、规范司法。

二、回顾五年，服务大局更加担当作为……

三、回顾五年，司法为民更加走深走实……

四、回顾五年，主责主业更加深耕细作……

五、回顾五年，队伍建设更加从严从实……

各位代表，五年来，我市检察机关基层基础设施建设也有了一定的发展，各项检察工作取得新成绩。这是市委、自治区检察院正确领导，市人大及其常委会有力监督，市政府、市政协和社会各界大力支持的结果。在此，我代表全市检察机关向大家致以衷心感谢！

回顾 5 年来的工作，我们也清醒认识到，检察工作还存在一些不足：一是对习近平法治思想领悟、践行需持续做实，检察理念还需更新、转变；二是法律监督能力与新时代检察工作新要求有差距。三是检察队伍检察人员综合素能有待提高，智慧检务建设落后。问题倒逼担当，我们将下大气力破难题、补短板。

第二部分：今后五年的工作计划安排

党的十九届五中全会擘画了新发展阶段党和国家事业发展宏伟蓝图，检察事业开启新的征程。做好"十四五"时期检察工作，根本指引是习近平新时代中国特色社会主义思想。今后五年，全市两级检察院将全面贯彻习近平法治思想，深入落实《中共中央关于加强新时代检察机关法律监督工作的意见》和上级检察院各项部署要求，把检察工作更加深入融入到全市中心工作中谋划推进，不断提高政治判断力、政治领悟力和政治执行力，更加坚定地强化政治自觉、法治自觉、检察自觉，切实增强系统观念、法治思维、强基导向，切实服务保障全市经济社会高质量发展。

一是服从服务大局。聚焦"十四五"时期经济社会发展目标任务，找准检察服务的着力点，不断创新检察工作服务途径和方式，着力优化营商环境，突出惩治危害国家安全犯罪、严重暴力犯罪、经济金融犯罪、网络犯罪等，积极融入市域治理现代化，为奋力建设玉林"四强两区一美"两湾先行试验区提供更加优质的法治供给。

二是坚持司法为民。坚持总体国家安全观，在检察环节有效管控各类涉稳风险，常态化开展行政争议实质性化解，促进案结事了。持续深化控告申诉检察工作，用好检察听证，做到案结事了人和，持续开展"检察为民办实事"实践活动，让人民群众有更多的获得感、幸福感、安全感。

三是更新检察理念。秉持客观公正立场，与时俱进更新检察理念，坚持"双赢多赢共赢"监督理念，落实"少捕慎诉慎押"司法理念，司法办案中，兼顾天理、国法、人情，把认罪认罚从宽等法律规定落到实处，让理念更新成为检察工作创新发展的抓手。

四是提升办案质效。严格执行上级检察院制定的有关确保案件质量的制度，使办案工作始终在制度的监控之下运行，确保案件质量。推动非羁押强制措施多用、用好，促进健全虚假诉讼防范、发现和惩治机制。坚持提质效、拓领域，创新公益诉讼检察办案机制。

五是强化队伍和基础设施建设。聚焦检察主责主业，以深入开展党史学习教育和教育整顿为抓手，着力提高检察履职综合能力，落实全面从严治党治检主体责任，深化智慧检务建设，强化素质能力建设，努力打造忠诚干净担当的检察铁军。

各位代表，新时期的检察工作使命光荣、任务艰巨。在今后的工作中，全市两级检察院将坚持以习近平新时代中国特色社会主义思想为指导，深入学习贯彻习近平法治思想和习近平总书记对广西工作的系列重要指示精神，坚持"稳进、落实、提升"检察工作总基调，以高质量发展为主题，在市委和自治区检察院的领导下，按照中共玉林市第六次代表大会的部署和本届人民代表大会的要求，进一步提升法律监督能力，优化"四大检察""十大业务"法律监督格局，为大局服务、为人民司法，勇毅奋进、拼搏赶超，为奋力建成玉林"四强两区一美"两湾先行试验区贡献更多更实检察力量。

这篇材料是玉林市人民检察院副检察长黄昱，代表市人民检察院向大会报告工作的工作报告。报告标题以固定形式出现；整个报告采用两块式的结构行文，第一部分回顾了五年来工作的成绩、做法、经验以及检察工作还存在的一些不足。第二部分介绍了今后五年的工作计划安排、目标任务、具体要求和政策措施等，结尾重申了检察工作的意义，展望未来。

发言稿

发言稿是参加会议者为了在会议或重要活动上表达自己的意见、看法或汇报思想工作情况而事先准备好的文稿。

一、发言稿的特点
（一）观点鲜明，内容具有鼓动性
发言稿观点鲜明，能给人以可信赖感和可靠感。发言稿若观点不鲜明，就会缺乏说服力，无法发挥其作用。

发言要能激发听众的情感，使听众的思想为之震动，精神为之振奋，因此发言内容就必须具有鼓动性。撰写发言稿时要在表达上注意感情色彩，把说理和抒情结合起来。切记，这种深厚动人的感情必须发自肺腑。

（二）结构清晰，层次简明

一般文稿主要是供人阅读的，使读者有思考的余地。这类文稿在层次结构上可以跌宕起伏、曲折多变；在内容上也可以盘根错节、错综复杂。

而发言稿通过口头表达，使听众在发言过程中几乎没有思考的余地。发言稿的结构特点是内容的内在联系与有声语言的一致性，注重有声性。因此，发言稿应当结构清晰、层次简明。

（三）语言流畅，深刻风趣

1. 要口语化

口语化即把长句改成短句，把倒装句变成正装句，把单音节词换成双音节词，把听不明白的文言词语、成语换掉或删去。

2. 要通俗易懂

发言稿的语言要通俗易懂。发言稿应善于用简单明了、听众易懂的语言，坚决抛弃晦涩难懂的术语，抛弃听众可能还不懂的、还不熟悉的口号、决定和结论。

3. 要生动感人

发言稿要生动感人，一是用形象化的语言，运用比喻、比拟、夸张等手法增添语言的形象色彩，把抽象化为具体，深奥讲得浅显，枯燥变成有趣。二是运用幽默、风趣的语言，增强发言稿的表现力。三是发挥语言音乐性的特点。

二、发言稿的种类

按照用途和性质，发言稿可以分为以下几种。

（1）开幕词，指比较隆重的大型会议开始时所用的发言稿。

（2）闭幕词，指比较隆重的大型会议结束时，领导按要求发表讲话时使用的发言稿。

（3）会议报告，指召开大中型会议时，有关领导代表某机关进行中心发言时所使用的发言稿。

（4）动员发言，指在部署重要工作或活动的会议上，有关领导所使用的鼓励人们积极开展此项工作或参加此项活动的发言稿。

（5）总结性发言，指某一事项或某一活动结束后，有关领导对相关情况进行回顾、概括时所使用的发言稿。

（6）指示性发言，指有关领导对特定的机关和人员布置工作、任务、提出希望和要求并规定某些指导原则时使用的发言稿。

（7）纪念性发言，指有关领导在追忆某一特殊的日子、事件或人物时所使用的发言稿。

三、发言稿的写法

发言稿的写法比较灵活，其对结构形式的要求也不像演讲稿那么严格，其结构形式可以根据会议的内容、需要等的不同而有所区别。发言稿的常见手法如下。

（1）开头提出要谈的问题及对问题的看法，然后说明理由，最后照应开头对全文做简明的总结。

（2）直接写出要讲的问题或意见，可用序号1、2、3等标明，问题讲完，即告结束，不写开头和结尾。

（3）如果内容比较系统，包括情况叙述、经验介绍、体会收获等，那么这几方面内容要连贯地写出来，构成一篇比较完整的发言稿。

四、发言稿的范例

在深圳经济特区建立 40 周年庆祝大会上的发言

王伟中

（2020 年 10 月 14 日）

尊敬的习近平总书记，各位领导、各位嘉宾：

今天是深圳经济特区的大喜日子。党中央在这里隆重举办深圳经济特区建立 40 周年庆祝大会，习近平总书记亲自出席并作重要讲话，各位领导、嘉宾莅临指导。我代表深圳市委、市政府和全体市民，向习近平总书记，向各位领导、嘉宾表示热烈欢迎和衷心感谢！

深圳经济特区诞生于我们党和国家把工作中心转移到经济建设上来的历史转折点，成长于波澜壮阔的改革开放时代大潮中。回顾 40 年奋斗历程，畅想未来美好景象，我们无比感恩、无比自豪、信心满怀。

回首往昔，我们无比感恩党中央的亲切关怀。40 年来，深圳在风雨磨砺中每迈出一步，都得到党中央的坚强领导和大力支持。邓小平同志亲自确定深圳为第一个经济特区，江泽民同志、胡锦涛同志在特区发展的重要时期都给予具体的关心指导。党的十八大后，习近平总书记离京视察"第一站"就来到广东、深圳，向世界宣示中国改革不停顿、开放不止步的坚定决心。党的十九大后，在改革开放 40 周年之际，总书记再次来到广东、深圳，勉励我们改革开放再出发、再创让世界刮目相看的新的更大奇迹，并亲自谋划、亲自部署、亲自推动粤港澳大湾区、深圳先行示范区、综合改革试点等重大战略，指引我们胸怀两个大局、阔步迈向中华民族伟大复兴的新征程。

放眼今天，我们无比自豪 40 年砥砺奋进取得的辉煌成就。深圳始终牢记党中央创办经济特区的战略意图，坚持党的全面领导，高举中国特色社会主义伟大旗帜，敢闯敢试、敢为人先、埋头苦干，地区生产总值从 1980 年的 2.7 亿元增至 2019 年的 2.7 万亿元，跻身亚洲城市前五、全球城市 30 强，创造了世界城市发展史上的奇迹。

党的十八大以来，深圳坚定沿着习近平总书记指引的方向奋力前行。践行"改革不停顿、开放不止步"重要要求，把优化营商环境作为"一号改革工程"，商事主体数量、创业密度居全国大中城市首位；深港澳合作日益密切，深港在现代服务业、科技创新等领域合作持续深化，前海生机勃勃态势更加彰显；实际利用外资规模居全国城市前列。

践行高质量发展重要要求，地均 GDP 居内地城市首位，单位 GDP 能耗、水耗全国大中城市最低，本土世界 500 强企业从 2012 年的 3 家增至目前的 8 家。践行实施好创新驱动发展战略重要要求，积极稳妥应对高技术重点企业被美国极限打压，综合性国家科学中心、鹏城国家实验室等大国重器加快建设，全社会研发投入占

GDP 比重由 2012 年的 3.81% 上升到 2019 年的 4.93%，PCT 国际专利申请量约占全国 30.6%，初步构建形成"基础研究＋技术攻关＋成果产业化＋科技金融＋人才支撑"的全过程创新生态链。

践行以人民为中心重要要求，2012 年以来持续加强基础教育投入，实现了"学有所教"；三甲医院总量翻番，实现数量、质量双提升；落实"房住不炒""一城一策"要求，构建了新的住房供应保障体系；持续加大帮扶资金投入，对口帮扶 9 省 54 县（区）任务扎实推进。践行"绿水青山就是金山银山"重要要求，近 4 年累计投入超过 1200 亿元治水，率先在全国实现全市域消除"黑臭"水体；PM2.5 年均浓度持续下降，空气质量达到国际先进水平，建成"千座公园之城"，常态化的碧水蓝天绿地成为城市靓丽名片。深圳已经成为一座充满魅力、动力、活力、创新力的国际化创新型城市。

今年，面对突如其来的新冠肺炎疫情，我们坚决贯彻党中央和总书记的决策部署，统筹推进疫情防控和经济社会发展，用一个月时间遏制了疫情蔓延势头，用两个月时间将复工复产基本恢复到去年同期水平，深港联防联控扎实有效，地区生产总值增速在全国一线城市中率先转正，商事主体数量持续增加，外资、民间投资较大幅增长，发展活力和韧劲进一步彰显，国内外投资者、资本看好中国、看好广东、看好深圳。

40 年，在历史长河中只是弹指一挥间，在深圳却是沧海桑田。40 年的成功实践，让我们深刻体会到：没有中国共产党的坚强领导，没有中国特色社会主义制度的显著优势，没有改革开放这场伟大革命，没有习近平新时代中国特色社会主义思想的科学指导，没有全国人民的大力支持，就没有深圳经济特区的今天。衷心感谢党中央和总书记的关心厚爱，全国人民的鼎力支持，港澳台同胞、海外侨胞、国际友人的积极参与，全体特区建设者的拼搏奋斗！深圳将永远铭记在心、感恩奋进新时代！

展望未来，我们信心满怀朝着建设中国特色社会主义先行示范区的方向前行，努力创建社会主义现代化强国的城市范例。深圳将按照总书记的殷殷嘱托，不忘初心再先行、牢记使命作示范，聚焦"高质量发展高地"，率先建设体现高质量发展要求的现代化经济体系，率先形成以国内大循环为主体、国内国际双循环相互促进的新发展格局；聚焦"法治城市示范"，率先营造彰显公平正义的民主法治环境；聚焦"城市文明典范"，率先塑造展现社会主义文化繁荣兴盛的现代城市文明；聚焦"民生幸福标杆"，率先形成共建共治共享共同富裕的民生发展格局；聚焦"可持续发展先锋"，率先打造人与自然和谐共生的美丽中国典范。

历史总是眷顾坚定者、奋进者、搏击者。40年前，历史选择了深圳，深圳创造了奇迹；今天，时代再次选择了深圳，深圳必须有新的更大作为。

我们将更加紧密地团结在以习近平同志为核心的党中央周围，增强"四个意识"、坚定"四个自信"、做到"两个维护"，抢抓建设粤港澳大湾区、深圳先行示范区和实施综合改革试点重大历史机遇，瞄准深圳先行示范区2025年、2035年、本世纪中叶三个阶段发展目标，认真学习贯彻总书记在这次大会上的重要讲话精神，坚决扛起经济特区、深圳先行示范区建设主体责任，勇当驶向中华民族伟大复兴光辉彼岸的第一艘"冲锋舟"，向党中央、总书记，向全市人民交出一份优异答卷，为全面建设社会主义现代化国家、实现第二个百年奋斗目标作出新的更大贡献！

这篇材料是在深圳经济特区建立 40 周年庆祝大会上，时任广东省委副书记、深圳市委书记王伟中所作的发言，当时习近平总书记出席会议并作重要讲话，可想参会领导规格之高。发言稿从过去、现在、未来三个不同时空立意构思、谋篇布局。发言稿语言凝练概括，结构框架合理，语调铿锵有力。

主持词

主持词一般指会议主持词，就是会议主持人主持会议时使用的带有指挥性、引导性的文稿。

在工作中，常常要召开各种会议，如工作会、座谈会、动员会、总结表彰会等。会议是机关、企事业单位等部署、推进、总结工作的有效形式。召开会议，就得有会议主持人。在工作节奏日益加快的今天，会议主持人往往在会前来不及或不能全面了解会议的全部内容，多数情况下需要准备一份会议主持词。尤其是内容较多的会议，有一份好的主持词，就会使会议更加紧凑、准确、周密、主题突出，从而达到较好的会议效果。

一、主持词的特点

（一）结构特点

主持词的结构与会议的安排密切相关，与会议的主题讲话或发言密切相关，它的结构应以使与会者明了会议的背景、规模、安排、主要内容、基本要求为主要特征。主持词大致包含以下几部分内容。

（1）开会原因。主持词首先要简单介绍一下召开会议的原因，使与会者对会议的背景及召开会议的必要性有所了解。

（2）会议主题。主持词一定要开门见山地交代清楚会议的主题。

（3）会议规模。主持词需向与会者介绍与会者的身份、人数等情况。

（4）会议议程。主持词先要简要地全面介绍会议的议程，即总的会议内容，然后分条逐项进行。

（5）总结评价。会议议程结束之后，主持人要对会议的内容及会议的质量进行总结和评价，使与会者进一步从总体上了解、把握会议的主要内容及特点，也使与会者、组织者、服务者为会议付出的劳动得到肯定。

（6）提出要求。主持词的最后一部分要对如何贯彻落实会议精神提出明确要求，使与会者明白，散会之后应结合实际及时做好学习汇报、研究部署、督查落实以及信息反馈等工作。如果会议主讲者已将贯彻落实的有关要求讲得比较明确、具体，那么主持词中这一部分可以简写或干脆不写，以免重复，徒增画蛇添足之嫌。

（二）语言特点

主持词属于非文学类的应用类文体，但它的语言风格又不同于工作报告、讲话稿或发言稿。它的语言风格应严谨、准确、简洁、朴实、通俗。

但是，由于会议性质和主题的不同，主持词的语言风格又有所差异。会议的主题如果是传达上级会议精神、方针政策，或严肃的工作部署，主持词的语言风格就应该具有平实、严肃、严谨的特点。会议的主题如果是庆祝、庆典、表彰，主持词的语言风格则要具有欢快向上、激越昂扬的特点，尽量多用短句，可以用排比、夸张等修辞手法，营造节奏感，烘托会场喜庆、欢快、蓬勃的气氛。

（三）身份特点

主持词会因会议主持人身份的不同而在语气、篇幅上有所不同。主持词要蕴含"身份"意识，不可主次颠倒。

主持人如果是与会者中社会地位或职位较高的，那么主持词则可采用自上而下的口吻，在总结评价和提出要求部分，可以根据需要适当展开，可以重复或补充强调一些内容。主持人如果是与会者中社会地位或职位与主讲者平级或较低的，那么主持词就要尽量简短，用词要体现谦恭、礼让的态度，可以适度评价主讲者的讲话精神，在提出要求部分要重点写如何贯彻落实，切忌冗长或补充强调其他内容，更忌岔开话题、喧宾夺主。

二、主持词的写法

主持词由开头、中间与结尾三部分组成。

（一）开头部分

这一部分主要介绍会议召开的背景、会议的主要任务和目的，以说明会议的必要性和重要性。开头部分主要包括以下五个方面的内容。

一是宣布开会。

二是说明会议是经哪一级组织或领导提议、批准、同意、决定召开的，以强调会议的规格以及上级组织、上级领导对会议的重视程度。

三是介绍在主席台就座的领导和与会者的构成、人数，以说明会议的规模。

四是介绍会议召开的背景，明确会议的主要任务和目的，这是开头部分的"重头戏"，也是整篇主持词的关键所在。介绍背景要简单明了，如"这次会议是在××情况下召开的"，寥寥数语即可。因为介绍背景的目的在于引出会议的主要任务。会议的主要任务要写得稍微详尽、全面、具体一些，但也不能长篇大论，要掌握两个原则：一是站位要高，要有针对性，以体现会议的紧迫性和必要性；二是任务要交代得全面而不琐碎，具体中又有高度概括。

五是介绍会议内容。为了使与会者对整个会议有全面、总体的了解，在进行会议的具体议程之前，主持人应首先将会议内容逐一介绍一下。如果会期较长，如党代会、"两会"，可以阶段性地介绍，如"今天上午的会议有几项内容""今天下午的会议有几项内容""明天上午的会议有几项内容"。如果会议属专项工作会议，会期较短，主持人可以将会议的所有内容一次性介绍完毕。

（二）中间部分

这一部分可以用简练的语言，按照会议的安排，依次介绍会议的每项议程，多用"下面，请××讲话，大家欢迎""请××发言，请××做好准备""下一个议程是×××"等习惯用语。

有时在一项相对独立或比较重要的议程结束之后，特别是在领导的重要讲话结束之后，主持人要作简短的、恰如其分的评价，以加深与会者的印象，引起与会者的重视。如果会议时间较长，在上一个半天的议程结束之后，应对下一个半天的议程作简单介绍，让与会者清楚下一阶段的会议内容。

如果下一个半天的会议内容是分组讨论或外出实地参观，那么，分组情况、会议地点、讨论内容、具体要求或者参观地点、乘坐车辆、往返时间、注意事项都要向与会者交代清楚，以便会议正常进行。主持词中间部分的写作较为简单，只要过渡自然、顺畅，能够将各会议议程串联成一个整体就行了。

（三）结尾部分

这一部分主要是对整个会议进行总结，并对如何贯彻落实会议精神提出要求。

三、主持词的范例

在政协第十五届九江市委员会第六次会议闭幕大会上的主持词

二〇二一年一月二十日

占勇

各位委员、同志们：

在中共九江市委的坚强领导下，经过与会同志的共同努力，政协第十五届九江市委员会第六次会议，圆满完成各项议程，就要胜利闭幕了。这次大会，主题突出、内容丰富、风清气正、富有成效，是一次坚定信心谋发展、凝心聚力开新篇的大会，是一次发扬民主聚共识、增进团结鼓实劲的大会。

会议期间，委员们认真听取并审议通过了十五届市政协常委会工作报告、提案工作报告和有关决议；列席了市十五届人大七次会议，听取并协商讨论了政府工作报告和其他报告。大家以饱满的精神状态、高度的政治责任、强烈的为民情怀，着眼大局增共识，服务发展建诤言，聚焦民生献良策，充分彰显了中国共产党领导的多党合作和政治协商制度的生机活力，充分展现了全市政协委员的大局意识和为民情怀。

因工作需要，小华、锋刚两位同志不再担任市政协主席、副主席职务。小华同志在九江担任市领导多年，经验丰富、立场坚定，政治素质高、大局观念强，敢于担当、勇于创新，五年来团结带领市政协一班人，紧紧围绕市委、市政府中心大局履职作为，创新开展民主评议电视问政、"有事先商量"基层协商等工作，在政协系统有影响，得到各界广泛认可，为我市政协事业创新发展夯实了坚实基础、积累了宝贵经验。锋刚同志政治素质过硬，理论水平很高，他分管的理论研究工作在全国政协系统都有影响，牵头组织的多个调研课题得到省委、市委认可。我提议，让我们以热烈的掌声向小华、锋刚两位同志表示衷心的感谢和崇高的敬意！

大会选举我担任市政协主席，增补邹志坚、周子涵、胡明忠三位同志为市政协常委，这是市委和全体委员的信任。我深感责任重大、使命光荣，将不辜负省委、市委的重托，不辜负全体委员的信任，坚定理想信念，严守政治纪律，加强党性修养，认真履行职责，锤炼过硬作风，继承和发扬历届市政协领导同志的优良传统，紧紧依靠全体委员，充分发挥集体智慧，与班子成员一道，共同推进我市政协工作再创佳绩、再立新功。

中共九江市委对这次会议高度重视，全面统筹，精心部署。市委、市人大、市政府等市级领导同志出席会议开幕和闭幕大会，听取大会发言，参加小组讨论，与委员们共商九江发展大计，共谋富民强市良策。特别是市委书记林彬杨在参加联组讨论时，站在积极应对国际国内经济形势、统筹疫情防控和经济社会发展、如期实现第一个百年奋斗目标的高度，对政协工作和政协委员提出了新的更高要求，我们一定要认真学习领会，切实抓好贯彻落实。

各位委员、同志们，2021 年是中国共产党百年华诞，站在"两个一百年"的历史交汇点，全面建设社会主义现代化九江新征程即将开启。我们要继承和发扬人民政协优良传统，把思想和行动统一到市委的决策部署上来，把智慧和力量凝聚到全市的发展目标上来，为夺取疫情防控和经济社会发展"双胜利"、奋力谱写新时代九江改革发展新篇章作出新贡献。

（节选自九江日报 /2021 年 /1 月 /22 日 / 第 001 版）

本篇主持词首先简单地介绍了会议的收获，使与会者对整个会议有所了解，从而引出这次会议的主题——闭幕会。接着对这次会议的质量进行了概括和总结评价，使与会者、组织者、服务者为会议付出的劳动得到了肯定。

解说词

解说词，顾名思义，即进行解说时使用的文稿。也可以说，解说词属于"口头文学"。它依靠文字对事物、事件或人物的描述、叙说，来感染受众，使受众在对其所表述的内容有所认识和了解的同时，进一步加深受众的认知和感受。

一、解说词的特点

（一）说明性

解说词是配合实物或画面的文字说明，既要便于讲解，又要便于让受众明白。解说词用不多的文字把实物或画面介绍给受众，使受众借助简明的文字介绍，对实物或画面产生深刻认识。

（二）顺序性

解说词是按照实物陈列的顺序或画面推移的顺序编写的。陈列的各实物或各画面有相对的独立性，若反映在解说词上，就要求解说词应该节段分明，每一件实物或每一个画面都有一节或一段文字说明。

二、解说词的写法

如何撰写解说词呢？可从以下三个方面入手。

（1）解说的内容要明确、恰当、合理，给人的感觉应是协调又舒适的。解说词一般是配合实物或画面而写的文字说明，因此，文字必须与实物或画面一致。例如，在介绍长城时，就要紧扣长城的形状、规模、特点、成因等来写解说词；为了增强解说词的知识性和趣味性，也可以讲一些有关的传说和科学道理，但不要偏离主题，讲无关的其他内容。

（2）解说词要通俗易懂。解说词的受众范围很广泛，年龄、职业、文化程度各不相同，因此解说词要写得通俗易懂。又因为解说词是要"说"出来的，所以其还要尽量做到口语化。具体要求如下：尽量用规范的语言写，一般不要用方言；避免使用容易引起歧义的词语和生造的词语，解说词主要是讲或念给他人听的，有些音同或音近而义不同的词语，如不注意便会使受众产生误解；不常用的简称尽可能不用，如"××市第一百货商店"不要写成"市百一店"，"市人民政府"不要写成"市府"等。

（3）解说词要简短。解说词一般是对实物加以解说，所以，受众一般看了实物能够理解的内容就不要多讲，只用把受众不容易懂或可能产生疑问的地方，以及需要引起受众特别注意的地方写出来就可以了。因此，解说词要简明扼要、适可而止，不要太啰唆。

三、解说词的范例

奥运会上的解说词

积淀厚重历史的文字

穿越千百年的时光

成为激情燃烧的奥运赛场上

对体育健儿们的最好注释

除却君身三重雪

天下谁人配白衣

在射击女子 10 米气步枪比赛中

随着中国选手杨倩

最后一次扣动扳机

东京奥运会首枚金牌

被中国姑娘收入囊中

经历了烈火灼心般残酷的决战之后

这个出生在千禧年夏天的中国姑娘笑了

她高高举起 10 斤重的步枪

宣示自己的胜利

"除却君身三重雪

天下谁人配白衣"

我们惊叹于这位"00 后"小将的

淡定从容和沉稳大气

更喜欢她的率真与可爱

一剑光寒定九州

击剑女子组重剑个人赛决赛中

中国选手孙一文

在多次平局的情况下

凭借成熟的心态和过硬的实力

最终"一剑封喉"

获得冠军

"一剑光寒定九州"

一棹逍遥天地中

7 月 28 日上午

中国女子四人双桨组合

陈云霞、张灵、吕扬、崔晓桐

让中国时隔 13 年

再次登上奥运赛艇的最高领奖台

在转播的高空俯视镜头中

我们看到姑娘们齐心协力奔向终点

一马当先、格外轻盈

人在船上、船在水中、人船一体

协调感、节奏感、速度感交织在一起

赛艇运动别样的美感跃然眼前

多了一些"一棹逍遥天地中"的潇洒

这份"潇洒"

源于日复一日训练中建立的默契

源于对队友无条件的信任

源于对运动的极致追求

虎啸风生
龙腾云起

28 日晚

中国选手石智勇

打破世界纪录

一举夺得东京奥运会

男子举重 73 公斤级冠军

获胜后他坐在杠铃上纵情欢呼

那一刻

他在最灿烂的舞台释放最完美的自己

"所到之处虎啸风生，龙腾云起

这就是王者在场上的霸气！"

面对挑战，要有智慧

站上赛场，更要展现勇气

挑战极限，勇攀高峰

永不满足，从不止步

第二个奥运冠军对石智勇来说

依然只是一个起点

他的目标还在前方

一个老骥伏枥志在千里

一个旭日东升未来可期

7 月 27 日

中国选手庞伟、姜冉馨

夺得东京奥运会 10 米气手枪混合团体冠军

这对"叔叔 ＋ 大侄女"组合

足足有 14 岁的年龄差

"一个老骥伏枥志在千里

一个旭日东升未来可期"

雏凤清于老凤声

27 日下午

坚信"中国跳水就是战无不胜"的

17 岁小将张家齐

和 16 岁小将陈芋汐

以领先对手 52.98 分的优势锁定冠军

两位选手初次亮相奥运赛场

顶住压力夺得金牌

"雏凤清于老凤声"

再次续写跳水梦之队的传奇

宣父犹能畏后生

丈夫未可轻年少

同样在 27 日

"杨杨得意"组合杨倩与杨皓然

气步枪混团夺冠

中国军团射落金牌

两位年轻的运动员真正诠释了

"宣父犹能畏后生

丈夫未可轻年少"

在转天的跳水男子双人三米板比赛中

"95 后"运动员谢思埸

"00 后"运动员王宗源

在最后一跳中斩获 99.18 分

"丈夫未可轻年少"

再一次出现在

中国运动员的夺金时刻

少年负壮气

奋烈自有时

7 月 29 日的乒乓球女子单打半决赛中

中国选手孙颖莎、陈梦

双双晋级奥运会乒乓球女单决赛

中国队提前锁定冠亚军

随后的巅峰对决中

陈梦夺得金牌、孙颖莎摘得银牌

两面五星红旗同时在东京升起

属于"陈梦的时代"终于到来

而力压伊藤美诚的"00 后"小将孙颖莎

更是"少年负壮气，奋烈自有时"

一路成长，无所畏惧

（节选）

2021 年东京奥运会上的解说词，最大的亮点就是金句频出，奥运会赛场上奥运健儿们拼尽全力为国争光，而在赛场之外的解说间内，体育解说员也给观众们带来了不一样的观赛体验。那些或激昂或诗意的浪漫的精辟之词，将运动之美、竞技精神之魅诠释得淋漓尽致！

会议记录

会议记录是记录会议情况和信息的书面材料。凡是重要的会议都应该有书面记录。书面形式的会议记录一直是保存会议信息的普遍形式。会议记录可以作为传达会议精神、汇报会议情况或执行会议决议的依据，可以唤起与会者对有关问题的记忆。由于会议记录可长期保存，因此其还可以用作文献资料。

一、会议记录的特点

（1）同步性。从记录的过程看，大多数会议记录是由记录人在开会过程中同步写成的。

（2）实录性。会议记录要坚持"怎么讲就怎么记"的原则，不允许在会议记录中加入记录人个人的观点或倾向，更不能随意删改发言人的言论。为保证会议记录的实录性，记录人要力求把话听准确、记完整，对听不准确或有疑问处应及时核准。

（3）规范性。尽管会议记录自身并不成文，但作为事务性文书，其也具有一定的规范性。规范性主要表现在以下三个方面：一是使用单位统一的记录专用笺；二是按统一的格式记录；三是使用规范的记录符号。会议记录要求字迹不潦草，使他人能够辨认，并尽可能使用缩略符号或规范的速记方法记录。

二、会议记录的结构

（一）标题

会议记录的标题由开会单位、会议名称（或会议内容）和"记录"二字三部分组成，如"××公司产品营销会议记录""××公司第八次股东大会记录"。

（二）正文

会议记录的正文包括会议组织情况和会议进行情况两部分。

1. 会议组织情况

会议组织情况部分的内容及写作要求如下。

（1）会议时间。要写清召开会议的时间，必要时精确到分钟。

（2）会议地点。要写清会议室的名称。

（3）会议出席人姓名。人数多的会议可只写出席人数。

（4）缺席人姓名和缺席原因。

（5）列席人及其职位。

（6）主持人。一般直书姓名，在姓名前写清职衔。

（7）记录人姓名。记录人应签名以示负责。

（8）议题。议题是会议将讨论或解决的问题，若议题不止一项，应分条列项写明。

2. 会议进行情况

会议进行情况部分是会议记录的主体，包括主持人的开场白、大会主题报告、讨论发言、决议四项内容。

记录人要按会议的进程记录会议进行情况。先写报告人和发言人的姓名，然后记录发言内容。会议记录方法可分为摘要式记录和详细记录两类。

（1）摘要式记录，即只记录发言要点、结论、决议等内容。

（2）详细记录，即按会议进程详细完整地记录会上的发言、不同意见、争论和会议决议。重要会议多采用详细记录的方法。

有些会议记录需由发言人和会议主持人审阅、签名后再进行整理。有些会议记录则需要在会后整理后，再送至发言人和会议主持人审阅、签名。

三、撰写会议记录的注意事项

一是注意会议记录与会议纪要的区别。会议纪要是用于记载、传达会议情况和议定事项的公文。会议记录不是公文，而是书面材料。会议纪要不能似会议记录那般反映会议的全貌。会议记录经过分析、归纳和筛选，可以写成会议纪要。会议记录与会议纪要的格式也不同。

二是要实事求是地记录，不能以主观臆想代替客观事实。

三是尽可能速记。由于会议记录的撰写与会议发言同步。不仅要听得准，记录人还要及时将发言内容记下，因而记录人很有必要掌握速记技能。

四、会议记录的范例

××管委会关于维护市容市貌工作会议记录

时间：20××年×月×日上午

地点：管委会会议室

主持人：李（管委会主任）

出席人：杨（管委会副主任）、周（管委会副主任，主管城建）、李（市建委副主任）、肖（市工商局副局长）、陈（市建委城建科科长）、市建委和市工商局有关科室宣传人员、街道居委会负责人。

列席人：管委会全体干部

记录人：邹（管委会办公室秘书）

讨论议题：

（1）如何整顿城市市场秩序；

（2）如何治理违章建筑、维护市容市貌。

杨报告城市现状：我区过去在开发区党委领导下，各职能单位同心协力、齐抓共管，在建立礼貌卫生城市方面取得了良好成绩，相应的城市市场秩序有了一定的进步，市容街道也较美观。可近几个月来，市场秩序倒退了，街道上小商贩逐渐多起来了，水果摊、菜摊、小百货摊满街乱摆，一些建筑施工单位沿街违章搭棚、乱堆放材料、搬运的泥土撒落在大街上……这些状况严重地破坏了市容市貌，使大街变得又乱又脏；社会各界反应很强烈。因此，今天请大家来研究：如何整顿市场秩序？如何治理违章建筑和违章作业，维护市容？

讨论发言（按发言顺序记录）

肖：个体商贩不按规定到指定市场经营，管理不力、处理不坚决，我们有职责。这件事我们坚决抓落实，重新宣传市场有关规定，坐商归店、小贩归市、农民卖蔬菜副食需到专门的农贸市场。工商局全面出动抓，也期望街道居委会配合，具体行动方案我们再考虑。

李（市建委副主任）：去年上半年建立礼貌卫生城市时，我市出了份7号文件，其中规定施工单位不能乱摆"战场"，工棚、工场不得临街设置，更不准侵占人行道。沿街施工要有安全防护措施，今年有的施工单位不顾文件要求，在人行道上搭工棚、堆器材。此类违章作业严重地影响了街道整齐、美观，也影响了行人安全。基建取出的泥土，拖斗车装得过多，外运时沿街散落，到处有泥沙，破坏了街道整洁。期望管委会召集施工单位开一次会，重申7号文件，要求他们限期改正，否则按文件规定惩处，态度要明确、坚决。

陈：对犯规者一是教育，二是严肃处理。我们先宣传教育，如果施工单位仍我行我素不执行，那时按文件严肃处理，他们也就无话可说了。

周：城市管理我们都有文件、有办法，此刻是贵在执行，职能部门是主力军，着重抓，其他部门配合抓。居委会把居民特别是执勤老人（退休职工）都发动起来，按7号文件办事。只有这样，我们的城市才会变得整洁、美观。

与会人员经过充分讨论、协商，一致决定：

（1）由工商局牵头，居委会和其他部门配合，第一周宣传、第二周行动，监督实施，做到坐商归店、摊贩归点、农贸归市，彻底改变市场秩序紊乱的状况；

（2）由管委会牵头，城建委等单位配合对全区建筑工地进行一次检查，然后召开一次施工单位会议，要求违章建筑、违章工厂限期改正。一个月内改变面貌。过时不改者，坚决照章处理。

主持人（签名）

记录人（签名）

20××年××月××日

本篇会议记录的正文由会议组织情况和会议进行情况两部分组成。此次会议有两个议题，记录人把会议主题、与会人员的统一认识和看法、会议决定的事项等综合在一起，用概述的方法进行阐述和说明。此外，会议结束时，与会人员一致做出了决定，结果清楚明了。最后，主持人与记录人需要进行签字认可。

第四章
决策与落实类文书写作要领与范例

批示

批示是党政领导干部部署工作、安排任务、下达指令的重要形式，也是领导通过书面表达使个人意志得以体现的重要手段。

一、批示的特点

（1）批示具有一定的负限制性。领导可以明确要求，具有一定的强制性，逐级批示将形成累积的执行压力。

（2）批示具有灵活性。批示能够调节制度的刚性约束与地方柔性执行之间的冲突，因此批示是科层体系中高层行使权力（权威外部化）的重要手段。

二、批示的种类

批示可以分为以下几种：有约束力与无约束力的批示、效力对内与效力对外的批示、内容明确具体与内容抽象概括的批示、针对不特定多数人与针对特定人或事的批示。在行政执法过程中，作为一种基于职务而产生的权力行为，批示尚未被现行法律所规范。

三、批示与批复的区别

（1）法定性不同。批复是《党政机关公文处理工作条例》明确规定的一个文种，也就是说，批复是法定文种。而批示是非法定文种，只能算一种常用文书。

（2）审批文件的对象不同。批复是上级机关为答复下级机关的请示而使用的文种，请示与它呈一上一下、一来一往的对应关系。也就是说，有"请示"必有"批复"。在实际应用中，也有一些上级机关不同意下级机关发来的请示事项，而不做出"批复"，只是以电话或口头的形式答复下级机关，这是不严肃的，也是不规范的。

批示是针对下级上报的工作总结、工作计划、工作方案、工作安排、工作设想、工作纲要、工作报告、情况报告、调查报告、考察报告、检讨报告、分析报告，以及各种简报、信息反映等文件，就其中的某一成功之处或有关问题所做的批语，对推进下级工作、解决问题，具有启迪、参考、借鉴、警示与指导的作用。

（3）行文方式不同。批复的主送机关是请示的发文机关。上级机关如果认为其批复具有普遍意义，可以将批复抄送其他下级机关。批示则不同，如认为其具有普遍意义，上报文件的单位与其他下级单位会一并被列为主送单位，不存在主送、抄送之分。

四、批示的写法

与批示是机关领导对文件所批的意见，应该写在批示单上，有时批在文头空白处。

批示的写法很简单，如"同意""中肯""送×××同志阅""转发部属机关参阅"等，一般不单独行文。

批示因是随文而发的，其写法除了开头不必写是关于何文的批示外，基本与批复相同。

五、批示的范例

委党组书记、主任张和平对省生态文明研究院 工作作出重要批示

2021年10月18日，委党组书记、主任张和平在《省生态文明研究院组建以来工作情况汇报》上作出批示：研究院重新组建以来，开创了新局面，值得肯定。望继续努力，争取贡献更多的有分量的研究成果，锻炼更多的可用之材。

（来源：江西省发改委）

这篇批示是针对工作汇报情况做出的批示，该批示中提到"研究院重新组建以来，开创了新局面，值得肯定"，肯定了成绩。接着对研究院也提出了希望，希望能锻炼更多的可用之材，推动下级工作解决问题，本篇批示是有借鉴和指导的作用。

督查报告

督查报告是督查活动结束后，督查人员向领导或上级机关反馈督查情况的重要文件，是整个督查过程的最后一环，也是关键一环。

一、督查报告的特点

（1）反馈内容要全面。督查报告须全面反映被督查工作的进展情况，使领导阅读后对被督查工作的开展情况有总体的认识和把握。

（2）反馈结果要真实。实事求是是督查工作的生命线，也是评判督查报告质量的重要标准。因为督查结果的反馈会直接影响领导的判断，如果反馈结果失真，这势必影响督查工作的进程和效果，所以反馈结果必须准确、真实。准确是指向领导报告工作情况时要一是一、二是二，抓住要害，尽量减少模糊概念和避免出现不准确的数据，对定性句段和有关数据要反复推敲、核实，力求准确无误。

（3）反馈重点要突出。督查报告强调全面反馈情况，不是说要面面俱到，而是要在全面的基础上突出重点，使领导有的放矢地把握督查工作的开展情况。

二、督查报告的写法

写好督察报告能引起领导的重视和共鸣，为推动下一步工作开展打好基础。督查报告的写法如下。

（一）开篇应简明扼要

督查报告的开篇是整个督查报告的"引子"，一般应简明扼要，用短短几句话概述。这几句话必须精准拿捏，讲全几个关键要素，使人一看就明白督查的原因和督查报告所反映的主要内容，达到"引人入胜"的目的。

（二）过程和成效可合写

正文的第一部分主要讲督查的基本情况。这一部分可以把督查的具体过程和所督查的决策落实情况或成效合在一起写。督查的具体过程要讲深、讲全，目的是让领导了解督查工作的全貌和督查人员所做的工作。决策落实情况或成效可简要概括。

（三）讲问题应真实客观

正文的第二部分主要讲通过督查发现的问题。这一部分要把督查过程中发现的决策部署执行不到位的地方和决策不落实的问题串联起来，把零碎的督查记录整理出来并进行加工梳理，以便客观真实地反映督查情况。

对此，一要以对党和人民事业高度负责的敬业精神来反映督查的真实情况，阐述发现的问题，切忌"遮掩缩水"或"夸大其词"。

二要尽量用督查时所看到的客观情况和访谈时干部群众所讲的原话说明问题，切实做到有理有据、以据说事、以理服人，使被督查者从思想上认识到自己工作中的不足和差距。

三要做好问题的归纳分类。对重要的问题突出讲，相同的问题举例讲，相似的问题归类讲，不同的问题分开讲，要尽量做好分类工作，避免记流水账，把问题说散、说乱。

（四）建议要站位高、可操作

督查工作建议和措施的提出，考验的是督查人员的政策水平、逻辑思维和实践能力。要使督查工作建议和措施被领导采纳，其核心是要有高的站位，"兵为帅谋"，拿出符合本地实际、务实可操作的"干货"。

三、督查报告的范例

福建省农村集体产权制度改革督查报告

按照全国农村集体产权制度改革部际联席会议的部署安排，由农业部带队，全国人大常委会法工委、发展改革委、国家税务总局相关同志参加的第二督查组，对福建省推进农村集体产权制度改革情况进行了督查调研。督查组听取了福建省农业厅的汇报，并深入到厦门市同安区、泉州市晋江市、莆田市荔城区等地召开不同层次的座谈会，实地调研了6个乡镇（街道）、6个村（居），查阅改革资料、检查改革流程，倾听当地干部群众对改革的意见和建议，并对下一步工作提出了明确要求。

一、认真贯彻落实中央产权制度改革精神

（一）自上而下建立健全领导体制和工作机制。福建省农村集体产权制度改革实行省级全面负责、县级组织实施的领导体制和工作机制，明确要求各级党委书记特别是县乡党委书记亲自挂帅。省级层面成立了由省委常委、政法委书记和省政府分管副省长共同担任召集人、23 个相关部门负责同志为成员的省农村集体产权制度改革联席会议制度，统筹协调改革事项，合力推进有关改革政策的部署落实。联席会议办公室设在省农业厅，负责改革的日常事务。各试点县也都成立了由党政主要负责同志任组长的改革领导小组。如晋江市由市委书记亲自挂帅，改革方案、重点环节、重点工作、重大问题均由市委书记审定、协调、部署和督办，并将此项改革纳入全市党建工作重点项目，形成了党委政府抓总、部门协同推进的农村集体产权制度改革领导体制和工作机制。厦门市同安区也成立了由区长任组长的农村集体产权制度改革工作领导小组。

（二）及时出台改革实施意见。去年 10 月，福建省以省委省政府名义印发《关于稳步推进农村集体产权制度改革的实施意见》，明确提出，要立足福建发展实际，以明晰农村集体产权归属、维护农村集体经济组织成员权利为目的，以推进集体经营性资产改革为重点任务，以发展股份合作等多种形式的合作与联合为导向，探索集体经济新的实现形式和运行机制；自主开展试点，将福清、晋安等 30 个县（市）列为省级农村集体产权制度改革试点单位。各试点县也都制定了改革工作具体实施方案，有的已出台多份改革配套文件，对改革关键环节作出规范和安排。

（三）全面组织动员部署改革工作。福建省政府组织召开全省农村集体产权制度改革电视电话会，30 个试点县的县委书记和政府分管领导、其他县党政分管领导，各乡镇党政主要负责同志等近 200 人参加会议。分管副省长到会对改革进行动员部署，强调要紧盯关键环节，着力在"清资产、定成员、推改革、建组织、促发展"等重点改革任务上下功夫，要求各级党委书记特别是县乡党委书记要亲自挂帅，加强对改革工作的领导和统筹。明确提出全省 2018 年全面完成清产核资任务，2019 年基本完成成员身份确认工作，2020 年有经营性资产的村镇基本完成股份合作制改革，比中央统一要求的时间节点均提前一年。各试点县也都召开了动员部署会议。

二、积极开展农村集体产权制度改革试点

（一）全面开展集体资产清产核资。各试点县均根据当地实际制定了清产核资实施方案，指导试点村清查核实集体所有的各类资产，建立健全台账，并在县乡两级经管部门备案。闽侯县自主探索了集体资产明晰权属和价值估值办法，对产权不明晰的固定资产，根据固定资产形成的历史，按照其原始出资性质和比例来界定所有权，不仅搞清了产权归属，而且核实了资产价值；对乡镇政府和村集体尚未取得产权证书的房屋，制定了妥善处置村集体建筑物无证问题的办法，解决了现实难题。

（二）科学确认集体成员身份。各试点县均按照尊重历史、照顾现实、程序规范、群众认可的原则，反复征求群众意见，在民主协商的基础上，因村施策开展成员身份确认工作，民主制定成员身份确认标准和办法，充分考虑外嫁女、入赘婿、服刑人员、移居海外人员、公务人员等各类特殊人员的群体利益。

（三）合理设置集体资产股权。各试点县在准确划分经营性、非经营性、资源性资产和确认集体经济组织成员身份的基础上，把集体经营性资产通过股份或者份额形式量化到本集体经济组织成员，作为其参与集体收益分配的依据。

三、改革成效已经显现

一是摸清了集体家底，明确了集体资产所有权。通过对三类集体资产的清查核实，解决了长年无法化解的债权债务问题，实现了底子清、账目明，既明晰了集体资产所有权，又为发展壮大集体经济，为促进集体资产保值增值打下了坚实基础。

二是增加了农民收入，保障了农民财产权益。

三是壮大了集体经济，促进了农村社会和谐稳定。通过改革，集体经济实现了发展壮大，既为改善农村基础设施和公共服务提供了重要经济基础，又促进了农村社会治理体系的完善，促进了农村社会的和谐稳定。

（来源：节选自中国农村网）

这篇督查报告内容全面，从落实中央产权制度改革精神，到积极开展农村集体产权制度改革试点，最后到改革初显成效，完整地报告了农村集体产权制度改革工作方方面面的情况，给今后农村集体产权制度改革工作的推进提供了强有力的依据，有效地发挥了督查报告参谋的作用。

第五章
信息类文书写作要领与范例

信息

信息是一种常用文书，它的作用在于反映情况、指导工作。它篇幅短小，是一种十分灵活的文书。

一、信息的特点

一是真实性。信息必须来自客观事实，必须是实实在在发生的情况，没有主观臆造，没有未证实的猜测。

二是准确性。信息必须准确反映客观情况，确保完整无误，特别是涉及时间、数据等关键信息，不能出现任何差错。

三是及时性。信息必须紧跟现实发展变化，快速更新。突出新情况、新角度、新成效，不能让"新闻"变成"旧闻"。及时性还要求提高反应速度和提升编写效率，快速收集、快速加工、快速提炼、快速报送信息。及时性是信息区别于其他文书的一个显著特点。

四是有效性。信息必须针对性强，紧紧围绕主线、重点、难点和热点问题编写，讲究重点内容的完整性和丰富性。

五是简明性。信息应当结构紧凑、条理清晰、文字简练、短小精悍、意思显豁，前后逻辑要保持一致，切忌"穿靴戴帽"。

二、信息的种类

信息按照内容可分为动态型、经验型、问题型三大类。

（1）动态型信息具有新闻报道的特点，主要交代时间、地点、人物、事件等要素，反映某一方面的动态，内容单一简要、结构简明，篇幅较短，约 300 字。这也是实际工作中最常见的一类信息。

（2）经验型信息反映的情况比较全面和完整，有总结分析，有成果介绍，篇幅较长，约 1000 字。

（3）最难写的是问题型信息，其既要分析原因，也要提出对策。但提对策不要勉强，能提出好问题本身就有极大的价值。

三、信息的结构

信息主要由标题、导语、主体等几个部分组成。

（一）标题

标题要引人注目。

信息的标题，有的直述内容（一语破的、不绕弯子，将最具体、最直接的事实呈现给读者，使之一目了然），有的概括归纳（用于含有多方面内容的综合信息，其用语不像直述内容型标题那样具体，通常是概括性的语言），有的评论建议（把作者本人对事实的评论、看法、意见或建议融入标题，并且在标题中常常直接用"建议……"等字眼）。但对标题总的要求是题文一致、重点突出、简洁清晰。

（二）导语

导语要直接入题。

信息的导语，有叙述型（直接将最重要和及时的事实告知读者，也称摘要式导语，这是信息导语中最常见的一种）、提问型（用提问的方式把产生的问题或重要的情况，突出、尖锐地提出来，以引起读者的关注）、评论型（经过充分调查研究，提出切实可行的意见和建议，以供领导参考。写作中或先叙后议、或夹叙夹议，要注意文字应简练，切忌导语篇幅过长，使全文显得头重脚轻）、概括型（特征在于概括性更强，语言更简练，往往是一两句话，提纲挈领地介绍信息的主要内容）。

（三）主体

主体要"有血有肉"。

信息主体是对所反映情况的具体说明和阐述。主体部分的写作要求就是"五W"。即何人（Who）、何事（What）、何地（Where）、何时（When）、何故（Why），缺一不可，而且要准确具体。有了"五W"，信息就能使人看清事情的来龙去脉、前因后果，给人留下深刻的印象。

四、信息的范例

用过硬作风坚决打赢疫情防控保卫战

7月31日，郴州市疫情防控工作集体约谈会召开，市委常委、市纪委书记、市监委代理主任肖开斌出席并讲话。

会议通报了全市疫情防控明察暗访中发现的问题，对汽车总站、市交通运输局、苏仙岭万华岩风景区管理处、市林业局、市政务服务中心、市行政审批局、市卫健委、市住建局、市城管局、市商务局等 10 个单位主要负责人进行了集体约谈。

肖开斌要求，要充分认识当前严峻复杂的防控形势，以更高政治站位、更实工作作风、更大工作力度抓好各项工作。要正视政治站位、思想认识和工作落实上的差距，切实增强风险意识、忧患意识、底线思维，坚决克服麻痹思想、松懈情绪、厌战心态和侥幸心理，时刻绷紧疫情防控这根弦。

肖开斌强调，要严明工作纪律，落实防控责任，主要领导要率先垂范，举一反三抓好问题整改，抓好重要场所、重点人员防控管理，切实做到守土有责、守土担责、守土尽责。对依然麻痹大意、责任落实不到位的，纪检监察机关一律予以严肃追责问责，确保各项防控措施落细落实，坚决打赢疫情防控保卫战。

（来源：郴州新闻网）

这是一则动态型信息。"7 月 31 日"交代了时间，"郴州市疫情防控工作集体约谈会召开"交代了事件，"市委常委、市纪委书记、市监委代理主任肖开斌出席并讲话"交代了相关人员。接下来会议通报了在全市疫情防控明察暗访中发现的问题，反映了疫情防控的动态。全文篇幅较短，但是内容概括性强，结构分明。

简报

简报是党政机关、社会团体、企事业单位编发的一种内部流转材料，一般不用作正式文件。

一、简报的特点

（一）整体的简要性

这一点体现在三个方面。

一是内容简要。一份或一期简报可以选用一篇或多篇文稿，但每篇一般只谈一个问题，并要求内容集中、凝练。

二是语言简练。简报应力求用词精当，讲究惜字如金。

三是表达简洁明快。简报主要运用叙述的表达方式，辅以说明和议论，一般几百字，至多千字就能把情况和问题交代清楚，绝不拖泥带水，滥发议论。

（二）内容的新闻性

简报具有新闻的真实性、及时性等特点。

第一，简报的内容必须真实，不允许有丝毫夸张，即使要进行有限的分析评论，也是画龙点睛，反映事物的本质规律，不能脱离实际。

第二，简报的内容要新鲜，简报的任务是反映情况、传递信息、报告新动态、提供新经验。因此，简报不仅选材要新，还要及时编发，以确保简报内容的新闻性。

（三）格式的公文性

简报不是正式的行政公文，但具有公文格式规范化的特点。它除了主体内容外，还有报头、报尾，和正式公文一样，要标注制文机关名称、文种名称、秘密等级、发送范围等内容，还编有期数。

二、简报的种类

根据所反映内容的差异，简报可以有多种名称，如简报、情况汇报、情况交流、情况反映、思想动态、工作动态、信息交流通报、内容参考、快讯、快报等。

（一）按照性质分类

简报按性质可分为综合性简报、专题性简报和动态性简报。

（二）按照内容分类

简报按照内容可以分为工作简报、会议简报、信息简报等。

三、简报的结构

简报由报头、按语、标题、正文、报尾五个部分构成。

（一）报头

报头设在起始页上方，约占 1/3 的篇幅，下边用横线与正文部分隔开，通常报头包含四方面的内容：一是简报名称，用大号字写在报头正中部位，如"财经快讯"；二是期号，在简报名称下居中写明期号；三是主编单位，写在期号之下，间隔横线之上的左侧；四是印发日期，写在期号之下，间隔横线之上的右侧。

（二）按语

按语是简报的编者针对简报的内容所写的说明性文字或评论性文字，一般可写在标题之前，并在开头处写上"编者按""按语""按"

等字样。

（三）标题

简报的标题十分重要，好的标题能简要、准确、生动地概括全文内容。一般来说，简报的标题可以采用正副标题的写法，正标题提示全文的思想、意义；副标题写出事件与范围，起到补充说明的作用。

（四）正文

正文是简报的中心部分，通常由开头、主体、结尾三部分构成。

（1）简报的开头有三种形式。

一是叙述式，即直接把要反映的事件的时间、地点、人物、原因、结果写出来，使读者一目了然。

二是结论式，即先写出事件的结果或因此得出的结论，然后做具体说明，或写明得出结论的理由。

三是疑问式，即先提出几个重要问题，引起读者的注意，然后在主体部分做出具体回答。

（2）主体是正文的中心部分，也是简报的主要组成部分之一。因此主体应写得翔实、充分、有力。主体部分通常采用以下五种写法。

一是按时间顺序写，即按照事件发生、发展、结束的顺序来写，这种写法比较适合报道一个完整的事件，故称为新闻式写法。

二是按空间变换的顺序写，这种写法适合报道一个事件的几个方面。

三是按逻辑方法分类、归纳，即把所有材料用序号或小标题归纳为几个部分，然后根据序号或小标题分别叙述。

四是夹叙夹议法，即边叙述、边评论，这种方法适用于带有某种倾向性问题的简报。

五是对比法，即在对比中展开论述。

（3）简报的结尾有两种：一种是把主体叙述的情况用一句话或一段话总结一下，结束全文；另一种是叙述完事实后，自然结束全文。

（五）报尾

报尾在简报末页的下方，也用横线与正文隔开，报尾左方写清发送范围。

四、简报的范例

中央金融单位定点扶贫
工作简报

2020 年第 23 期

中国人民银行扶贫办　　　　　　　　　　二〇二〇年六月五日

武定小净菜出滇"T+1"模式
招商银行不断创新"消费扶贫"

为认真落实《国务院办公厅关于深入开展消费扶贫助力打赢脱贫攻坚战的指导意见》《消费扶贫助力决战决胜脱贫攻坚 2020 年行动方案》要求，作为助力帮扶地区打赢疫情防控和脱贫攻坚的重要抓手，招商银行不断完善消费扶贫工作机制，搭建农产品产销对接平台，拓宽农产品销售渠道，着力提升贫困地区农产品供给水平和质量，在生产、流通、消费各环节打通制约消费扶贫的痛点、难点和堵点，在疫情防控常态化下，实现消费扶贫与员工关爱工作的有效融合，推出"招银爱心蔬菜包"，探索实践武定小净菜出滇"T+1"模式（当日采摘、次日送达），助力云南省武定县脱贫攻坚，为推进实施乡村振兴战略作出积极贡献。

一、以"四个精选"为依托，系统化解决农产品难卖问题

为系统解决武定县农产品滞销难题，招商银行从供给端发力，通过"四个精选"，系统解决产品供给端、销售端、运输端难题，帮促定点帮扶地区农产品走出销售困境。一是精选武定12个品种8公斤装5500份"武定小净菜"蔬菜包，空运到10个城市，T+1次日达送货到户，探索了一条农产品工业化产销模式，解决了武定县蔬菜购销难题，帮扶当地建档立卡贫困户顺利增收。二是精选国家级示范合作社负责农产品前端收购、仓储、分拣等工作，充分发挥其仓储、冷库与场地优势，严控农产品质量与品种。三是精选优质电商，充分发挥武定国家级电商进农村示范县作用，搭建品控体系和物流体系，依托招行平台，联合招商局食品（中国）有限公司，利用招商局慈善基金会的27度农品牌，建立品控保障。四是精选快递服务，与顺丰合作解决产品外包装和冷链运输问题，解决运输"最后一公里"难题，将运输成本降低了36%。

二、实施工业化流程，为售卖效率插上腾飞翅膀

为提升武定县农产品销售效率，招商银行探索提升农产品生产的工业化水平，将"台州制造"的工业化流水线操作流程经验运用到"武定小净菜"的收储、分拣、运输各个环节，实现了5天时间从"零"建立净菜加工流水线，12个品种、40吨蔬菜当天采摘入

库分拣，次日销往全国 10 个城市送达餐桌的目标。具体分工合作方面，将"武定小净菜"工作人员分为称重组、打包组、蔬菜包装箱组、冰袋配置组等若干小组，各司其职。12 个品种经历 12 道工序，从入场时的泡沫箱，到末端的蔬菜包，再到装车拉至机场。从最初每天 73 箱提升到 1600 箱，效率提高 20 倍。

三、实施利益联结机制，产业扶贫提质增效

疫情期间，以小净菜产业为精准脱贫的金钥匙，以政策为引领、项目为保障，找到一条解决就业和脱贫致富"老大难"问题路径，激发了合作社带动贫困户脱贫致富内生动力。截至目前，通过实施"武定小净菜"项目，直接帮助武定县两个合作社 160 户农户（含 35 户建档立卡贫困户 150 人）解决了蔬菜滞销难题，实现户均增收务农收入约 600 元，带动贫困人口就业 85 人，人均增收务工收入约 300 元。

四、深化经验总结，打造可复制可推广消费扶贫模式

一是丰富"武定小净菜"供应链内涵。引入招商局食品（中国）有限公司作为蔬菜包供应链服务商，推动生产端变革；消费扶贫产品通盘考虑，把永仁县板栗产品放入武定县蔬菜包，增加产品端品种；采购方从招商银行扩大至中国外运股份有限公司，拓展消费端市场。二是输出"武定小净菜"经验。武定经验经过总结输出至招商局集团定点扶贫的贵州省威宁县，帮助该县小净菜直接走向市场，打通供应链各个环节，帮助培养农民工厂化思维，打造农产品流水线生产模式，成功销售 1.7 万箱，助力集团消费扶贫工作。三是扩充"武定小净菜"外延至洋葱单品。利用"武定小净菜"操作方式和运作模式，与招商局食品（中国）有限公司、招商局慈善基金会、深圳水润天下平台、

深圳市寰球物产合作，推广武定县滞销单品"金色洋葱"。通过品牌打造、电商宣传，成功销售"金色洋葱"1.5万箱。四是实现消费扶贫与员工关爱工作的有效融合。招商银行为员工提供安全、方便的健康食材，解决员工在疫情防控常态化下生活物资采购较为不便的难题。

报：国务院扶贫办、中央和国家机关工委。

送：金融单位定点扶贫工作领导小组成员单位，

中国人民银行扶贫开发领导小组成员单位。

中央金融单位定点扶贫工作领导小组办公室　　2020年6月5日印发

这则简报由报头、正文、报尾三部分组成。该简报从四个方面介绍了中央金融单位定点扶贫的具体情况，报道了新动态，提供了新经验。该简报内容真实，没有夸张造作之嫌；用语简洁明快，即使有分析评论的地方，也是点到为止，没有滥发评论。

提案

提案是提请国家机关、企事业单位或特定组织在会议上讨论、决定、处理的建议，一般都是在会议期间，由一个代表或若干代表联名提出，也可由某个组织提出，平时还可通过某种特殊途径提出。

一、提案的特点

提案有以下特点。

（1）群众性。提案来自群众，来自各方面代表，其内容是群众关心的事情，具有广泛的群众性。

（2）可行性。提案的针对性强，关系到群众的切身利益，措施往往具体可行。

（3）建设性。提案中的建议多是具有建设性的意见，即使是具有监督性的批评，也是为了改进工作，提高效率。

二、提案的结构

常见的提案包括以下六个部分。

（1）案由。案由是提案事由的准确概括。

（2）提案人。应写真实姓名，并附通信地址，以便联系。

（3）附议人。根据实际情况，有几个就写几个，没有就省略。

（4）理由。理由要充足，以便引起重视，促使问题及早得到研究解决。

（5）办法。办法要具体可行，以便尽快实施。

（6）审查意见。这一项由会议组织者填写。

三、提案写作的注意事项

（1）提案的内容要符合我国国情和本地本行业的实际情况，要体现党和政府有关的法令和政策精神。

（2）提案的案由应是群众普遍关心的问题，要反映群众心声，代表群众呼声，如廉政建设、社会治安、城市改造、文化设施、商业网点、市场调节等。

（3）提案不宜复杂，应一事一案，以便迅速传递，及时处理。

（4）提案应具有建设性，要切实可行，即使是尖锐的批评意见，也应是为了改进工作、提高效率，而不是为了发牢骚、泄私愤。

（5）提案的语言应简明扼要、说服力强。写作时写作者应做到言简意赅、要言不烦，要以严谨的逻辑增强提案的说服力。

四、提案的范例

民进中央关于加强扶贫项目后续资产管理的提案

当前脱贫攻坚战已经进入决胜阶段，各地扶贫开发投入持续加大，形成了一大批扶贫项目资产，为改善贫困地区生产生活条件、促进贫困人口增收发挥了重要作用。但调研发现，扶贫投入资金来源复杂，特别是资产权属不清的现象，需要引起重视。

扶贫资产包括使用财政专项扶贫资金、统筹整合财政资金、易地扶贫搬迁资金、用于脱贫攻坚地方政府债务资金、行业帮扶资金、金融扶贫资金、社会帮扶资金等投入扶贫领域形成的基础设施、产业项目（资产收益）以及易地扶贫搬迁类资产等。这些资产分散在各部门、各镇村，并没有统一的部门进行管理，导致管理混乱，重建设轻管护的现象普遍存在。而且在 2020 年之后，这些扶贫资产由谁管、如何管，尚没有出台明确的规定，目前亟需建立扶贫资产管理制度，切实防范扶贫资产闲置、流失等现象发生，让扶贫资产在乡村振兴中继续发挥作用，为构建长效稳定的带贫减贫机制提供物质基础。

提案人为：×××

为此建议：

1. 摸清资产底数，明确资产权属。尽快组织实施对各类扶贫投入形成资产的彻底清查，界定资产范围、类型，明确资金来源，厘清产权归属，分类、分项、分年度登记资产明细，全面建立扶贫资产动态监管台账，确保各级各类扶贫项目投入形成的资产产权清晰、责任明确。

2. 统筹管理职能，明确管理部门。脱贫攻坚是各级党委政府主抓的头等大事和第一民生工程，涉及中央、省、市、县、乡、村六级，各级扶贫工作领导小组成员单位多达几十个，扶贫政策涵盖20多类100多项。当前，各地都已成立了扶贫办（局），明确了扶贫办（局）在扶贫工作中的主导地位。建议赋予各级政府扶贫部门人财物统筹规划、协调管理职能，加强对专项扶贫资金以外所有扶贫投入的统筹监督管理，进一步明确职责，清晰定位，做好扶贫工作长远发展规划。

3. 健全资产报告制度，明确权利义务关系。对各级财政资金投入形成的扶贫资产应由县级扶贫办承担资产报告主体责任，乡、村两级建立扶贫资产管理台账，承担日常管理和监督责任，确保各级财政投入形成的扶贫资产列入政府资产监管范围。对于社会资金投入的产业或其他项目形成的资本和各类实物资产，应由资金投入主体与项目承接平台签订协议，或以公司章程等法律形式明确权利义务关系，保障市场主体投资利益回报。对扶贫资产的转让、拍卖、置换、报损、报废等处置，要按照国有资产及农村集体资产管理的有关规定，进行资产评估并履行相应的报批手续。

4. 加强后续管理维护，明确各环节责任。建立健全相关资产后续管护制度，按照"所有权与监管权相统一，收益权与管护权相结合"的原则，明确保管、使用和维护各环节责任，规范台账管理、运行管理、维护管理和处置管理。对于各级财政投入形成的资产，由县级扶贫部门将日常管理维护支出列入年度经费预算，确保扶贫资产日常管理和运营维护，增强扶贫部门责任，明确经费保障来源。对于社会帮扶单位投入形成的资产，县级扶贫部门应形成与产权单位、管理使用者相对接的三方管理协议，明确扶贫资产日常管理和维护的各方权利义务，确保扶贫投入形成的资产管理规范，责权清晰。

5. 盘活用好扶贫资产，明确资产收益分配。进一步完善扶贫资产运营、收益分配和处置等相关管理制度，坚持市场导向，积极对接相关经营主体，通过股份合作、业务托管、合作经营及改制重组等方式，提升资产运营管理水平和盈利能力，确保扶贫资产安全运行、保值增值。扶贫资产收益分配使用方案，应由村集体研究后提出，并经村、镇、县三级审核通过后实施。扶贫资产收益主要用于帮扶老弱病残等缺乏劳动能力的贫困人口，如有节余也可用于发展壮大村级集体经济及公益事业等。

这篇提案开头"但调研发现，扶贫投入资金来源复杂，特别是资产权属不清的现象，需要引起重视"交代了提案的案由，接下来围绕案由展开，然后交代了原因。最后根据这些原因，给出了五条建议，如"摸清资产底数，明确资产权属"等，这些建议具体可行，实操性强。

工作日志

工作日志主要用于记录工作清单、工作事项和工作中的所思所想等内容。工作日志的主要读者是作者自己，所以在格式上没有特殊要求，但工作日志可以详细地反映工作的进展、完成情况，以及完成工作的方法和思路，可以为以后形成工作总结打好基础，所以写好工作日志非常有必要。

一、工作日志的种类

（1）按照时间，工作日志可以分为工作日报、工作周报、工作月报。

（2）按照使用对象，工作日志可以分为班主任工作日志、学生工作日志、销售工作日志、采购工作日志、行政工作日志、客户服务工作日志、研发工作日志、管理工作日志等。

（3）按照日志属性，工作日志可以分为结构化工作日志和非结构化工作日志。结构化工作日志是指具有通用模板的日志，如服装行业的门店工作日志（每天统计进店人数、客流量、试穿率等）、互联网企业服务器维护日志（服务器的负荷、维护状态、内容）等都具有固定的格式。非结构化工作日志是指没有固定格式的工作日志，如新员工试岗日志等。

二、工作日志的结构

工作日志主要由以下两部分组成。

一是工作清单。工作清单主要列清工作中所要执行的所有项目、截止时间以及完成标志。工作清单要全，不能有所遗漏。工作清单可以是流水账式的，也可以是表格化的，但都是以自己是否好用作为判断标准。在工作过程中，我们随时可以对照工作清单检查项目完成情况，完成一项可划掉一项，使工作清单一目了然。

二是工作中的思考和总结。对于工作项目执行过程中遇到的问题及解决方案，应提炼出高效和易操作的工作经验，这样我们可以通过解决某个问题，形成解决某类问题的方案或工作经验。在以后再出现相同或类似问题，可以快速切入问题，并解决问题，从而避免了时间和精力的浪费。

三、工作日志的范例

（一）模板一：工作日志 = 罗列 + 结果 + 总结

这种模板适合记录内容比较多，但是又能快速呈现结果的工作。

工作日志

1. 完成 ××××××××××××；

2. 初步拟定 ××××××××××××；

3. 基本完成了 ××××××××××××；

4. 拜访了 ××××××××××××；

5. 准备了 ××××××××××××。

总结：今天的工作主要集中在 ××××××××××××，重点完成了××××××××××××；其中，有些工作需要明天继续跟进，包括：

1. ×××××××××××；

2. ×××××××××××；

3. ×××××××××××。

（也可以在总结部分写一点自己的感想，但是，切记不要写得太多了。）

（二）模板二：工作日志＝项目工作＋推进举措＋阶段性总结

这种模板适合记录在一段时间内全力完成某个项目的工作。

工作日志

近期主要工作是完成××××××项目的落地／推动××××××，今日工作内容包括：

1. 联系了××××××××××；

2. 修改了××××××××××；

3. 与×××××进行了沟通交流，进一步×××××××××；

4. 拜访了××××××；

5. 就××××××问题，进行集中××××××。

本周主要完成了项目的××××××，整体进度符合／落后／超过原定计划，还存在以下几个需要重点解决的问题，包括：

1. ××××××；

2. ×××××××；

3. ×××××××。

（如果没那么紧急，阶段性总结不一定每天都要写，可以一周写一次，这样做能让领导对项目推进情况在宏观层面有所认识。）

（三）模板三：工作日志＝原因＋结果／感想

这种模板适用于一天就做了一件似乎无关紧要或者你感觉不值一提的事情的情况。

工作日志

为了×××××××／由于×××××××，今天的主要工作是××××××。主要矛盾／主要问题集中在以下几个方面：

1. ××××××××××；

2. ××××××××××；

3. ××××××××××。

（例如，你接了一天电话，主要矛盾／主要问题可能是为什么有这么多电话，电话集中反映的问题是什么，对方为什么要跟你沟通这么长时间，双方的主要矛盾或者分歧在哪里等。）

最终，×××××××××××。在完成这项工作后，我个人认为，可以从减少该问题的发生／提高自身的工作效率／为以后的工作积累经验××××××几个方面着手。

上述工作日志模板常用来记录工作清单、工作事项和工作中的所思所想等内容。在实际运用中，看哪个模板更适合记录自己的工作就选用哪一种，但无论选择哪一种，都要记录以下两部分内容：一是所要执行的所有项目、截止时间以及完成标志；二是工作中的思考和总结。

大事记

大事记是党政机关、社会团体、企事业单位或个人用简述的方式，按时间顺序记载重大事件、重要活动的书面材料。它既可以作为机关、单位回顾总结工作和查证历史的重要依据，也可以反映机关、单位的变化、发展，成为珍贵的档案材料，还可以作为编撰年鉴、地方志或个人简历所需的历史资料。

一、大事记的特点

大事记主要有三个特点。

（一）以时系事，检索方便

大事记具有明显的时序性。一系列的事件都是以发生时间的先后来梳理排列的。时序性在记载事件的过程中始终处于显要地位。这样不仅作者可以有条不紊地记述大事要事，而且读者检索起来也迅速简便。

（二）言简事赅，内容丰富

大事记要求既要将大事要事记述清楚，又要做到文字精简。大事记文辞简练，旨在勾勒出历史发展的轨迹，无须铺陈描述、起承转合，故以内容丰富见长。

（三）专人记录，各方协助

编写大事记是一项繁杂、细致的工作，一般由机关办公厅（室）或秘书部门指定专人负责记录，其他各个部门协助处理。大事记与其他文书的写作不同，它不是一次起草完成的，而是随着工作的不断发展逐项记录而成的。有些单位每月整理一次，年终再进行一次通篇的材料删补和文字加工，经有关领导审阅后，印刷若干份送有关单位，并留若干份存档。

二、大事记的种类

大事记按不同的标准，可分为不同的类型。大事记按内容可分为以下两种类型。

（1）综合性大事记，即将本机关单位各方面的大事要事，按时间顺序进行记录。

（2）专题性大事记，即将本机关单位不同方面的大事要事，按时间顺序分类进行记录。

三、大事记的结构

大事记由标题、正文两部分组成。

（一）标题

大事记标题有两种写法。综合性大事记标题一般由单位名称、时间加"大事记"三个字构成，如"广东省 ×× 学院 2000 年大事记"。专题性大事记标题则由单位名称、内容项目加"大事记"三个字构成，如"×× 石化总厂技术改造大事记"。

（二）正文

编写大事记的正文,关键是要解决"记什么"和"如何记"两个问题。一般来说,其正文由大事时间和大事内容两部分组成。编写大事记正文要注重如下六点。

（1）重视改革中出现的新事物,从中可以看出记述者选择事件的眼光。

（2）分清大事,不能漏记大事。

（3）严格按照事件发生时间的先后顺序做客观的记述。

（4）大事记并不要求完整地记述某一件大事,而是重点记述事件发生的时间和它的主要内容。至于事件发生的具体地点,大多可以不写。

（5）大事记要求一事一记。

（6）语言要简洁,该长则长、该短则短、高度概括、简明扼要。

四、大事记的范例

江苏省人大常委会大事记（2021年8月）

2日省委常委会召开会议,学习贯彻习近平总书记近期重要讲话精神,学习贯彻中央领导同志关于疫情防控的要求,研究部署下一步工作。省委书记、省人大常委会主任娄勤俭主持会议并讲话,省人大常委会常务副主任李小敏列席会议。

省人大常委会党组召开扩大会议暨第九十八次主任会议,传达学习习近平总书记近期重要讲话精神,学习省委常委会会议精神,审定了《省人大代表向原选举单位报告履职情况办法》。省人大常委会常务副主任李小敏主持会议，副主任王燕文、陈震宁、许仲梓、马秋林、邢春宁、刘捍东、魏国强、曲福田，秘书长陈蒙蒙出席会议。

省人大常委会办公厅综合处党支部召开专题组织生活会。省人大常委会副主任陈震宁参加会议并就学习习近平总书记"七一"重要讲话谈认识讲体会。

3日省人大常委会机关党组理论学习中心组召开专题学习会，学习贯彻习近平总书记"七一"重要讲话精神，传达中央、省委有关文件精神及省人大常委会党组部署要求。省人大常委会机关党组书记陈蒙蒙主持会议并讲话。

5日省委常委会暨省委应对疫情工作领导小组召开会议，传达学习贯彻习近平总书记重要指示精神和李克强总理批示要求，研究部署下一步工作。省委书记、省人大常委会主任娄勤俭主持会议并讲话，省人大常委会常务副主任李小敏列席会议。

16日省人大常委会党组召开扩大会议暨第九十九次主任会议，传达学习中央和省委关于做好疫情防控工作部署要求，围绕"学党史、办实事"开展党组理论学习中心组专题交流研讨，通过了修订的《中共江苏省人大常委会党组工作规则》，审定了《江苏省人大"十四五"工作规划分工落实方案》。省人大常委会常务副主任李小敏主持会议，副主任王燕文、陈震宁、许仲梓、马秋林、邢春宁、刘捍东、魏国强、曲福田，秘书长陈蒙蒙出席会议。

18日《江苏省乡村振兴促进条例》立法准备情况汇报会在南京召开。省人大常委会副主任魏国强出席会议并讲话。

19 日省人大常委会机关党组召开专题会议，传达学习中央和省委有关全面从严治党文件精神，研究加强机关全面从严治党工作。省人大常委会机关党组书记陈蒙蒙主持会议并讲话。

25 日省委常委会暨省委应对疫情工作领导小组召开会议，学习贯彻习近平总书记关于疫情防控的重要指示精神，研究部署下一步工作。省委书记、省人大常委会主任娄勤俭主持会议并讲话，省人大常委会常务副主任李小敏列席会议。

《江苏省土壤污染防治条例》立法情况汇报会在南京召开。省人大常委会副主任马秋林出席会议并讲话。

《江苏省中小企业促进条例》立法协商座谈会在南京召开。省人大常委会副主任曲福田出席会议并讲话。

26 日省委十三届十次全会在南京举行。省委书记、省人大常委会主任娄勤俭出席会议并讲话，省人大常委会副主任李小敏、王燕文、陈震宁、马秋林、邢春宁、刘捍东、魏国强、曲福田，秘书长陈蒙蒙出席会议。

27 日省人大常委会党组召开扩大会议暨第一百次主任会议，传达学习习近平总书记近期重要讲话精神，传达全国人大常委会有关会议精神，学习省委全会精神，审定了《关于听取和审议推进数字经济建设情况的报告并开展专题询问的工作方案》。省人大常委会常务副主任李小敏主持会议，副主任王燕文、陈震宁、许仲梓、马秋林、邢春宁、刘捍东、魏国强、曲福田，秘书长陈蒙蒙出席会议。

《江苏省苏台经济文化交流合作促进条例》起草工作领导小组会议在南京召开。省人大常委会副主任马秋林出席会议并讲话。

省人大常委会副主任马秋林在南京主持召开土地资源管理工作情况暨优化国土资源配置调研座谈会。

30日省人大常委会、武警江苏总队联合举行欢送仪式，为驻省人大机关武警中队退伍战士送行。省人大常委会常务副主任李小敏出席欢送仪式并讲话，秘书长陈蒙蒙出席欢送仪式。

这是篇综合性大事记，按时间推进的顺序，记录了江苏省人大常委会8月2日到8月30日重大事情。记录时分清大小事，不能记流水账。每一件大事，均由大事时间和大事内容两部分组成，如"2日省委常委会召开会议，学习贯彻习近平总书记近期重要讲话精神"，然后每件大事，没有完整地记述来龙去脉，而是记述了事件发生的时间和主要内容。

年鉴

年鉴是以全面、系统、准确地记述上年度事物运动、发展状况为主要内容的资料性工具书。年鉴汇集一年内的重要事件、文献和统计资料，按年度连续出版。

一、年鉴的特点

（1）年鉴是刊物，每年出版一次。

（2）年鉴是志书，是史书，在写作中要站在历史的角度用陈述句如实记录，不形容、不评价，评说事属后人事。年鉴也是一种工具书，具有资料权威、反映及时、功能齐全的特点。

（3）单位年鉴是全面翔实地记录单位上一年度工作和基本情况的材料。年鉴的作用主要是向人们提供一年内全面、真实、系统的事实资料，便于各级各部门了解事物现状和研究其发展趋势。年鉴作为总结历史、展望未来的强有力阵地，将每年的新成果、创新的新思路、发展的新经验载史成册，以供后人借鉴和参考。同时，年鉴又给人以良好的启示，让人展望未来，从而推动工作更好地向前发展。

（4）年鉴用第三人称写，站在年鉴刊物的角度写，不能用第一人称。

（5）年鉴的格式是相对固定的，每年变化很小。

（6）年鉴一般按类目、分目、条目结构编排。

二、年鉴的内容

年鉴一般包括以下四个方面的内容。

（1）主要文献和重要报告、讲话。

（2）概况。

（3）重大事件、重大成果及主要问题。

（4）基本资料（含附录、统计数据、图表、照片等）。

三、年鉴的写法

年鉴中的内容大部分是通过条目来反映的，因此要求条目资料的汇集要体现"全、精、准、新、快、特"的特点。除此之外，条目写作时还应注意以下几点。

（一）条目标题要明确、简洁。

条目标题一般使用直述式，用一句话表述一则完整的信息，中间不用逗号。条目标题要简洁明了，突出主题，尽量不超过 15 个字。

（二）条目篇幅要适合。

综述一般控制在 1500 字以内，概况一般控制在 800 字以内。专题性条目可分为长、中、短三类，短条目 300 字以下，中条目 400 字左右，长条目 700 字左右，应以中、短条目为主。条目可分为以下几类。

（1）重大活动类条目。此类条目包括时间、地点、名称、主办单位、参加人员及人数、内容、结果等基本要素；应着重记述活动的主要内容、特点和结果。

（2）会议类条目。此类条目包括时间、地点、名称、主办单位、规模、人数、中心议题、会议成果等基本要素；应着重记述会议的主要内容和结果，如做出什么决定，提出什么新的理论观点、新的政策和措施等；注意控制会议类条目的数量，有些同类会议可以适当合并或使用表格形式记载，一些缺乏实质性内容的会议不立条。有些会议的标题视情况，可以会议名称立条，也可以会议内容立条。

（3）机构类条目。此类条目包括机构名称、成立时间、批准机关、组织形式、主要职能（范围）、内部机构设置等基本要素；应着重介绍主要职能及工作成果等，避免在成立原因、过程、意义上叙述过多；领导不必全部罗列出来，记录主要领导即可。

（4）科研成果类条目。此类条目包括成果名称、完成单位或个人、完成时间、成果价值、获奖等级、社会效益、经济效益等基本要素；应重点介绍成果的价值，记录研制过程、意义、应用范围等时应避免使用广告式用语；介绍学术观点时，要客观、公允，切忌按个人喜恶对其进行褒贬。

（5）竞赛类条目。此类条目包括时间、地点、竞赛范围、项目、结果等基本要素；应重点记述竞赛项目及结果，注意避免对意义、目的、过程、赛场气氛的评价。

四、年鉴的范例

乡镇年鉴

东方镇，地处缙云县东北部，距县城 15 公里。区域面积 81 平方公里，辖 12 个行政村，人口 2.4 万。交通便捷，台金高速、219 省道、322 省道、老五壶公路穿境而过，省道磐缙线贯穿全境；好溪如练，自东北向西南斜贯境内，长 14.61 公里。2018 年，被评为小城镇环境综合整治省级样板乡镇、市优秀乡镇，省卫生乡镇，省第三次农业普查先进集体，市扶贫开发示范乡镇。

经济发展：全年完成固定资产投资 6955 万元，一般公共预算收入 1675.5 万元；实现工业企业经济总产值 22.49 亿元，同比增长 98.37%；实现农业总产值 1 亿元，超额完成年度任务。规上企业全年累计增加值增速 50%，位列全县第一；新增规上企业 1 家、规上服务企业 1 家，新上和技改的工业项目共 7 个，培育"专精特新"企业 6 家。"低散乱"专项整治在全县率先完成关停目标。菜干产业迅速发展，产量占全县的 70% 以上，成为缙云烧饼原料主供地和富民增收的支柱产业。

环境卫生：小城镇环境综合整治基本实现环境面貌明显改善、城镇功能大幅补齐、乡风文明有效提升、产业基础逐步夯实的整治目标，成功创建省级样板乡镇。美丽风景线整治提升完成自查自纠点位 35 个、县级交办点位 918 个，"括苍新韵"风景线东方段初现雏形。成功创建新深渡、岱石村两个 A 级景区村，长兰村获评"省级美丽宜居示范村督查优秀村庄"。

项目建设：胪塍（岩塘）千亩垦造耕地项目用时不到 5 个月，圆满完成项目政策处理。完成汉溪流域生态治理和西弄坑小流域水土流失综合治理项目主体工程，汉溪全线达到"水清、河畅、岸美"。推进扶贫基础设施项目建设，完成横塘岸村通景公路防护设施、马石桥村进村道路拓宽、周升塘村村内道路硬化和四方村古楼蔬菜基地道路工程。田氏伤科医院扩建项目顺利结顶。京能 15 兆瓦农光互补项目并网发电。"四好农村路"建设扎实推进。四方村建成全镇首个生态公墓并投入使用。

基层治理：成立首届乡贤联谊会，建立"正道讲和团"。组织开展矛盾纠纷大排查大化解专项行动，共排查矛盾纠纷 115 起，调处率 100%，化解率 94.7%，其中正道讲和团化解 41 起。县挂牌重大矛盾纠纷全部化解到位，全年无"一票否决"重大事项发生。综合信息指挥室共接收处理爆料信息 9346 起，事件办结率 100%。"综合窗口"一窗共处理为民服务事项 6200 起，办结率 100%，群众满意率 99% 以上。扎实抓好安全生产，事故隐患整改合格率达 100%。

民生事业：全面完成消薄"双百"任务，6 个行政村经营性收入超过 10 万元，项目增收、光伏助村、有偿选位等消薄新路子效益初显。岱石、庐塍、东方、横塘岸、新深渡等五个村开展乡风文明示范村创建工作。东方卫生院建立"三优"服务中心。扎实开展救灾救病工作，共实施医疗救助87人，发放医疗救助金71万元；临时救助99人，发放临时救助资金11万元。东方学校入选"省青少年校园足球特色试点学校"。东方幼儿园自创舞蹈"抽爽面"在县级"丽水之赞谱新篇、建设浙江大花园"汇演中荣获第一。

党的建设：扎实开展"十九大精神贯彻年"活动，结合红色指导员制度和主题党日活动，县宣讲团和领导干部到基层宣讲41次，覆盖群众超3600人次。所有行政村党组织达到"提升型"，建立市级党建示范点2个、县党建示范点1个、镇示范线1条，乡村振兴讲习所实现全覆盖。新建19个工作支部，九州混凝土公司两新工作支部成为全市两新党建现场会展示点，红色教育基地汤或红军墙成为全市党性教育培训点。

这是一篇乡镇年鉴，采用了第三人称的写法，站在历史的角度陈述乡镇这一年的变化。其从六个方面"经济发展""环境卫生""项目建设""基层治理""民生事业""党的建设"，全面、系统、准确、科学地记录了乡镇中心各项工作的新面貌、新成就、新发展，集中反映了乡镇工作的发展脉络。

传达学习材料

传达学习材料就是为了明确传达学习的基本情况、通过什么形式来传达学习会议精神，会议提出了哪些要求和强调了哪几点意见，更好地落实上级文件精神的材料。

一、传达学习材料的内容

传达学习材料不仅包括对上级会议精神、要求的概括，还包括关于本地本单位如何贯彻落实的意见等。具体来说，传达学习材料应包含以下三个方面的内容。

一是会议概况。其包括会议的名称、起止时间、地点、参会人员、主持人、议题、议程等内容。这些内容可以单独列为一部分，也可以放在导语里。如果是多个层级、多场会议精神一起传达，则只需列出各会议的主要概况。

二是会议主要精神。一般来说，会议主要精神就是指会议上的领导讲话精神，将领导讲话中的核心要求进行概括。假如会议上除领导讲话外，还组织了经验交流，印发了通报等有关文件，也要摘录其核心要求和关键要点，一并进行传达。

三是关于贯彻落实会议精神的具体意见。这部分内容一般是条目式列出本地贯彻落实上级会议精神的工作打算。它是在传达会议精神的基础上提出的本地贯彻落实会议精神的具体意见，其内容包括贯彻落实的意见、具体分工、工作安排和要求等。

二、传达学习材料的写法

（一）明确"是什么"

传达学习贯彻上级会议精神的讲话稿是为了有效有力传达学习贯

彻上级会议中的内容、指示、要求等有关内容而存在的。例如，党的十九大召开后，上级要通知下级学习党的十九大精神；又如，召开的会议上领导有重要指示，如何学习贯彻领导的重要指示，向上级进行汇报等，这些都是政治性比较突出的文字工作。

（二）清楚"为什么"

传达会议精神要讲"全面性"。既然是要通过会议来传达上级会议精神，那首要的就是传达到位，不能缺内容，上级会议有的内容，在传达时都要有，一般来说，内容只能多不能少。

学习会议精神要讲"虚实结合"。上级精神一般多在宏观层面强调工作并阐述工作思路，对相关工作多以指导性的文字为主。学习时，一方面要吸收理论思维，讲好"虚"的部分，另一方面要结合本地本单位本系统来说工作、讲事情、举例子，弄懂"实"的部分。

贯彻会议精神要"接地气"。因为要结合基层的实际情况来撰写材料，所以一般来说，在理论阐释方面可以适当简略，但在如何贯彻落实上要更加细化和具体。

（三）知道"怎么办"

这类材料的写作思路应当是相似的，基本上是对领导讲话精神的认识，以及如何在工作中贯彻落实这种精神，实际上就是如何做好上下结合。

撰稿人要在认真阅读上级会议有关材料的基础上，消化吸收、融会贯通、全面理解，然后用自己的话将会议精神表达出来，也就是换一种说法表达同一个意思。

撰写贯彻类的讲话稿要会抄，具体怎么抄是有讲究的，首先，讲政治原则的部分要"原汁原味"，切切实实、原原本本按照上级会议材料写，确保抄到位，传达到位；其次，要用上级会议精神的思想理论武装头脑，理论部分可以适当抄，但要转换角度，立足实际；最后，贯彻落实部分要落到实处，尤其是要突出本地接下来怎么做、怎么学、怎么推动，虽然可以概括性地表述，但落笔要实实在在，最好结合具体的工作任务或工程项目来展开表述。

三、传达学习材料的范例

习近平总书记、李克强总理关于安全生产的
重要批示指示传达学习材料

为了认真开展"安全生产月"和"安全生产毕节行"活动，根据市安委办安排，现将习近平总书记、李克强总理关于安全生产工作的重要批示指示传达如下：

一、2018年11月9日，习近平总书记向国家综合性消防救援队伍授旗并致训词。强调组建国家综合性消防救援队伍，是党中央适应国家治理体系和治理能力现代化作出的战略决策，是立足我国国情和灾害事故特点、构建新时代国家应急救援体系的重要举措，对提高防灾减灾救灾能力、维护社会公共安全、保护人民生命财产安全具有重大意义。习近平总书记对消防救援队伍提出4点要求。

一是始终对党忠诚，坚持党的绝对领导，增强"四个意识"，坚定"四个自信"，全面贯彻习近平新时代中国特色社会主义思想，坚定理想信念，坚决维护党中央权威和集中统一领导，坚决听从党的号令，永远做党和人民的忠诚卫士。二是做到纪律严明，坚持纪律部队建设标准，弘扬光荣传统和优良作风，严格教育、严格训练、严格管理、严格要求，服从命令、听从指挥，集中统一、步调一致，用铁的纪律打造铁的队伍。三是敢于赴汤蹈火，时刻听从党和人民召唤，保持枕戈待旦、快速反应的备战状态，练就科学高效、专业精准的过硬本领，发扬英勇顽强、不怕牺牲的战斗作风，刀山敢上，火海敢闯，召之即来，战之必胜。四是永远竭诚为民，自觉把人民放在心中最高位置，把人民褒奖作为最高荣誉，在人民群众最需要的时候冲锋在前，救民于水火，助民于危难，给人民以力量，在服务人民中传递党和政府温暖，为维护人民群众生命财产安全而英勇奋斗。

二、2019年1月21日，习近平在省部级主要领导干部坚持底线思维着力防范化解重大风险专题研讨班开班式上发表重要讲话，他强调，防范化解重大风险，是各级党委、政府和领导干部的政治职责，大家要坚持守土有责、守土尽责，把防范化解重大风险工作做实做细做好。要强化风险意识，常观大势、常思大局，科学预见形势发展走势和隐藏其中的风险挑战，做到未雨绸缪。要完善风险防控机制，建立健全风险研判机制、决策风险评估机制、风险防控协同机制、风险防控责任机制，主动加强协调配合，坚持一级抓一级、层层抓落实。

三、2019年3月21日，习近平对江苏响水天嘉宜化工有限公司爆炸事故作出重要指示，要求全力抢险救援，搜救被困人员，及时救治伤员，做好善后工作，切实维护社会稳定。要加强监测预警，防控发生环境污染，严防发生次生灾害。要尽快查明事故原因，及时发布权威信息，加强舆情引导。近期一些地方接连发生重大安全事故，各地和有关部门要深刻吸取教训，加强安全隐患排查，严格落实安全生产责任制，坚决防范重特大事故发生，确保人民群众生命和财产安全。

（来源：节选自毕节市人民政府网站）

这篇"习近平总书记、李克强总理关于安全生产的重要批示指示传达学习材料"将关于多次重大安全事故的重要批示指示一起传达，讲述每次事故时都简明扼要地列出会议的主要事项，从而引出了会议主要精神"生命重于泰山"，要求各级党委和政府把安全生产摆在头等重要的位置。

第六章
日常沟通类文书写作要领与范例

电子邮件

一、电子邮件的特点

电子邮件主要有以下两个特点。

一是快速便捷。通过电子邮件，用户可以极其快速地与世界上任何一个地方的网络用户联系，随时随地收发信件，从而打破了时空上的限制，极大地提高了工作效率，方便了人与人之间的沟通与交流，促进了社会的发展。

二是形式多样。电子邮件可以是文字、图像、声音等多种形式。利用电子邮箱，用户可以使用定时发送、读信后立即回信或转发他人、多址投送等功能，也可以要求系统在对方收到信件后回送通知，或阅读信件后送回条等。

二、电子邮件的写作要领

电子邮件一般由收件人、主题、正文、附件四个部分构成。

一是收件人。电子邮件的收件人分为直接收件人、抄送人、密送人。

直接收件人是必须处理该邮件的人；抄送是告知的意思，抄送人可以不回复；不方便让别人看到在收件人列表里面的收件人，可以放在密送人里面。根据不同的情况选择不同的收件人，尤其是抄送人和密送人，可以使工作更加高效。

二是主题。电子邮件的标题要简短明了，准确反映邮件的主要内容和重要性。标题通常由单位名称、事由组成，如"××公司开业庆典筹备事宜及要求"；也可以直接写明主题，让对方一目了然，又便于留存，如"有关××项目现场部署故障情况说明"。如内容重要或者程度紧急，可以加上"重要""紧急"等标签，便于引起收件人的关注。回复对方邮件时，应根据回复内容更改标题。

三是正文。电子邮件的开头要称呼收件人，写上问候语。若是第一次给收件人发电子邮件，要先做自我介绍，通报身份以示尊重，并简明扼要地说明写邮件的原因，让对方了解来意。行文要通顺易懂，多用短句，表达准确清晰。如所说事项较多，可采取罗列法，使用"1、2、3…"按照重要程度逐一列出说明事项，也可以设置小标题进行阐述。如具体内容确实繁多，可只做摘要介绍，然后单独写个文件作为附件进行详细描述。正文的结尾应写上祝福语，加上签名档，包括姓名、职务、公司、电话号码、传真、地址等信息，但行数不宜过多，一般不超过4行。

四是附件。当电子邮件带有附件，特别是带有多个附件时，发件人要在正文里面对附件内容做简要说明，并提示收件人注意查收。附件的文件需按照内容进行命名，方便对方下载后管理，如是特殊格式文件，须在邮件正文中说明打开方式，以免影响使用。附件数量不宜超过 4 个，数量较多时应打包压缩成一个文件。

电子邮件写作的注意事项有三个。

第一，重点突出，语言简明。电子邮件不可长篇大论，不可叙述过多问题，要在一封邮件中把相关信息全部说清楚、讲准确。语言表达一定要简明易懂，如果有很多关于技术介绍或讨论性质的内容，单纯以文字形式很难描述清楚，可以配合图表加以阐述。

第二，尊重对方，斟酌用语。电子邮件是电子版的"白纸黑字"，很容易留存和转发，所以写邮件时必须斟酌用语，避免日后产生纷争和麻烦。要根据收件人与自己的熟络程度、职位高低，以及邮件是对内还是对外性质的不同，选择恰当的语气进行论述，做到尊重对方，多使用礼貌用语，如"请""谢谢""请支持""请协助"等。

第三，注意排版，巧用设置。电子邮件排版要整齐，选择便于阅读的字体和字号，如宋体或者仿宋体，用三号或 16 号字。可以按照中文书信习惯，每段首行统一缩进两个字符；也可以按照英式习惯，每段首行统一不缩进，只要全文保持一致即可。公务邮件一般不用背景信纸，同时最好设置邮件读取状态并要求回复，这样能看到收件人是否接收、读取了邮件，可以防止扯皮推诿等现象。可以设置多个签名档，灵活调用，对外的邮件往来，使用正式的签名档；对内、对私、对熟悉的客户等群体的邮件往来，使用简化的签名档，以免让对方有疏远感。

三、电子邮件的范例

收件人：××××@qq.com

主题：【某产品】断货通知

××××股份公司产品报价及介绍

××股份公司张先生：

　　您好，我是××××股份公司营业部的胡先生。

　　非常感谢贵公司1月10日通过邮件下单本公司的【某产品】。但是非常抱歉，我公司暂时无法接受此单预定。

　　请允许我解释原因，由于【某产品】是季节商品，我公司现在没有库存。接到您的邮件后，我们第一时间向各分店确认在库情况，但是很不凑巧，各个店铺的【某产品】都处于脱销状态。

　　不过，我们会在1月底再度进货贵公司此次想要订购的【某产品】，如果您届时仍然需要，我方将会优先供应给贵公司，不知您意下如何？

　　另外，将您所感兴趣的我公司产品报价及相关介绍发送给您，请您在附件中查阅。

期望您能早日回复，十分感谢。恭祝

商祺！

××××股份公司营业部

胡先生

地址：××省××市阳光大道 88 号

电子邮箱：××××@163.com

电话号码：86-×××××××

传真：86-×××××××

网址：www.×××××××.com

这份电子邮件是商务邮件，字数不多，主题十分明确，既让订货方了解了商品断货的原因，有礼有节地表达了遗憾，又对即将进货进行了说明，体现了未来合作的诚意；同时，还用附件的形式将对方需要的商品报价等资料发送给对方。因为是商务往来，加上彼此并不熟悉，所以签名档非常正式，留下了单位名称和地址、邮箱、电话号码、传真等，方便对方随时联系。另外，段与段之间隔一行排版，非常醒目，方便阅读。

便条

便条是人们在日常生活中常用的一种与他人联系的文书，主要用来说明临时性事项。

一、便条的特点

便条具有三个特点。

一是用途广泛。便条，顾名思义，就是用起来比较方便，主要用来传递信息、说明事项，内容大多是临时性的询问、留言、通知、要求、请示等，往往只有一两句话，运用十分广泛。

二是形式简单。便条是一种简单的书信形式，但不需要邮寄，一般不用信封，大多数时候托人转交直接面交或临时放置在特定的位置留给收便条的人，有的时候甚至写在公共场所的留言板或留言簿上。

三是文字要求不严格。便条内容简短，写作方法比较灵活，不受太多的限制，用词通俗，说清楚写给谁、什么事、谁写的、何时写的，能让人明白就行。

二、便条的种类

便条因为日常用途广泛，种类很多，大体来讲，分为两种。

第一种是说明性便条。即因某事要做说明介绍或请对方办理而写的便条，如"留言条""托事条""请假条"。

第二种是凭证性便条。即因单位或个人之间发生财务往来，一方写给另一方的字据凭证，如"借条""收条""欠条""领条"。

三、便条的结构

便条一般由标题、开头、正文、结尾四个部分构成。

一是标题。有些便条需要写明种类，就有标题，如"请假条"。

若是给很熟悉的个人留言，则可以不写标题。

二是开头。便条的开头要写称谓，平常怎么称呼便条接收人，就怎么写，如"××老师""××经理"。

三是正文。用简单的几句话写清楚要说的事情，如写请假条就写清楚因何事或何病请多长时间的假；写拜访留言条，就写拜访不遇，留下要说的话等。如果事情很重要，一般不做详细说明，但要写明自己的联系方法。

四是结尾。在结尾时，写作者根据留言内容的不同，写上祝福语，然后署名，写上日期。

四、便条的范例

（一）留言条

豆豆：

今天下午来你家还书，没想到你不在家，把书给隔壁胡爷爷了，请他转交给你。祝好！

小明

9 月 3 日

这类留言条比较简单，格式比较随意，只需要说清楚具体事情或者时间、地点等信息。

（二）请假条

请假条

张老师：

因感冒咳嗽厉害，医生叮嘱在家休息三天，现向您请假三天——从 6 月 23 日至 25 日，请予批准。医生诊断证明附后。

此致

敬礼！

学生：×××

6 月 22 日

请假条要写清楚请假原因和时长，有时需要附上相关证明。

（三）收条

收条

今收到王××（身份证号码：××××××××××××××××××）交来现金伍仟叁佰陆拾捌元整（小写：¥5368），用于购买柑橘苗。柑橘苗一周内给付。

收款人：付××

（身份证号码：×××××××××××××××××××）

××月××日

收条因为涉及财物，一般要写清楚收到什么、收到多少、财务的用途等信息。为避免纠纷，需要写清楚相关责任人的身份证号码等具体信息。

（四）借条

借条

丁××，男，身份证号码：××××××××××××××××××，现住在××市××路××××小区××栋××单元×××号，因急需资金周转，特向王××（身份证号码：××××××××××××××××××）借用现金叁万元（小写：¥30000），三年内归还，借款年利率为8%。

为避免争执，特立此条为凭据。

借款人：丁××　　　　　　借款人配偶：赵××

（签字、手印）：　　　　　（签字、手印）：

联系电话：139××××××××　联系电话：188××××××××

　　　　　　　　　　　　　　××××年××月××日

借条一般要写清楚借款金额、用途、利率等信息。为避免纠纷，需要写清楚相关责任人的住址、身份证号码等具体信息，落款时间应具体到年、月、日。

启事

启事是机关、企事业单位、团体或个人需要向公众说明某事或希望公众协助办理某事时使用的一种事务文书。

一、启事的特点

启事有三个特点。

一是告启性。"启"，即叙说、陈述之意；"事"即事情。启事的本意是公开陈述事情，向公众告知事情。启事只具有知照性，而没有强制性和约束力。

二是实用性。启事在工作和生活中使用广泛，单位或个人寻物、寻人、招领、开业、房屋出租、招商、招聘、征婚等都可用启事。

三是简明性。启事在刊载时受篇幅版面的限制，必须写得十分简明，这样既可为读者提供方便，也可力求用最少的费用达到最优的告知效果。

二、启事的种类

根据内容的不同，启事可以分为征文启事、招聘启事、招生启事、征订启事、开业启事、迁址启事、征婚启事、结婚启事、离婚启事、寻人启事等。

根据公布形式的不同，启事可以分为报刊启事、电视启事、广播启事、张贴启事等。

三、启事的结构

启事一般由标题、正文、结尾三部分构成。

一是标题。启示的标题有多种形式：可以直接用文种作标题，如"启事"；可以用内容作标题，如"招聘"；可以用内容和文种组成标题，如"开业启事"；可以用启事者和内容组成标题，如"美容院迁址"；还可以用启事者、内容和文种组成标题，如"××××杂志征订启事"。

二是正文。启事的正文主要交代有关事情的原委和目的，提出要求和希望，说明有关注意事项和办理程序等。内容简单的启事通常一段成文，采用一段式写法；内容复杂的启事分几个段落成文，采用分段式写法；启事还可以采用条款式写法、标题式写法等。

三是结尾。结尾根据正文内容需要，留下联系人姓名、地址、电话号码等具体信息或者注明启事单位名称和启事时间等。

启事写作的注意事项如下：第一，内容要简洁，让人一看就明白；第二，用语讲求礼貌，恰如其分地运用语言和语体来表情达意；第三，注意与"启示"的区别，"启示"是启发指示，使人有所领悟的意思。

四、启事的范例

（一）紧急启事

紧急启事用于告知急需公众知晓和协助的事项，或者告知紧急变更事项，将延期、迁址、退票等事项迅速告知公众，避免出现混乱。此类启事除刊登在当地报纸、公众号等网络平台上或在电视播出外，还应张贴在相关的剧场或会场门口。

范例 1

<h2 style="text-align:center">紧急启事</h2>

近日，少数不法分子冒用省局领导或相关处室负责人名义，给有关单位打电话，要求征订书籍、购买纪念币等。

请各地各单位切实提高警惕，接到可疑通知或电话等，及时与省局有关部门联系核实，防止上当受骗，以免造成不必要的损失，并及时将有关情况上报省局办公室。

×× 省 ××× 局办公室

×××× 年 ×× 月 ×× 日

范例 2

关于百人名家书画精品展的紧急启事

因另有任务安排，6 月 24 日停展一天，凡购买 6 月 24 日入场券的观众，可于 25 日至 29 日前来参观。

望见谅，敬请转告周知。

××× 书画院

2021 年 6 月 22 日

（二）寻人启事

寻人启事是用于寻找走失者的启事。寻人启事的正文一般必须包括以下几项内容：一是非常详细地交代走失者的身份、特征，主要包括姓名、性别、年龄、外貌、衣着装束、说话口音等内容，要特别指出外貌上的明显特征，这是寻找走失者的主要依据；二是必须交代失踪的时间、地点、原因；三是寻找方的联系方式，应将固定不变的联系方式写出来，以便他人提供线索比对、发现走失者时能及时取得联系。有些寻人启事的结尾会写上提供线索酬金或酬谢之类的话语，以吸引更多人关注。对于因某些原因主动出走的人，寻人启事上会写上"本人见到启事后，速回"或"家人十分想念，本人见到启事后速同家人联系"等。另外，可在寻人启事左上角或右上角位置配上走失者近期照片。

寻人启事

章××，女，11 岁，身高 1.56 米，系××××人。瓜子脸，肤白，大眼睛，右眼靠鼻梁处有一黑痣，身穿橘黄色连衣裙，白色低帮运动鞋。于 2021 年 9 月 14 日离家，至今未归。本人若见到此启事，请尽快同家人联系。如有知其下落者，请与×× 市 ×××街道 ×× 局章先生联系，定当重谢！

提供线索酬金××××元，护送回家酬金××××元。

联系电话：010-××××××××

联系人：章先生　139×××××××

　　　　陈女士　139×××××××

（三）寻物启事

寻物启事是用于寻找丢失物品的启事。正文中应详细具体地写出失物名称及形状、质地、色彩、型号、数量等特征，写明失主的单位、姓名、电话、地址等具体信息，以便联系，最后要表达感谢之意。如丢失大宗或贵重物品，寻物启事可刊登在当地报纸上，或在广播电视上播放以扩大告知面；如遗失的是小件或一般物品，可张贴在失物地点和人员聚集地，力求使一定范围内的人协助寻找。

寻物启事

本人于 9 月 12 日乘坐 3 路公共汽车由火车站至前门时，不慎在车上遗失土黄色皮包一个，内有营业执照副本、专利证书、驾驶证及设计图表若干张。如有拾到者，请与××街××号×××公司联系，电话号码6820××××，手机号码139×××××××，酬金××××元！

×××× 年 ×× 月 ×× 日

（四）招领启事

招领启事是用于寻找失主的启事。正文内容与寻物启事相反，为防冒领，遗失物品的数量、特征可不写或少写，常用"若干"等表概数的词语。行文多使用希、盼、望等敬词。

招领启事

×× 月 ×× 日在武汉至北京 G××× 次列车 9 号车厢内，发现旅客遗留行李箱一个，内有人民币和各类证件若干、贵重物品一批，特登报招领，望失主速携带有关证明，前来申请领取。

此启。

××铁路分局列车段

××××年××月××日

（五）更名启事

更名启事是企事业单位、社会团体或报纸刊物更改名称时所用的启事。正文中主要交代的事项是批准和核准登记部门、变更事由、原有名称、变更的新名称、启用印鉴的时间等，也需要对变更名称后组织机构、隶属关系、业务范围、法律责任、债权债务、开户银行及账号等相关问题加以说明。如为报纸刊物更名，还应说明其新宗旨以及版面、栏目、篇幅等的变动情况。

范例 1

更名启事

为适应统筹推进实施乡村振兴战略的相关工作需要，经国家新闻出版署（国新出审〔2021〕542号）批复，同意《中国扶贫》期刊名称变更为《中国乡村振兴》。按照国家乡村振兴局统一部署，2021年5月1日，《中国乡村振兴》杂志第一期将正式出版发行。同时，为更好完成年度宣传工作的有关安排，以及《中国乡村振兴》杂志在融媒体时代运行需要，原《中国扶贫》所属新媒体统一更名为"中国乡村振兴"，以便进一步发挥在全面推进乡村振兴宣传工作中的引领作用。

值此更名之际，我社再一次向关心、支持巩固和提升脱贫攻坚成果与乡村振兴的各级领导、各级单位、各级奋战在乡村振兴一线的干部、群众，致以衷心的感谢！同时，我们将一如既往为大家服务，在全面推进乡村振兴战略的新时代，继续站好国家刊的阵地，高举乡村振兴大旗，最大限度凝聚共识、最广范围缔结智慧，把脱贫攻坚精神转化成发展我们乡村的强大力量，继续为巩固和提升脱贫攻坚成果与乡村振兴的伟大事业添砖加瓦！

你们在，我们就在。感谢大家，感谢时代。

《中国乡村振兴》杂志社

2021 年 5 月 1 日

范例 2

××市人才开发中心更名启事

为强化人才公共服务职能，深入实施人才优先发展战略，经××市机构编制委员会批准，××市人才开发中心（××路 155 号）从即日起正式更名为××市人才服务局。更名后，单位法定代表人、服务场所、业务流程、联系方式不变；此前与××市人才开发中心签署的合同文本继续有效，相应的责任、权利和义务由××市人才服务局承继。

值此更名之际，我局再次向一贯关心、支持××市人才开发中心工作的各级领导、各类用人单位、各类人才和社会各界致以衷心的感谢！同时郑重承诺，更名后将一如既往地为人才供需双方和各类合作伙伴提供优质服务。欢迎更多的用人单位和各类人才与我们携手，共同拥有更加美好的明天！

服务热线：8516××××

××市人才服务局

×××××年××月××日

（六）招聘启事

招聘启事是用于公开招收、聘用人才的启事。正文要写清楚招聘对象和条件，报名手续、时间、地点，具体联系人、联系方式等事项。招聘启事有繁有简，写作时应尽量体现聘用方的单位情况及企业文化。

××院士组特别研究助理（全职博士后）招聘启事

×××研究所是隶属××××的科研事业单位，目前已成为具有雄厚基础、强大实力和广泛影响的综合性微生物学研究机构。

××院士研究组近年来在 Nature、Science、Cell 和 Lancet 等国际顶级期刊发表多篇论文。××××××× 主要有以下研究方向：1. ××××；2. ××××；3. ××××；4. ××××。

现因工作需要，拟招聘博士后 3 名，工作地点为北京。

一、岗位名称：特别研究助理（全职博士后）

二、应聘条件

1. 年龄在 35 岁以下，已经获得或即将获得博士学位（已获得博士学位不超过3年），具备良好的科学素养。

2. 具有××××××、××××、×××等相关专业研究背景者优先考虑。

3. 具有独立开展科研工作的能力和扎实的专业基础知识，以第一作者发表过至少1篇SCI论文。

4. 具有较强的英文文献阅读、写作与交流能力。

5. 对科研有浓厚的兴趣，具有较强的工作责任心，具备良好的学术道德和团队合作精神。

6. 性格开朗，身体健康。

三、岗位待遇

1. 工资及福利待遇：年薪18万～36万元（含五险一金），按×××研究所和国家有关规定执行。

2. 科研支持：鼓励优秀博士毕业生或满足申报条件的新近入站人员申请博士后创新人才支持计划、国际交流计划引进项目、×××特别研究助理资助计划等。

支持博士后在站期间申报各项人才计划和科研基金资助，符合条件者推荐申请"中国博士后科学基金"、国家"自然基金"、北京市设立的博士后专项经费资助项目及研究所自设科研项目。

在站期间获得博新计划、国际交流计划引进项目、×××特别研究助理资助项目等优秀博士后人员，出站时优先推荐申报×××高层次引进人才计划，×××研究所优先聘用。获资助后享受相应待遇。若通过计划择优评选，可申请青年研究组长或研究组长岗位。

3. 其他：博士后在站期间参照助理研究员二级专业技术职务

岗位管理，符合研究所当年相应专业技术职务申报条件的，可以申报相应的专业技术职务。

四、生活保障

1. 户口政策：享受全国博管会关于出站博士后户口迁移及家属户口随迁等政策。

2. 子女入学：按国家及×××有关规定，对符合条件的在站博士后，协助办理子女进入研究所集体户口所在行政区划内相应学校。

五、应聘方式

1. 符合上述条件的应聘者，请将应聘申请表、个人简历以及其他能证明科研能力的相关电子文件，以及两位推荐人的姓名和联系方式发送至×××@im.ac.cn，同时抄送至×××@im.ac.cn和×××@im.ac.cn，邮件主题注明"应聘博士后＋姓名"。

2. 对初选合格者将通过电话或电子邮件通知本人参加面试。

3. 参加面试者需提供：①学历、学位证明；②可证明本人能力及水平的相关资料。

4. 通过面试者到指定医院进行体检，体检合格者将被录用。

（七）招工启事

招工启事是用于公开招收工作人员的启事。与招聘启事相比，招工启事更加简明扼要，一般概括交代相关事项即可，但应招者的条件和报名时间、地点等信息要交代清楚。

招工启事

本公司因工作需要招聘以下人员：

1. 救生员、保安员、保洁员多名；

2. 招收工人要求：有敬业精神，吃苦耐劳，身体素质好，年龄在 25～50 岁，熟练工、有相关证书者优先，工资面议。

联系电话：139×××××××

联系人：张先生

报名地址：××市劳务市场三楼 303 室

（本启事长期有效）

××管理有限公司

××××年××月××日

（八）招生启事

招生启事是学校用于招收新生的启事，旨在使考生了解其办学宗旨和报考细节。正文中主要交代的事项是学校开设的专业及学习内容、学制或学习时间、毕业证书或结业证书发放等信息。表述方法可以采取文字说明式，内容全面；也可以采取表格式，较为直观，一目了然。

××××大学 2021 年艺术类专业招生启事

根据《教育部办公厅关于做好 2021 年普通高校部分特殊类型招生工作的通知》（教学厅〔2020〕13 号）相关要求和学校实际

情况，2021 年我校播音与主持艺术专业招收艺术类学生。

一、专业介绍

播音与主持艺术专业隶属××××大学新闻与信息传播学院。本专业以广播电视艺术为基础，与广播电视学、新闻传播学等多学科交叉融合，培养具有较强口语传播能力与艺术表现力、视野开阔的艺术专业复合应用型人才。该专业在传统播音主持的基础上凝练"出镜记者"特色培养方向。

二、招生计划

我校拟面向河北省、黑龙江省、河南省、湖北省、湖南省、甘肃省招收 25 人，文、理科（历史、物理科目组合）兼招，学制 4 年。各招生省份分省计划详见下表：

省份	河北省	黑龙江省	河南省	湖北省	湖南省	甘肃省
计划数	2	2	3	13	3	2

最终招生计划数以省级招生考试主管部门公布为准。明确公布文、理科（历史、物理科目组合）计划的招生省份，按文、理科（历史、物理科目组合）招生计划分别录取；其余省份文、理科（历史、物理科目组合）招生计划合并使用，录取时不分文、理科（历史、物理科目组合）。

三、招生对象和报名条件

（一）符合 2021 年全国普通高等学校招生统一考试报名条件。

（二）身心健康，五官端正，形象气质佳。

（三）普通话语音准确，嗓音条件良好，思维敏捷，有较强的口头表达能力和较高的综合艺术素养。

四、录取规则

（一）我校 2021 年不组织播音与主持艺术专业校考而直接使用各省艺术类统一测试成绩。

（二）考生参加生源所在省份艺术类统一测试成绩需达到测试总分的 80% 且不低于所在省份划定的艺术类本科合格线。考生高考成绩必须达到生源所在省份相关要求。

（三）若考生所在省级招生考试主管部门有具体的投档规则，按其投档规则下的综合成绩从高分到低分录取。

（四）若考生所在省级招生考试主管部门参照我校综合成绩算分方式排序投档，我校将根据教育部关于普通高校艺术类专业招生有关规定，在对考生德、智、体、美、劳全面考核基础上，按照综合成绩由高分到低分录取，综合成绩计算公式如下：

综合成绩＝专业统考成绩 ×30%＋高考文化成绩 ×（专业统考总分／高考总分）×70%

综合成绩相同时，专业统考成绩高者优先，专业统考成绩和高考文化课投档成绩均相同且计划余额不足时，依次按语文、英语、数学成绩排序录取。

五、学费标准

学费为 10350 元／年，最终标准以 ×× 省物价局核定标准为准。

六、工作管理

新生入学后，需进行专业复测，复测不合格者，学校将根据国家有关规定予以处理，直至取消入学资格。凡发现有弄虚作假者，一经查实，取消其入学资格或学籍，退回其户籍所在地；毕业后发现的取消毕业证、学位证，并报生源所在省级招生考试主管部门。

七、联系方式

通信地址：××省××市××区××××号

　　　　　××××大学本科生院招生工作办公室

邮政编码：43××××

咨询电话：027-××××××××

传真：027-××××××××

电子邮箱：zs@××××.edu.cn

招生网址：http：//zsb.××××.edu.cn

纪委（监察处）电话：027 — ××××××××

（九）招商启事

招商启事是用于招请客商经营的启事，是一种新兴的启事，使用者多为商场、商厦等商业机构。正文主要交代招商地区或单位的基本情况，如地理位置、建筑面积、场所用途、配套设施、招商办法等，要写出其优势和特点。招商启事要明确所招商的对象及要求，如地理、技术、资金等方面的要求和可给予的优惠政策等，使客商明白要做什么和怎样去做。

×× 商城招商启事

由中国技术监督情报协会与山东 ×× 公司联办的 ×× 商城，位于济南繁华的商业黄金地段——东三大街 ×× 号。

×× 商城是经国家工商行政管理部门批准、注册命名并在整个经营管理过程中贯穿"保真进货、保真销售、保真服务"三位一体的新型商业企业。

首批招商将遴选 40 余家生产金银珠宝、化妆品、真皮制品、羊绒制品、羊毛制品、真丝制品及烟酒食品、家用电器的企业。热烈欢迎有识之士前来共创锦绣宏业！

地址：济南市东三大街××号

邮编：25××××

电话：××××××××

联系人：周小姐

（十）招租启事

招租启事是用于招请租赁者的启事。招租启事和招商启事非常相似，但又有不同之处，招租启事目的明确，只限于场所、财物的出租，不搞合营、招资、开发等项目。

××学校门面招租启事

××学校校前区 D 栋临街一楼门面（建筑面积约 520m^2）租赁期满将近，经学校研究决定向社会招租。

一、门面地址：校前区 D 栋（1号门右侧第一栋）临街一楼。

二、租赁期限：三年。

三、经营范围：超市经营业务（食品、饮料、日用百货、饰品、蔬菜、水果、服装等）。

四、招租办法：报价最高者视为中标人。

五、招租对象：

（一）独立企业法人，具有独立承担民事责任能力。

（二）具有超市经营资格；公司注册年限 3 年以上，经营过面积超过 $200m^2$ 的超市，经营超市经验不低于三年；现正经营超市。

（三）本次招标不接受联合体投标，实行资格后审制度。

六、报名须知：

（一）报名时间：2021 年 7 月 30 日—2021 年 9 月 3 日上午 9:00—11:00，下午 14:30—17:00（节假日除外）。

（二）报名地点：××学校（××区××路××号行政办公楼二楼 202 室）。

（三）提供材料：1. 营业执照复印件；2. 法人授权委托书；3. 本人身份证原件和复印件。

七、开标时间：2021 年 9 月 7 日上午 10:00。

八、开标地点：×××学校采购中心（行政办公楼一楼 101 室）。

九、联系人：王老师　联系电话：×××××××××。

详情见《校前区 D 栋临街一楼门面招租相关事项说明》，报名时现场获取。

2021 年 7 月 15 日

（十一）征集启事

征集启事是在特定范围内征求创意、方案、设计稿、资料、商标、广告词、歌曲、徽记、书画作品等所用的一种启事。正文内容必须详细明确，特别是征集的内容、要求等具体信息要写清楚。

庆祝改革开放四十周年全军书法作品展览
征集启事

为庆祝改革开放 40 周年，中央军委政治工作部宣传局和中国书法家协会将于 12 月共同举办全军书法作品展览。

本次展览征集面向全军和武警部队（包括退役军人，请注明原部队番号），希望广大书法爱好者踊跃参与，各单位广泛动员组织书法骨干围绕赞颂改革开放 40 周年的伟大成就，特别是党的十八大以来强国强军的新气象新变化展开创作。

作品书体不限，高不超过 6 尺、宽不超过 3 尺，篆刻印屏不超过 4 尺 3 开。请在作品背面右下角注明作者姓名、单位、电话、通信地址等。每位作者投稿不超过 2 件，不需装裱，作品不退。

请于 11 月 10 日前，将作品寄到北京市海淀区 ×× 路 ×× 号美术馆书法展办公室，邮编：100097。收件人：张 ××，电话号码：186×××××××××。

组委会咨询人：徐 ××，联系电话0201-××××××（军线）、010-×××××××××；方 ××，联系电话138×××××××××。

2018 年 8 月 26 日

照会

"照会"一词，原为参照、会勘、招呼、通知的意思，后来指国家往来中最常用的一种外交专用文书。按照国际惯例，照会仅限于外交部及其派出的外交代表机关（如大使馆）、外交代表（如常驻联合国代表）与另一国相对应的外交机关、外交代表之间使用。但在外交实践中，照会有时也用于具有外交性质的领事馆和国际组织。

一、照会的特点

照会是国际交往的书信形式，是对外交涉和礼仪往来的一种重要手段，具有三个方面的特点。

一是具有政治性。照会的使用及其内容体现了国家的对外方针政策和法规，具有申明和承担国家之间在政治、经济、军事、文化等方面的相互权利与义务的作用。照会处理要及时，签收或拒收、答复或不予置理、及时办理或拖延，都表达了一种政治态度。

二是具有对等性。照会的行文须遵循国际惯例并体现对等的原则，如元首对元首、总理对总理、外交部对外交部等。

三是具有规范性。照会的文件格式为国际公认的格式，讲究书写格式、用纸规格、用印及签署等。照会的使用及其内容会体现国家的立场，涉及国家关系，所以必须注重礼貌用语，措辞要十分慎重，有一套固定的敬语和客套用语，这在其他文书中是见不到的。即使是一份纯属事务性的照会，如果格式、行文不符合规定，可能也会引起收件人的误解，造成不良后果。

二、照会的种类

照会一般分为两类。

一类是正式照会。中华人民共和国外交部规定，正式照会由国家元首、政府首脑、外交部长、大使、代办、临时代办等人签名发出，并用第一人称写成。一般不盖机关印章。正式照会用于：（1）重大事情的通知，如国家领导人的变更，大使、领事的更换，承认、断交、复交等事项的正式通知；（2）重要问题的交涉，如建议缔结或修改条约，建议召开双边、多边国际会议，互设领事馆，委托代管本国财产，国家元首、政府首脑的访问以及其他有关政治、军事、经济等重要问题的交涉；（3）隆重的礼仪表示，如表示庆贺、吊唁等；（4）为了表示对某一事件的特别重视，处理该项事件时也可使用正式照会。

另一类是普通照会。普通照会由外交部或外交代表机关发出，行文用第三人称，加盖机关印章，一般不需签名。但有的国家要求加盖印章后再由使节或受权的外交官签名。普通照会用于进行一般交涉、行政性通知、办理日常事务、交际往来。由于外交文书日趋简化，普通照会的使用范围也越来越广，政府之间关于重要国际问题的来往，现在多使用普通照会。普通照会虽然不如正式照会正式，但其内容不一定不如正式照会重要。

照会一般以本国文字为正本，但是为了使受照者能够及时了解文件的内容，常常需要附上受照国文字或国际通用文字的译文。这种译文有时会注明"非正式译文"字样，意为"应以照会正本为准，翻译可能不够准确，仅供参考"。

三、照会写作的注意事项

照会写作的注意事项包括以下三个。第一，正式照会的发文者及受文者是个人，发文者应以单数第一人称，即"我"称呼自己，一般不用复数第一人称"我们"；受文者应为"你或您"，尊称为"阁下""陛下"或"先生"。第二，普通照会的发文者及受文者均是机关，称呼自己和受文者均用第三人称，即××机关对××机关。不可在行文中出现"我们""你们""贵方""贵馆"等词汇。第三，在行文中第一次出现己方、对方称呼以及所涉及的机关、人物等，均应使用全称，如中华人民共和国外交部、美利坚合众国驻中华人民共和国大使馆等，第二次及以后再出现时可简称"外交部""大使馆"等。

四、照会的范例

（一）正式照会

范例1

（××）××字第××号

××国外交部长×××阁下

阁下：

在中华人民共和国驻××国特命全权大使赴任之前，我委派中华人民共和国驻××国大使馆参赞（或×等秘书）×××先生为临时代办，办理建馆事宜。

我现在向你介绍×××先生，请予接待，并对他执行任务给予一切便利。

顺致最崇高的敬意。

　　　　　　　　　　中华人民共和国外交部长　　（签字）

　　　　　　　　　　××××年××月××日于北京

　　这份正式照会是代办介绍信，需印正副本各一份，正本用带国徽、带外交部衔的照会纸印，面交驻在国外交部长；副本用无国徽、无外交部衔的白照会纸印，面交驻在国外交部礼宾司司长。

　　范例2

　　　　　　　　　　（××）××字第××号

　　××国特命全权大使××阁下

阁下：

　　我已于××××年×月×日向××国主席（总统、国王）××阁下（陛下）递交了中华人民共和国主席×××阁下任命我为中华人民共和国驻××国特命全权大使的国书。

　　我在就任时，诚恳地向阁下表示，我将尽力同你建立良好的联系，以加强我们两国之间的友好关系。

　　顺致最崇高的敬意。

　　　　　　　　　中华人民共和国驻××国特命全权大使　　（签字）

　　　　　　　　　××××年××月××日于××

这份正式照会是大使就任通知，第二段措辞可视不同情况适当变动。

范例3

（××）××字第××号

×× 国外交部长 ×× 阁下

阁下：

在××× 共和国成立×× 周年之际，我向您致以热烈的祝贺，并荣幸地送上中华人民共和国国务院总理×× 阁下致×× 国总理××× 阁下贺电一则，请代为转交。电报全文如下：

××× （首都名称）

×× 国总理××× 阁下：

×××××××××××××××××××××××××
××××××××××××××××（电文）

中华人民共和国国务院总理×××

××××年××月××日于北京

这份正式照会是转送电报的照会，如电报内容在照会中已提及，则也可略去电报的抬头与落款。如电报作为附件单印，则一般有抬头与落款。

（二）普通照会

范例 1

（××）部 × 字第 ×× 号

×× 国驻华大使馆：

中华人民共和国外交部向 ×× 国驻华大使馆致意，并谨就 ××× 问题申述如下：

××。

顺致最崇高的敬意。

（盖外交部带国徽铜印）

×××× 年 ×× 月 ×× 日于北京

这份照会是表达申诉态度的照会，涉及国家态度，用语需要十分精准。

范例 2

（××）部 × 字第 ×× 号

×× 国驻华大使馆：

中华人民共和国外交部向 ×× 国驻华大使馆致意，并谨通知如下：

中华人民共和国政府对于 ×××× 年 ×× 月 ×× 日在北京签订的中、× 两国政府 ××× 合作协定已履行了手续。鉴于 ××

政府已于××××年××月××日通知中国驻××国大使馆，××国政府批准了该协定，根据协定第×条的规定，该协定将自本照会发出之日起正式生效。

顺致最崇高的敬意。

（盖外交部带国徽铜印）

××××年××月××日于北京

范例3

（××）×字第××号

各国驻××外交代表机关：

中华人民共和国驻××大使馆向各国驻××外交代表机关致意，并谨通知如下：

中华人民共和国特命全权大使×××先生阁下将在××月××日暂时离开××回国休假；在他离任期间，由大使馆参赞（×等秘书）×××先生担任临时代办，主持馆务。

顺致最崇高的敬意。

（盖使馆带国徽铜印）

××××年××月××日于××

以上两份照会是通知协定生效和大使临时离任的照会，按照固定格式写明即可。

第七章
宣传类文书写作要领与范例

新闻通稿

新闻通稿一般是党委政府或社会团体在举办重大活动、发生重大事故或灾难时，为了引导舆论、统一宣传口径、控制不良信息而给媒体提供的通用型文稿。

一、新闻通稿的特点

新闻通稿有以下三大特点。

一是具有渗透性，覆盖范围广。新闻通稿将丰富的宣传信息嵌入文字，通过媒体让更多的受众在潜移默化中受到影响，其宣传范围广、影响大。

二是具有时效性，传播速度快。新闻通稿可以节约时间成本，能在较短时间内通过多家媒体发布，从而确保新闻的时效性；加上媒体反应敏捷，信赖度高，能够吸引受众主动关注，使新闻的传播速度变得更快。

三是具有意义性，真实程度高。新闻通稿有利于统一和规范内容，将主办方想表达的东西传播出去。因为主办方了解具体情况，能考虑受众需求，在写作时会更加注意把握新闻价值，精准体现新闻事件的意义，所以更能提供真实可信的准确信息。

二、新闻通稿的写作要领

一篇完整的好的新闻通稿必须具备新闻的"六要素"和"四个特点"。新闻的"六要素"，即六个"W"：何时（When）、何地（Where）、何人（Who）、何事（What）、何因（Why）、何果（How）。新闻的"四个特点"，即"快、真、短、新"：报道快，在第一时间进行报道；事实真，真实是新闻的生命；篇幅短，语言简明扼要，但内容充实、叙述清楚；内容新，报道中的事件多发生在一两天之内。

常见的新闻通稿的写作方式是"倒金字塔式"，按照新闻点的价值由高及低依次展开。其一般由标题、导语、主体、结语四个部分构成，并在文中穿插背景材料。

一是标题。标题是新闻通稿的眼睛，要体现最重要的新闻事实，有主标题（概括说明主要事实和思想内容）、引题（揭示新闻的思想意义或交代背景，说明原因，烘托气氛）、副标题（提示报道的事实结果或作为内容提要）三部分。我们应根据实际需要设计，力争做到标题形象、题文一致、一语中的、简洁明快、夺人眼球，让受众在不知不觉中接受新闻，甚至乐于进行口碑传播。

二是导语。导语是新闻通稿的开头部分，应对最重要的新闻内容进行简要概述。最常用的写法是叙述式，即开门见山，用一句话交代事情的起因、时间、地点、人物。报道抓问题、谈经验的新闻宜采用提问式，先提出问题引人思考，再写出主要事实。报道特写式新闻可采用描述式,先对新闻事实所处的特定的空间、时间以及某个细节加以简要描述,形成一个"活镜头",再引出主要事实。报道谈话或某些公报式新闻宜采用引语式,即引用文件、报告或人物谈话的部分内容,把最重要的意思加以突出。

三是主体。新闻通稿的主体按重要程度递减原则排列材料,对导语披露的要素进行进一步解释、补充与叙述,从而表现新闻主题。例如,报道会议活动类的新闻,其主体部分主要涉及领导发言及活动的程序:第一部分应提炼领导讲话的主要内容,第二部分应理清会议活动的程序,并对第一部分的讲话内容进行补充说明。新闻通稿的主体部分要做到层次清晰、点面结合,写作时可以使用精练的小标题,最好能够让每段的第一句话就吸引受众的注意力。稿件中还可以适当插入一些精美的配图、统计数据、图表等,以丰富新闻内容,使受众在阅读的过程中不容易产生视觉疲劳。

四是结语。新闻通稿的结语用于对新闻事实进行补充说明,不宜太长。结语应与全文主题保持一致,做到前后呼应,争取做到有高度、有深度,让人记忆深刻,能引发受众的共鸣。

新闻通稿的撰写者大多是在党委政府或企事业单位工作的人,由于语言习惯和思维方式都与媒体记者有很大不同,在写作新闻通稿时要注意三个方面。第一,把握定位,增强针对性。新闻体裁的分类多样化,各自都有不同的写法,不同的宣传要求所体现的内容的侧重点不一样,对内和对外宣传的角度会有所区别,所以只有在写作前弄清此篇新闻通稿的相关具体要求,才能有的放矢。第二,收集素材,体现真实性。按照新闻"六要素"的要求,尽可能地从多种渠道搜集和掌握采访对象、新闻事件的情况，了解与新闻主题相关的素材，找准最佳写作角度，更充分地体现新闻的价值与真实性。第三，转换思维，增强可读性。组织文字时，要把自己在日常公文写作中经常使用的比较"生硬"的语言转换为通俗易懂的语言，把自己在行业中经常使用的"专业"语言转换为生动形象的简单描述，努力做到情节引人入胜、语言通俗易懂，从而写出可读性强的、受欢迎的新闻通稿。

三、新闻通稿的范例

范例 1

你好，国家乡村振兴局！

2021 年 2 月 25 日 16 时，北京市朝阳区太阳宫北街 1 号，国家乡村振兴局牌子正式挂出，"国务院扶贫开发领导小组办公室"牌子此前已经摘下。

作为国务院议事协调机构，国务院扶贫开发领导小组成立于 1986 年 5 月 16 日，当时称国务院贫困地区经济开发领导小组，1993 年 12 月 28 日改用现名。国务院扶贫开发领导小组办公室负责承担领导小组的日常工作。

国家乡村振兴局正式挂牌，既是我国脱贫攻坚战取得全面胜利的一个标志，也是全面实施乡村振兴，奔向新生活、新奋斗的起点。

此则新华社新闻通稿有三个突出的特点非常值得我们学习与借鉴。第一，标题动人。"你好，国家乡村振兴局！"用拟人的方式吸引受众的注意，感叹号也体现了此新闻事件的重要性。第二，结构紧凑。全文只有三段：导语开宗明义，写出新闻事件发生的具体时间、地点；主体回顾国务院扶贫开发领导小组的历史；结语强调国家乡村振兴局挂牌的意义与影响。第三，全文短小精悍，文字简洁有力，用平实的叙述方式写出了一篇具有高度可读性的新闻。

范例2

李元元任华中科技大学党委书记　尤政任华中科技大学校长

10月20日，中共中央组织部在华中科技大学宣布了中共中央的任免决定，李元元任华中科技大学党委书记，不再担任校长职务；尤政任华中科技大学校长（副部长级）。中共中央组织部副部长李小新，教育部党组成员、副部长田学军，湖北省委常委、省委组织部部长李荣灿出席大会并讲话。

此则新闻通稿发布于教育部官网，不足200字，但是时间、地点、人物、事件等一应俱全，极为精要和准确地概括了人事变动的重大新闻，体现了"快、真、短、新"的特点。

范例 3

沈阳爆炸事故已致 3 人死亡 30 余人受伤

21 日 8 时 20 分左右，沈阳市和平区太原南街的一家餐馆发生爆炸事故。沈阳市和平区委宣传部提供的消息显示，冲击导致附近楼体受损，现场一辆公交车被波及。公安、消防、应急、卫健、城建、燃气等部门第一时间赶赴现场进行处置。目前，事故已造成 3 人死亡，30 余人受伤，伤员均已送医救治，事故调查及后续救援工作正在进行中。记者从国网沈阳供电公司获悉，爆炸导致线路受损，附近 15000 余户居民停电。国网沈阳供电公司迅速组织 32 名抢修人员、8 台抢修车辆赶赴现场开展抢修。

此则新闻通稿是重大突发事件发生 4 小时后新华社发于新华网的消息，及时、准确、客观地对该事件进行透明报道，掌握信息发布制高点，将来自权威部门的信息告知公众，保障了公众的知情权，使公众对突发事件做出准确的判断，进而可以有效制止谣言、流言传播，对疏解社会情绪、稳定民心起到了重要作用。

倡议书

倡议书是由某一组织或社团为发起某项活动或公开提议社会成员共同去做某事而写的具有号召性的文章。

一、倡议书的特点

倡议书在现实社会中有着比较广泛的应用，具有三个特点。

一是公开性。写倡议书的目的就是宣传、广而告之，让广大的受众知道、了解所提议的活动事项，从而激发更多的人响应倡议，以期在最大的范围内引起受众的共鸣。

二是广泛的群众性。倡议书的受众十分广泛，可以面向特定或全部人群发出，也可以向国家或组织发出。

三是响应者具有不确定性。倡议书本身不具有很强的约束力，虽然文章明确了倡议的具体对象，但实际上相关人员或组织可以响应，也可以不响应，有时候与此无关的人员或组织也可能有所响应。

二、倡议书的种类

结合实际应用，根据倡议者的不同，我们可以把倡议书分为集体倡议书、个人倡议书或企事业单位、机关部门倡议书等。根据倡议内容的不同，倡议书可以分为针对某一具体生活事件的倡议书和针对某种思想意识、精神状况的倡议书等。

三、倡议书的写作要领

倡议书在结构上，由标题、称谓、正文、落款四个部分组成。

一是标题。倡议书的标题写法比较灵活，大致分为单一式标题和复合式标题两类。单一式标题较为常见，有四种形式：一是直接写文种名，如"倡议书"；二是由倡议内容、文种名构成，如"争创文明城市的倡议书"；三是由倡议对象、文种名构成，如"致全市广大居民朋友的倡议书";四是由倡议者、倡议内容、文种名构成,如"××团市委关于维护清朗网络生态的倡议书"。复合式标题更能够吸引读者的注意力,主标题用于说明倡议内容的事实和思想,副标题一般由倡议对象、文种名构成,如"凝聚青春磅礴力量　共促纠纷多元化解——致全市青年干警的倡议书"。

二是称谓。我们要根据倡议对象选用适当的称谓,如 "广大网民朋友""全体教职工""各位家长朋友""全市广大青少年"等。如果选择不用称谓,就必须在正文中指出倡议对象。

三是正文。倡议书的正文由开头、主体和结尾组成,内容主要包括倡议事由、倡议事项、呼吁号召三个方面:开头部分阐明倡议事由,讲清倡议的背景、原因和目的等内容;主体表明倡议事项,其内容必须具体化,包括开展什么样的活动,要做哪些事情,具体要求,以及这样做的价值和意义等;结尾发出呼吁号召,表明倡议者的决心、希望,或者提出建议。

四是落款。倡议书的落款包含倡议者单位、集体的名称或个人的姓名,以及发出倡议的日期等。

倡议书写作的注意事项有三个。第一,文题标新。恰当、新颖的好标题能够吸引读者的眼球,诱导读者阅读全文。第二,内容清晰,目的明确。交代清楚倡议事项的具体情况,包括开展倡议活动的原因、背景、目的,以让人理解和信服并积极响应倡议。第三,语言要具有感染力。长篇大段的说教、呆板枯燥的语言是倡议书写作的大忌。只有以具有感染力的语言充分调动读者的积极性,引起其强烈共鸣,才能有效达到写作目的。

四、倡议书的范例

范例 1

修身守正　立心铸魂
——致广大文艺工作者倡议书

　　文艺是铸造灵魂的工程，文艺工作者是人类灵魂的工程师。文艺界、娱乐圈从业人员的一言一行对社会，特别是对青少年影响极大。回望百年历程，广大文艺工作者听党话、跟党走，勇做时代风气的先觉者、先行者、先倡者。众多德艺双馨的前辈艺术大家，以执着的信仰追求、卓越的艺术成就、高尚的道德操守，成为一代又一代文艺工作者学习的楷模。

　　最近一段时间，娱乐圈集中出现一些是非颠倒、美丑不分、价值观扭曲的乱象，当事艺人逾越法律底线、背离公序良俗、有违职业道德，"饭圈文化"喧嚣一时，畸形审美影响恶劣，令社会震惊、人民不满。少数从业人员缺乏基本学养、涵养、修养，一夜成名后，被市场资本裹挟，脚下无底线，心中没红线，其行为污染了文艺生态，危害了行业发展，最终受到行业抵制、市场抛弃、法律制裁，令人激愤，令人痛心，令人深思。

　　从艺先要做人，做人不能忘本。人民给了我们最热情的肯定，祖国给了我们最强大的底气，党给了我们最坚定的自信。面对当前的种种乱象，我们不能充耳不闻、听之任之。建设风清气正的文艺生态，明辨是非、从我做起、直面发声是我们应尽的责任。在此，我们向广大文艺工作者发出倡议：

一、严于自律，常怀敬畏之心。牢固树立知法、懂法、守法的法治思想，在名利场中保持清醒，心存敬畏、行有所止。自觉遵守法律法规和行业自律公约要求，记住红线，守住底线，主动接受社会的监督，不断强化社会责任意识、规则意识、奉献意识。

二、勤于学习，提高认知水平。自觉主动向人民学习、向书本学习、向生活学习、向前辈学习、向经典学习，学习中华优秀传统文化、红色革命文化和社会主义先进文化，学习法律法规和行业规范。通过加强思想积累、知识储备、文化修养、艺术训练，树立正确的历史观、民族观、国家观、文化观，不断增强自身学养、涵养、修养。

三、悉心创作，坚守艺术理想。时刻牢记创作是中心任务、作品是立身之本，坚持以人民为中心的创作导向，尊重文艺创作规律，远离浮躁，专注纯粹，把更多的精力与心神投入创作之中。始终坚持把社会效益作为第一标准，决不急功近利、粗制滥造，决不掉入欲望的陷阱、成为"市场的奴隶"。创作有筋骨、有道德、有温度的好作品，对人民负责、对历史负责、对时代负责。

四、秉持初心，践行德艺兼修。自觉把个人理想追求融入国家和民族事业，把崇德尚艺作为一生的功课，追求德艺双馨，弘扬新风正气，抵制不良风气，努力追求真才学、好德行、高品位。倍加珍惜党和人民给予的荣誉，倍加努力践行社会主义核心价值观，做有信仰、有情怀、有担当的新时代文艺工作者。

实现第二个百年奋斗目标的新征程已经开启，文艺工作者正和全国人民一道，并肩作战，共同奋斗。让我们凝聚力量，行动起来，修身守正，立心铸魂，在祖国的大地上传承优秀的文化，在时代的大潮中实现艺术的创新，在党的指引下勇攀艺术高峰！

倡议书现场签名艺术家（略）

2021 年 8 月 24 日

此篇倡议书是参加"修身守正　立心铸魂——中国文联文艺工作者职业道德和行风建设工作座谈会"的与会艺术家代表向全国文艺工作者发出的。在以文艺工作者为重要构成的娱乐行业出现了一些乱象，引起人民群众强烈不满的情况下，此倡议书为事造文、因情生文，能引起读者强烈的情感共鸣。在写作上，此倡议书有两点值得我们学习与借鉴。一是谋篇布局合理。开头先说文艺工作者的作用，再说目前娱乐圈乱象的危害，然后发出"从艺先要做人，做人不能忘本"的倡议并提出四点要求；结语为全文作结，并回应题目、强调主旨。这种结构安排非常准确、充分地表达了写作意图。二是语言文字优美。此倡议书是给文艺工作者的，读者和现场听众对其语言文字的期望和要求自不待言。全文语言优美，长短句结合，变化丰富；音韵和谐、抑扬顿挫，便于宣读。

范例 2

"节约粮食、拒绝浪费"倡议书

一粥一饭，当思来之不易；半丝半缕，恒念物力维艰。习近平总书记一直高度重视粮食安全和提倡"厉行节约、反对浪费"的社会风尚。近日，习近平总书记再次对制止餐饮浪费行为作出重要指示，指出要加强立法，强化监管，采取有效措施，建立长效机制，坚决制止餐饮浪费行为，强调要进一步加强宣传教育，切实培养节约习惯，在全社会营造节约为荣的氛围。为贯彻落实习近平总书记重要指示精神，深化机关精神文明建设，推动形成"节约粮食、拒绝浪费"的良好社会风尚，省纪委监委机关文明办向机关全体党员干部职工发出如下倡议：

一、传承美德，勤俭节约。传承中华民族勤俭节约的优秀传统，牢固树立勤俭节约光荣、铺张浪费可耻的意识，大力弘扬艰苦奋斗的精神，积极倡导文明用餐的新理念、新习惯、新风尚。

二、理性消费，按需点餐。倡导"吃多少点多少"的理性消费理念，做到餐厅不多点、食堂不多打、厨房不多做，积极践行"光盘行动"，拒绝"剩宴"。

三、健康饮食，拒绝诱惑。树立科学的饮食养生理念，提倡均衡饮食，注意膳食平衡，拒绝暴饮暴食，拒绝"野味诱惑"，吃出健康、吃出营养，用实际行动践行健康绿色的生活方式。

四、文明就餐，遵守礼仪。自觉遵守社会公德，注重文明礼仪，遵守用餐秩序，爱护用餐环境，不在餐饮公共场所喧哗吵闹、随地吐痰，不在禁烟场所吸烟，不乱扔食物残渣和餐巾。养成文明用餐的良好习惯。

五、积极宣传，努力推动。积极向身边的亲朋好友宣传节约粮食、拒绝浪费的做法，争做"节约粮食、拒绝浪费"的践行者、宣传者、推动者。

省纪委监委机关文明办

2020 年 8 月 14 日

此篇倡议书的针对性很强，首先交代倡议的背景、原因和目的，让人们理解和信服，再从"传承美德，勤俭节约""理性消费，按需点餐""健康饮食，拒绝诱惑""文明就餐，遵守礼仪""积极宣传，努力推动"五个方面提出要求，分条开列，清晰具体，让人一目了然。

特约评论

特约评论是新闻机构约请有关权威人士、专家、学者就某一重大理论或现实问题发表意见、阐明观点，有着鲜明针对性和引导性的一种文体。

一、特约评论的特点

特约评论是新闻机构对外发言的一种灵活方式，往往会在社会上产生较大的反响，有三个特点。

一是具有很强的权威性和指导性。特约评论区别于本报评论、本刊评论，在媒体上发表的位置、标题、字号都比一般评论显著，主要由该媒体之外的有关权威人士或有影响力的专家、学者受邀撰写，反映和引导舆论，更具权威性，更有说服力。

二是强调理论的系统性和严密性。特约评论是具有思想倾向的言论，主要是议论和说理，一般要求多侧面、多角度地展开论述，要求观点有来历、提法有依据，逻辑严密，理论系统。

三是具有强烈的时效性和针对性。特约评论是新闻机构常用的重头评论，以政治性为基准，针对新近发生的重要新闻或突出的思想问题，有针对性地发表观点，有倾向性地传递价值，言当其时，切中要害。

二、特约评论的写作要领

特约评论包括标题、导语、主体、结尾四个部分。

一是标题。特约评论的标题既可以表明评论的对象和范围，也可以直接提出评论的观点和主旨，一般有两种形式。常见的一种是单一式标题，如"新时代新征程呼唤新担当新作为"，另一种是复合式标题，即在主标题之外加副标题，如"伟大前程与实干精神——论建设社会主义的主人翁态度""回答一个问题——翻两番为什么是能够实现的"。

特约评论的标题要有特色、有创意，生动活泼、言简意赅，能引导读者兴致勃勃地去看正文。在拟标题时，要巧用动词，让标题具有动态感和鲜活感，如"高扬起'上海精神'的风帆"；要妙用修辞手法，让标题生动形象又耐人寻味，如"实现新目标的'定海神针'"；要善用各种句式，用肯定式陈述句使标题揭示的观点更加鲜明，如"文化产业：呼唤文化原创力"，用否定式陈述句让标题能够直接表明态度，如"不该误读'防艾计划'"，用疑问句让读者始终带着悬念去思考，如"腐败'家族化'为何难挡"。

二是导语。特约评论的导语就是开头部分，也就是引论。创作导语，要把最能吸引读者、最能引起读者兴趣的事实、观点或问题放在前面。导语的写法有 6 种：一是开门见山，提出论题，让读者有明确的针对性和方向性；二是开宗明义，表明论点，让读者沿着明确的论点去寻找论据；三是通过简要叙述新闻事件的经过或特点，引出论题；四是交代与评论话题相关的背景情况，揭示评论的现实意义；五是简要列出现象，竖起批驳的"靶子"；六是引经据典，让读者在生动活泼的氛围中感受思想、理解观点。

三是主体。特约评论的主体就是本论部分，主要是组织论据证明论点。其写作要求是承上启下，结构严谨，论证的过程能充分调动读者的情感。主体一般有四种结构方式：第一种是三段论式，按照引论、正论、结论来提出问题、分析问题、解决问题；第二种是并列式，先提出总论点，再从不同方面进行论证。分论点之间是并列关系，缺一不可；第三种是递进式，对论题逐层剖析，由表及里、层层深入地说理，使论述透彻而深刻；第四种是对比式，通过对比的手法论述论题和观点的正确或谬误。主体要有疑问、有辩论，有迂回、有悬念，行文既流畅自然，又显得波澜起伏、曲折生动。

四是结尾。特约评论的结尾要简明精辟、自然流畅、耐人寻味，主要有三种方式。第一种是总结式，结合评述内容总结全文，以加深读者对全篇评论的总体印象。第二种是点睛式，概括总结或明确观点，画龙点睛，对主体内容进行突出与深化。第三种是展望式，对未来进行预测、展望或发出号召。结尾的写作要依据论题本身的特点及布局谋篇的需要，因文制宜，灵活处理。

特约评论写作的注意事项有三个。首先，要坚守正确的政治方向，这是立论之本。其次，要选好评论角度，有新观点、新思想、新见解，能切中要害、论出本质。最后，语言要准确鲜明、通俗易懂、生动简洁，使人耳目一新，具有感染力和说服力。

三、特约评论的范例

范例 1

"地沟油"善管还须善用

陈家兴

思之大倒胃口、避之防不胜防、食之致病，这是百姓面对"地沟油"侵扰身体健康时的无奈境况。此物从餐厨废弃物中来，在城市下水道中捞取，经黑窝点提炼，通过低价销售回流餐桌。此行一路虽有数个部门可监管，却每能钻其漏洞，危害百姓。

国务院办公厅近日专门发文，就"地沟油"问题提出了"一条龙"式的整治意见，为百姓避"地沟油"之害打造了一个"防护罩"。但也要看到，如果每年数量庞大的"地沟油"缺乏明确有效用途，那么在暴利驱动之下，趁管理部门麻痹松懈之际，"地沟油"仍会撕开"防护罩"一角而重新祸害百姓。

善管还须善用。"地沟油"本无罪，用错地方则为恶，用对地方则为善。它是很好的化工原料，可以用来生产生物柴油及其他多种化工产品，取得"变废为宝"的最佳效果。其中的关键就在于能否建立有效的回收利用机制，加快餐厨废弃物资源化利用和无害化处理进程，促进相关企业和产业的发展。"地沟油"物尽其用，又何能滋扰百姓？

此篇特约评论刊于 2010 年 7 月 22 日的《人民日报》，采用"三段式结构"，开头对"地沟油"的产生进行全面概括，指出其对百姓的危害，展现人文关怀；随后从国务院办公厅就"地沟油"问题专门发文的新闻切入，阐明观点；最后点睛式地指出"善管还须善用"，提出精辟、独特的见解，如"变废为宝"，建立有效的回收利用机制，加快餐厨废弃物资源化利用和无害化处理进程，促进相关企业和产业的发展等。全文行文流畅，文字简洁凝练，无论是方向的指导性、立论的建设性，还是行文的逻辑性，都显现了"高屋建瓴"的特质，堪称经典之作。写作方法非常值得我们学习与借鉴。

范例 2

这样才能"成大器"！

李洁琼

曾听过这样一个故事，有两根竹子，一根做成了竹笛，一根做成了晾衣竿。晾衣竿很不服气，问竹笛："我们明明长在同一座山上，凭什么我现在天天风吹日晒，一文不值，而你却被仔细珍藏，价值不菲呢？"竹笛回答说："因为你只挨了一刀，而我却经历过精打细磨。"

这是一个简单的故事，却给人意味深长的启示：玉不琢，不成器；人不学，不知道。

习近平总书记在 2021 年秋季学期中央党校（国家行政学院）中青年干部培训班开班式上，对年轻干部们也讲了这个道理，"刀要在石上磨、人要在事上练，不经风雨、不见世面是难以成大器的。"其言谆谆，其情切切。

年轻干部思路活、热情高、干劲足，却也常常要面对挫折的考验、成长的烦恼，欲成大器，尤其需要经得起"打磨"。

在"打磨"中提升格局。心中有多大度量，就能撑得下多大的船；心中有什么样的格局，就能谋出什么样的结局。"我们共产党人为的是大公、守的是大义、求的是大我"，对年轻干部而言，这样的格局是砥砺前行的方向，更是标尺。心中有尺、胸中有量，大事前有担当、逆境时有襟怀，才能耐得住寂寞、挡得住诱惑、沉得下心来，才能一步一个脚印成就自己的梦想，成为可堪大用、能担重任的栋梁之材。

在"打磨"中增长才干。干部干部，干字当头。这既是职责要求，也是能力之来源、成长之阶梯。干部成长无捷径可走，唯有经风雨、见世面才能壮筋骨、长才干。对年轻干部来说更是这样。想混日子、做太平官，不敢扛事，也不愿做事，不可能激发出个人潜能，也难以磨砺出担当重任的真本领。只有不弃微末、不舍寸功，在干中学、学中干，一步一个脚印攀登，本领才能越来越强，肩膀也将越来越能担当。

"宰相必起于州部，猛将必发于卒伍。"青年干部攀爬成长的阶梯上，有困难并不可怕，扑下身子、沉到一线，在基层锤炼摔打，努力做到信念坚、政治强、本领高、作风硬，必能成就气象万千的人生。

此篇特约评论有三个方面值得我们学习与借鉴。一是选题既有高度也接地气。习近平总书记在 2021 年秋季学期中央党校（国家行政学院）中青年干部培训班开班式上发表重要讲话，强调"刀要在石上磨、人要在事上练，不经风雨、不见世面是难以成大器的"，选题紧扣总书记重要讲话精神，同时也紧贴现实生活中年轻干部常常要面对挫折的考验、成长的烦恼这一现象。二是标题既凸显主题又颇具特色。"这样才能'成大器'！"既准确表达论点，又吸引眼球，感叹号让感情更加强烈。三是谋篇布局既服从主题需要，又服从读者阅读需要。开头以讲故事的方式引出主要观点"玉不琢，不成器；人不学，不知道"，形式生动活泼，激发了读者的阅读兴趣；再进一步阐述，表明"年轻干部需要经得起'打磨'"的主要观点；随后从在"打磨"中提升格局、增长才干两个方面论证如何才能"成大器"，向年轻干部发出号召，说理透彻且不落俗套。

范例3

"搬家还得乱几天"

徐逊

经济体制的全面改革，举世瞩目，万众关注。几个月来，已经有了良好的开端，正在健康发展。改革中也出现了一些新的问题和困难，引起一些议论。九十四岁高龄的全国政协委员、民主建国会成员章元善说："一次搬家尚且不免乱几天。这是一次革命，总会出点问题。"改革同搬家比，要复杂一万倍，完全是两码事，不可同日而语。这里作为一个比喻，我觉得相当生动，并有某种哲理。

近几年，搬家的人越来越多。一般来说，居住面积都有扩大，条件相应改善，是名副其实的"乔迁之喜"。但，搬家也是一件麻烦事。装车卸车、下楼上楼，稍不留神，锅碗瓢勺、易碎器皿磕破撞坏，在所难免。即使小心翼翼不出差错，乔迁后的整理，使衣服、用品、书籍各得其所，也得费上十天半月，才能结束凌乱芜杂的局面。不过，因怕麻烦、劳累，或者怕打碎一两个瓷碗而拒绝搬家的人，恐怕是没有的。

改革，是国家日益富强、人民逐步富裕的必由之路，又是前无古人的开拓性事业。谁都缺乏经验，事先考虑不周到，事后检查不及时，出现一些问题和困难，甚至冒一些风险，原在意料之中。我们是在清醒而充分地权衡了改革的利弊得失之后，下决心改革的。搬家尚且有麻烦，要费很大的劲儿；改革岂能不遇到一点困难，不经历某种风险，直至付出一定的代价！所以，我们决不能、也绝不会因遇到一些困难与问题，就动摇改革的决心。

当然，高明的"当家人"在筹划搬家时，考虑比较周到，能预见这样那样的麻烦，预先采取必要的措施，把磕磕碰碰之类的损失减少到最小的限度。这是"鲁莽家"望尘莫及的。在改革中，我们的方针是慎重初战，务求必胜，事前计划尽可能周详，行动中密切注视形势的发展，即使出现这样那样的问题，只要及时发现，及时解决，就没有什么可怕，我们正是这样做的。况且，改革中出现的某些问题，只有通过改革本身，才能得到解决。停顿下来是没有出路的。

此篇发表于 1985 年 5 月 19 日《人民日报》的特约评论虽然所评论点已历史久远，但其教科书似的写作方法使之成为思想评论的典范之作，多年来一直是新闻评论写作者学习和借鉴的经典范文。全文使用比喻说理这一评析方法，通过打比喻把复杂的问题简单化，把抽象的道理具象化，将经济体制改革比喻为搬家，通过"搬家还得乱几天"这种老百姓都明白的事情，来生动形象地说明经济体制改革遇到问题和困难是正常的，分析该怎么应对和解决，既通俗易懂，又入情入理。

广告文案

广告文案指已经完成的广告作品的全部语言文字部分，是广告内容的文字化表现。

一、广告文案的特点

广告文案具有四个特点。

一是商业性。广告文案是直接或间接为商品促销服务的，无论是广告主题、内容、意境，还是广告语等，都带有强烈的商业色彩。

二是生动性。广告文案特别强调有声有色、具体形象和生动感人，用词强调艺术性，力求营造优美的意境，以吸引受众，唤起受众美的联想，产生美的追求，达到影响其心理的目的。

三是真实性。广告文案直接影响着消费动机，涉及受众的利益，所以必须做到实事求是，使反映的内容符合商品的真实情况。适度的艺术加工是创作广告文案所必需的，但绝不能主观虚构或虚假宣传。

四是独特性。广告文案的语言精练、明快、流畅，贴近生活，符合目标受众的语言习惯、阅读风格。写作都从实际出发，做到浅显易懂、言简意赅，在此基础上选用富有个性的字词和句式，创造具有独特性的广告宣传用语。

二、广告文案的种类

广告文案通过语言或文字两种符号来体现。根据媒体的不同，分为报纸广告文案、杂志广告文案、广播广告文案、电视广告文案、网络广告文案、户外广告文案、其他媒体广告文案等。根据内容的不同，分为消费物品类广告文案、生产资料类广告文案、服务娱乐类广告文案、信息产业类广告文案、企业形象类广告文案、社会公益类广告文案等。根据文体的不同，分为记叙体广告文案、论说体广告文案、说明体广告文案等。根据诉求的不同，分为理性诉求型广告文案、情感诉求型广告文案、情理交融型广告文案等。根据篇幅的不同，分为长广告文案（超过 400 字的文案）和短广告文案（400字及以下的文案）。

三、广告文案的写作要领

广告文案要服从广告传播活动的总体目标，符合广告总体设计的要求，能够在瞬间形成强烈的刺激，以引起受众的关注，使其产生浓厚的兴趣，留下深刻的印象，并具有强烈的号召力，促使受众采取一定的购买行动。

一则完整的广告文案包括标题、正文、随文和广告语四个部分，它们分别传达不同的信息，发挥不同的作用。

一是标题。标题是广告文案的主题，是广告文案的导入部分，在广告文案中占据着主导地位，通常位于最醒目、显著的位置，以特别字体或特别语气进行突出表现。标题的作用在于吸引受众的注意力，使其对广告产生兴趣，诱导其阅读正文。标题一般有两种形式，一种是单一式标题，一种是复合式标题。除了主标题外，还可以用副标题进行补充和解释，起到锦上添花的作用。新颖独特、简洁凝练、易懂易记、便于传播的广告标题，能够使广告产生良好的宣传效果。

二是正文。正文是广告文案的主体，是对广告标题的解释和对广告主题的详细阐述。当广告标题引起受众的注意后，广告正文就要对其当前迫切关心的问题，或有可能感兴趣的问题提供翔实的事实材料和客观理由，以加深受众对广告主题的了解与认识，从而起到说服受众的作用。广告正文的撰写要实事求是，围绕主要的信息来叙述，尽量增强趣味性，使内容言简意赅、通俗易懂。

三是随文。广告文案的随文通常位于广告文案的尾部，又称"附文"，是对广告正文的补充，起附加说明和购买指南的作用。随文的内容根据不同的需要和广告的形式而定，不宜过多。随文在广告文案中虽然处于从属地位，但撰写时也不能马虎对待，除了按常规传达广告主的身份以及地址、电话、传真等相关附加信息外，还可以创新性地增设附加内容来激励受众积极参与广告活动，使其进一步掌握商品或服务的信息。撰写随文还要力争将枯燥的内容形象化，注意语言的节奏和停顿，必要时重复两遍，以加深受众的印象。

四是广告语。广告语又称"广告口号"，是一种简短有力的语句，是推广商品不可或缺的要素，在广告运作中起着画龙点睛的作用。广告语是品牌标志性符号和商品销售承诺，一经确定，会长期、广泛地反复使用，所以既具有相对的独立性和灵活性，在广告的宣传中又具有一定的稳定性和持久性。广告语要朗朗上口，力求简洁，通俗有趣，具有独特的创意，能够从众多的广告语中脱颖而出，被受众记住。广告语还要有很强的适应性，既能避免受时间和地域限制，又能适应各种媒介。由于广告文案的标题和广告语都要求用一两句话来表现广主题，有时候一些广告文案的标题就是广告语。

当然，在不同类型的广告中，广告文案的构成要素也会有所变化，如有的没有随文，有的既无随文也无标题，有的只有一个标题而没有正文，等等。具体采用什么结构来撰写广告文案，要根据广告内容和想要突出的重点而定。

广告文案的写作注意事项有三个。首先，要对商品进行全方位的了解，熟悉商品的原材料、功能、价格、尺寸、市场定位等信息，并找到商品的亮点。只有把商品的最大优势挖掘出来，所写的广告文案才会更有说服力。其次，在有初步创意和想法后，要与广告主充分沟通，根据其需求和看法对文案进行调整。最后，要打开思路，多想几个创意，以供挑选。

四、广告文案的范例

范例 1

致匠心

人生很多事急不得 你得等它自己熟

我 20 出头入行 30 年写了不到 300 首歌

当然算是量少的

我想 一个人有多少天分

跟他出什么样的作品 并无太大关联

天分我还是有的

我有能耐住性子的天分

人不能孤独地活着

之所以有作品 是为了沟通

透过作品去告诉人家自己心里的想法

自己眼中世界的样子

所在意的 所珍惜的

所以 作品就是自己

所有精工制作的物件

最珍贵 不能替代的就只有一个字 人

人有情怀 有信念 有态度

所以 没有理所当然

就是要在各种可能之中

仍然做到最好

世界再嘈杂

匠人的内心必须是绝对安静安定的

面对大自然赠予的素材

我得先成就它

它才有可能成就我

我知道

手艺人往往意味着

固执 缓慢 少量 劳作

但是这些背后所隐含的是

专注 技艺 对完美的追求

所以

我们宁愿这样

也必须这样 也一直这样

为什么

我们要保留我们最珍贵的 最引以为傲的

一辈子 总是还得让一些善意的执念推着往前

我们因此愿意去听从内心的安排

专注做点东西 至少对得起光阴岁月

其他的就留给时间去说吧

《致匠心》这一跨界广告文案，一推出就成为业内的经典之作。该文案以简单却走心的独白的形式呈现，贯穿了两个不同的故事：某品牌的制鞋工匠对每一双鞋子的细致打磨和李宗盛对制作一把吉他的精益求精。两个故事看似不同，实则是为了凸显同一主题——工匠精神。匠人的情怀贯穿文案始终：所有精工制作的物件，其背后最珍贵且不能代替的就只有"人"。此广告文案不仅完美表达了某品牌企业精神，也让那些专注于慢生产领域，日复一日地打磨、钻研技艺的匠人得到了大量关注。"专注做点东西，至少对得起光阴岁月"，每个匠人心中都有对创作的专注、对追求的执着。这种信仰，支撑他们一路慢走在人生的道路上。《致匠心》再次充分说明，广告作品关注商业价值固然重要，但更不能忽略对情感价值与艺术价值的挖掘。

范例2

三毫米的旅程，一颗好葡萄要走十年

三毫米，

瓶壁外面到里面的距离，

一颗葡萄到一瓶好酒之间的距离。

不是每颗葡萄，

都有资格踏上这三毫米的旅程。

它必是葡园中的贵族；

占据区区几平方公里的沙砾土地；

坡地的方位像为它精心计量过，

刚好能迎上远道而来的季风。

它小时候，没遇到一场霜冻和冷雨；

旺盛的青春期，碰上十几年最好的太阳；

临近成熟，没有雨水冲淡它酝酿已久的糖分；

甚至山雀也从未打它的主意。

摘了三十五年葡萄的老工人，

耐心地等到糖分和酸度完全平衡的一刻，

才把它摘下；

酒庄里最德高望重的酿酒师，

每个环节都要亲手控制，小心翼翼。

而现在，一切光环都被隔绝在外。
黑暗、潮湿的地窖里，
葡萄要完成最后三毫米的推进。
天堂并非遥不可及，再走十年而已。

此则广告文案是长城葡萄酒的一则平面广告文案，其最大特点是体现创意，用数字作为主线，描绘了一幅幅美丽的画面，展示了长城葡萄酒从选材到生产的一系列过程。广告立意是"三毫米的旅程，一颗好葡萄要走十年"，用三毫米与十年的强烈反差来表达葡萄酒的珍贵，既让人感受到新奇，又增强了广告的传播效果。"不是每颗"和"区区几平方公里"说明原料经过了精心筛选，"霜冻和冷雨"说明原料的稀缺性。老工人掐点采摘，酿酒师精心酿制，在地窖中沉淀十年，直至最后出成品，可见酿造独具匠心。该文案通过描述制酒人的真诚与辛勤，提升了长城葡萄酒的境界，使消费者对其品牌更加信服，从而促进了消费行为。整个文案风格简约大方，既增强了消费者对长城葡萄酒的理解和认识，又巧妙地将企业的内涵，特别是严谨规范的作风展现得淋漓尽致。

范例 3

一半，一半

一半是空，一半是满

一半勇往直前，一半小心翼翼

一半要时刻清醒，一半能瞬间入睡

一半慢性子，一半急脾气

一半爱美，一半不知道自己有多美

一半挫败，一半热爱

一半粗枝大叶，一半心细如发

一半是个大反派，一半头顶主角光环

一半奔走，一半坚守

一半说不出，一半不能忘

一半是满，一半是空

一半是乐观，一半是平凡

哪有乐观从天而降，只有在乎挺身而出

　　此则广告文案来自可口可乐中国在 2020 年 8 月 19 日中国医师节发布的短片《一半，一半》。短片由眼科医生陶勇等 6 名医护工作者本色出演，背景音乐来自旅行团乐队，文案用"一半……，一半……"句式，通过一系列的对比以及矛盾冲突，赞扬了医护工作者身上值得敬佩的职业精神，还通过陶勇等医护工作者讲述内心的真实想法，展现他们普通人的一面，让其形象更加立体饱满。唯美的文字，强烈的对比，让观众更直接地感受到医护工作者伟大、无私奉献的敬业精神。尤其是结尾"哪有乐观从天而降，只有在乎挺身而出"，直接向全体医护工作者致敬。此则广告文案也进一步深化了可口可乐的品牌精神，让观众看到其温情所在。

第八章
党务类文书写作要领与范例

"三会一课"记录

"三会一课"中的"三会"是指定期召开党支部党员大会、党支部委员会会议、党小组会,"一课"是指按时上好党课。"三会一课"制度是党的组织生活中最基本的制度,是加强党员日常教育管理监督的主要途径。其他组织生活制度(组织生活会、民主评议党员、报告工作等)或必须依托"三会一课"的形式开展,或是对"三会一课"内容和形式的拓展。做好"三会一课"记录对于提升"三会一课"质量,严肃党内政治生活,加强党员教育管理监督具有重要的意义。

一、"三会一课"记录的特点

"三会一课"记录有两个特点。

一是严肃规范性。"三会一课"必须由专人专本做好记录,一般由组织委员(党小组组长)在党支部(党小组)工作记录本上做记录,记录会议的组织情况和会议内容。党支部党员大会和党支部委员会会议做出的决议或者决定，要根据要求以书面或者电子形式向上级党组织报送。党小组会有关情况要根据要求及时向党支部报告。党课记录除了要求记录党课组织情况和授课内容外，还要求参加学习的人员做好学习笔记，并结合思想、学习、工作和生活实际撰写学习心得，以使党课教育收到实实在在的效果。

二是真实准确性。"三会一课"记录必须把"三会一课"的会议过程真实、客观、完整地体现出来，坚决不允许弄虚作假。会议记录必须符合发言者的原意，不能任意增减或者改变内容，特别是不能让关键词语"走样"，以准确记录党支部在党员教育、发展、管理等方面的真实过程。会议过程中产生的原始资料必须存档备查。

二、"三会一课"记录的写作要领

根据"三会一课"内容的不同，我们可以采用摘要记录和详细记录两种方式进行记录。

一是摘要记录。对讨论问题比较简单的常规工作会议，记录报告了什么事情，讨论了什么问题，发言的重点、重要内容，通过了什么决议。摘要记录一般是在开会时认真记录，会后不必整理。

二是详细记录。对讨论问题比较复杂的重要会议或专题工作会议，要把每个人的发言都记录下来，尤其是对讨论过程中的不同意见，要有言必录。详细记录不仅要在开会时认真记录，会后还要加以整理，必要时还应当由主持者和与会者签字。

记录要注意两个方面的要求。

一是完整记录内容。对党支部党员大会、党支部委员会会议、党小组会的记录，包括会议名称、时间、地点、主持人、与会人、缺席人、记录人、会议议题、与会人员讨论发言要点及会议决议等。对党课教育的记录，包括党课名称、时间、地点、主持人、与会人、缺席人、记录人、授课人、授课主题、授课内容、党员围绕授课内容开展讨论的情况等。

二是分条列项逐一记录。按照主要议题分别如实记录与会者发表意见的要点，以及讨论过程中的不同意见和建议。对党支部党员大会必须记录最终决议，对党支部委员会会议还应记录讨论决定的结果及工作安排，对党小组会还应记录研究制定贯彻落实党支部党员大会、党支部委员会会议部署的工作的措施。

三、"三会一课"记录的范例

范例1

×××党支部党员大会会议记录

时间：××××年×月×日×时

地点：××××会议室

应到人数：××　　　　　　　　　实到人数：××

参会人：×××、×××、×××、×××、×××、×××、

×××、×××

缺席人及缺席原因：×××，因……缺席。

主持人：×××　　　　　　　　记录人：×××

会议议题：

    1. 传达学习×××××××；

    2. 部署开展×××××××；

    3. 研究×××××××；

    4. ×××××××××。

会议内容：

一、传达学习×××××××（主要记录传达学习的主要内容和本支部关于如何贯彻落实的具体意见和措施等。）

（一）××× 同志传达××××

（二）各党员讨论发言

    1. ××× 同志：×××××××××××；

    2. ××× 同志：×××××××××××；

    3. ××× 同志：×××××××××××；

    ……

（三）×××（支部书记）总结讲话

二、部署开展×××××××（主要记录开展该活动的目标任务、具体措施、责任分工、工作要求等，记录方式参照第一条。）

三、研究×××××××（主要记录党员们的具体发言、不同意见和最终决议等，记录方式参照第一条。需要表决的，必须注意表决人数是否符合有关规定，还要记录表决方式和赞成人数、弃权人数、反对人数等。）

四、××××××××

范例 2

×××党支部委员会会议记录

时间：××××年×月×日×时

地点：××××会议室

应到人数：××   实到人数：××

参会人：×××、×××、×××、×××

缺席人及缺席原因：×××，因……缺席。

主持人：×××   记录人：×××

会议议题：

    1. 传达学习××××××；

    2. 研究制订×××的计划、方案；

    3. 研究讨论××××××；

    4. ××××××××××。

会议内容：

一、传达学习××××××（主要记录传达学习的主要内容和贯彻落实的具体意见和措施等。）

（一）×××同志传达××××

（二）各党支部委员讨论发言

　　1. ×××同志：×××××××××；

　　2. ×××同志：×××××××××；

　　3. ×××同志：×××××××××。

（三）×××（支部书记）总结讲话

二、研究制订×××的计划、方案（主要记录研究制订该计划、方案的讨论情况、具体要求和相关负责人等内容，记录方式参照第一条。）

三、研究讨论××××××（主要记录党支部委员们的具体发言、不同意见和最终决议等，记录方式参照第一条。需要表决的，必须注意表决人数是否符合有关规定，还要记录表决方式和赞成人数、弃权人数、反对人数等。）

四、×××××××××

范例 3

第×党小组会议记录

时间：××××年×月×日×时

地点：××××会议室

应到人数：××　　　　　　实到人数：××

参会人：×××、×××、×××、×××、×××、×××、×××、×××

缺席人及缺席原因：×××，因……缺席。

主持人：×××　　　　　　　　记录人：×××

会议议题：

    1. 传达学习×××××××；

    2. 研究讨论×××事宜；

    3. 召开×××组织生活会。

会议内容：

一、传达学习×××××××（主要记录传达学习的主要内容和贯彻落实的具体意见和措施等。）

（一）×××同志传达××××

（二）讨论发言

    1. ×××同志：×××××××××；

    2. ×××同志：×××××××××；

    3. ×××同志：×××××××××；

    ……

（三）×××（党小组组长）总结讲话

二、研究讨论×××事宜（主要记录讨论落实党支部党员大会、党支部委员会会议的有关决定和安排部署的工作情况，包括贯彻执行的意见、具体措施和相关负责人等内容。如实记录本小组的讨论意见，包括党员的发言、不同意见和经过讨论形成的本小组最终意见，记录方式参照第一条。）

三、召开×××组织生活会（主要记录党员们逐个发言、开展批评与自我批评的情况，记录方式参照第一条。）

范例 4

党课记录

时间：××××年×月×日×时

地点：××××会议室

应到人数：××　　　　　　　实到人数：××

参会人：×××、×××、×××、×××、×××、×××、×××、×××

缺席人及缺席原因：×××，因……缺席。

主持人：×××　　　　　　　记录人：×××

授课人：×××

授课主题：×××××××××

授课内容：

1. ×××××××××××××××××（主要记录党课重点内容）。

2. ×××××××××××（主要记录党课上互动发言的重点或围绕授课内容开展讨论的情况）。

3. ×××同志作党课小结。

对照检查材料

对照检查材料是领导班子和党员领导干部深入查摆问题、深刻自我剖析、制定整改措施时所用的文种，写作目的是有针对性地解决存在的问题，改进今后的工作。

一、对照检查材料的特点

对照检查材料的特点有三个。

一是鲜明的主题性。每次的民主生活会或者组织生活会都聚焦某个主题，所以撰写对照检查材料就必须严格按照上级党组织的要求，围绕此主题展开，针对其具体要求撰写。

二是突出的问题性。对照检查材料的主要内容是查摆问题、剖析问题、制定解决问题的措施。查摆问题不仅要准，还要到位，其最终目的是解决问题。

三是显著的实效性。对照检查材料提出的整改措施是奔着解决问题去的，必须切合实际，有目标、有方向、有针对性，做到具体化、实打实，可操作性强。

二、对照检查材料的种类

根据参加会议人员范围的不同，对照检查材料分为领导班子对照检查材料和个人对照检查材料。领导班子对照检查材料查找的是领导班子存在的共性问题，个人对照检查材料查找的是个人存在的具体问题。虽然二者的侧重点略有不同，但是写作要求都是相同的。

三、对照检查材料的写作要领

写好对照检查材料应该做好三个方面的前期准备工作。

首先，要认真组织学习。一方面要加强理论学习，用习近平新时代中国特色社会主义思想武装头脑，确立明确的思想及行动标准，以便消除顾虑，使对照检查更加准确。另一方面要传达学习上级党组织的通知精神，深刻理解会议主题内容、撰写要求、召开时间等；要始终围绕所设主题内容撰写，不能偏离。

其次，要切实做好征求意见工作，广泛、深入征求多方面的意见，认真对意见加以梳理、归纳。征求意见工作做得越好，对照检查材料就越有针对性，也就越有说服力。

最后，要认真反思总结。对照主题内容，紧密结合本部门本单位或个人工作实际，紧密结合征求意见情况，仔细分析不足，深刻剖析原因，找出整改措施。只有想明白了，并将自己的所思所得倾注于笔端，才能写出质量和水平较高的对照检查材料。

对照检查材料一般由标题、正文、落款三个部分构成。

一是标题。常见的标题由对照检查主体、会议主题、文种名三个部分组成，如"×××市委常委2021年度民主生活会对照检查材料""×××办公厅班子党史学习教育专题民主生活会对照检查材料"。个人对照检查材料的标题则更为直接，如"党的群众路线教育实践活动个人对照检查材料""个人对照检查材料"。也有复合式标题，它通常由正标题和副标题组合而成，属于比较少见的写法。

二是正文。正文由开头、主体两个部分组成。

开头先简明扼要地概述基本情况，说明根据什么、做了什么，即简要陈述会前准备所采取的做法和措施。例如，班子或班子成员如何按照上级规定，做好相关前期准备工作，一般包括文件学习情况、问题查找情况、意见征集情况、谈心谈话情况，概括地用几句话点明主题即可。

主体是对照检查材料的核心部分，其内容包括查摆存在的问题，剖析思想根源，提出整改措施等。通常，民主生活会还要求领导班子汇报上年度民主生活会的整改落实情况，要求领导干部汇报个人重大事项；组织生活会还要求党支部委员会汇报年度工作。所以，对照检查材料的主体内容要根据上级党组织的通知精神来进行适当调整。

撰写上年度民主生活会整改落实情况时，要先简述上年度的意见征集情况，再概述在整改方面采取的措施以及取得的成效等，如哪些已整改完成，哪些仍未能完成，未能完成的原因是什么。

三是落款。撰写个人对照检查材料要在文尾写上所在单位、职务、姓名和日期，也可把署名放在标题之下。领导班子对照检查材料因为已经在标题上署名，所以只需在标题之下标注日期即可。

对照检查材料写作的注意事项有"三不要"。

第一，查找问题不要自我表扬。有的同志把对照检查材料写成了工作总结或述职报告，注重评功摆好，或铺叙、概述问题，或避重就轻、不碰敏感问题和实质性问题，这是不符合要求的。

第二，剖析原因不要流于表面。有的同志虽然分析了产生问题的原因，但只摆现象、不查本质，只讲客观、不讲主观，只讲工作、不讲思想作风，未从世界观、人生观、价值观以及党的宗旨层面进行剖析。

第三，提整改措施不要写空话、套话。有的同志有顾虑，怕暴露太多问题不好，所以将空话、套话写得很多，很难在对照检查材料中把本单位班子或自己的问题找实，更谈不上提出什么有针对性的措施。

要提高对照检查材料的质量，关键在于做到"五个明确"。

一是明确写作的内容。到底要写什么？对照检查材料必须聚焦本年度生活会主题，围绕文件规定和通知要求来写，不能跑题偏向。弄清了写什么，就可以勾画提纲，写作就有了方向，搜集素材也就有了目标。

二是明确对照检查的镜子。以什么为"镜"进行对照检查？答案是要以法规为镜，即对照《中国共产党章程》《中国共产党廉洁自律准则》等党内法规反省不足；要以榜样为镜，即以焦裕禄、孔繁森等先进典型为镜，察看自身存在的问题；要以群众为镜，即征求群众意见，从群众身上反观自身存在的问题。查摆问题一般采用"表现＋事例"的写法，对每一方面的问题最好都能列举一两个典型事例来说明，力求事中见理、以小见大。

三是明确对照检查的主体。谁在进行对照检查？不是别人，是党员干部自己。所以写对照检查材料要盯准自身，针对分析出的问题和征求到的意见，紧密结合自身实际分析原因，要着重从主观认识方面来写，讲清楚是什么原因导致了问题产生。特别是撰写个人重大事项报告部分，总的原则是有问题不遮掩、没问题要明示，逐一把情况说清楚，在表达上以直白陈述为主，切忌刻意渲染和包装。

四是明确具体的措施。今后的努力方向和整改措施是什么？整改措施一定要与对照检查出的问题相对应，奔着问题去、朝着问题改，既要有方向、有思路，也要有实招、有干货，还要有步骤、有时限。最好能有一些可量化的指标，如每年组织理论学习多少次，自学多少个学时，撰写多少篇心得体会，开展调研不少于多少天等。撰写这部分内容可以以虚带实，先写总思路，再分层次写具体措施；也可以虚实结合，直接用小标题写明方向和思路，用具体措施来充实内容。

五是明确修改的重要性。撰写对照检查材料是过好组织生活的关键环节之一，每一次修改不仅是为了让材料更加完善，也是为了升华思想、提升自我。要检查材料的逻辑，看结构是否严谨，特别要注意文不对题或内容相互交叉的问题；要检查材料的内容，看是否符合文件规定、合乎文体要求，特别要注意不能评功摆好；要检查材料的语言，看文字是否简洁精练、通俗易懂。

四、对照检查材料的范例

范例1

省政府机关党组主题教育对照检查材料

（20××年×月×日）

按照党中央开展"不忘初心、牢记使命"主题教育的统一部署和省委工作安排，省政府机关党组认真贯彻落实"守初心、担使命，找差距、抓落实"的总要求，认真学习习近平新时代中国特色社会主义思想、党章党规党纪、党史、新中国史，扎实开展调查研究，广泛听取意见建议，深入检视查摆问题，深刻剖析根源症结，明确了努力方向和整改措施。

一、检视查摆的主要问题

自主题教育开展以来，机关党组坚持边学边查、边查边改，共检视查摆出22个问题，列出了问题清单，逐一提出了整改措施，明确了责任主体和整改时限，做到了立行立改、全面整改、持续整改。截至目前，调查研究、信息服务、公文运转、制度执行、机关文化、干部培养等6个方面存在的问题已经解决，正在整改10项，需要长期持续整改6项。机关党组还以书面形式向省政府各部门、各市（州）政府及厅机关各处室征求了意见，共征集到具体意见82条，并按职责分工分解到各位党组成员，落实了领办责任主体。去年省政府机关党组民主生活会查摆出的问题，已全部整改落实，但需要长期坚持。这次主题教育检视查摆出的问题，主要表现在6个方面。

（一）理论学习需要持续发力

一是系统学习有差距。对习近平新时代中国特色社会主义思想，一般通读多、重点精读少，对一些重要论断、重要观点的理解还不够深入、透彻。

二是跟进学习有不足。及时跟进学习习近平总书记最新重要讲话精神还没有形成习惯和制度，存在以干代学、即学即用、现学现用的现象。

三是学以致用有短板。将理论学习的成果转化为做好"三服务"工作的好思路、新办法、实举措，熟练运用蕴含其中的科学方法论解决实际问题做得还不够。

（二）聚焦聚力抓落实做得不够

一是统筹协调不够。对一些涉及多个部门的工作，办公厅牵头抓总作用发挥得不够，没有最大限度地凝聚工作合力。比如，……二是督办落实不够。对于督查发现的问题，缺乏紧盯不放的韧劲，加之督查结果运用刚性不足，导致一些工作在落实时打了折扣。比如，……

（三）"三服务"工作还存在短板和不足

一是服务的主动性、前瞻性不够强。……二是服务的质量和效率不够高。……三是服务的能力支撑不够硬。……

（四）政治建设还存在薄弱环节

一是严肃党内政治生活还有不足。……二是落实全面从严治党要求还有不足。……

（五）主动担当作为还不够

一是敢于担当的勇气不够。面对改革发展的重大任务，面对工作中的难点、堵点问题，有的党组成员、党员干部存在畏难情绪，闯劲、冲劲、狠劲不足。比如，……二是改革创新的魄力不够。对做好新形势下办公厅工作的研究不深、探索不多、创新不够，对于外省市的先进做法，主动了解、学习借鉴的意识不强，工作中仍习惯于按常规出牌、凭经验办事。比如，……

（六）作风建设还需进一步加强

一是调研不够深入。……

二是整治形式主义的压力较大。……

三是服务基层群众的意识不强。……

二、原因剖析

针对检视查摆出的问题，原因主要出在以下几个方面。

（一）主观世界改造抓得不够紧。……

（二）正确政绩观树得不够牢。……

（三）在能力素质建设上下的功夫不够深。……

三、努力方向和整改措施

省政府机关党组将进一步提高政治站位，发挥表率示范作用，把问题整改落实摆在突出位置，对正在解决和需要长期整改的问题，实行清单管理、销号管理，确保完成整改任务，确保取得实际成效。

（一）进一步抓好学习教育。一是始终把学习习近平新时代中国特色社会主义思想作为重要任务。……二是加强对党章党规的学习。……

（二）进一步推动工作落实。一是坚持问题导向。……二是狠抓督查落实。……

（三）进一步提升服务质量。一是加强对新形势下办公厅"三服务"工作的研究。……二是加强干部能力建设。……

（四）进一步加强政治建设。一是把党的政治建设摆在首位。……二是把抓好党建作为最大政绩。……三是严格执行各项党内政治生活制度。……四是着力加强党纪党规教育。……

（五）进一步强化担当作为。一是始终保持敢于担当的精神状态。……二是始终保持锐意创新的精神状态。……三是始终保持拼搏奋斗的精神状态。……

（六）进一步转变工作作风。一是着力提高调查研究的实效。……二是着力整治形式主义。……三是着力为基层群众服务。……

这篇领导班子对照检查材料，有四个鲜明的特点值得我们学习与借鉴。第一，自我批评开门见山。坚持问题导向，聚焦 6 个方面查摆出了存在的问题，还针对有的问题列举了典型事例。第二，原因剖析很全面。从主观世界、政绩观、能力素质等方面进行剖析，挖掘"病根"所在。第三，整改措施可操作。针对 6 个方面存在的突出问题，制定一一对应的、具体的整改措施，体现了即知即改的态度和真抓真改的决心。第四，文章层次清晰，文风简洁明了。大小标题工整明确，内容详则多说、略则少说，展现了严肃认真、求真务实的态度。

范例 2

2021 年度 ×× 领导班子民主生活会对照检查材料

（2021 年 × 月 × 日）

根据《关于开好 2021 年度全市县以上党和国家机关党员领导干部民主生活会的通知》精神，×× 领导班子在认真学习研讨、广泛征求意见、深入谈心谈话的基础上，坚持问题导向，深刻剖析思想、政治、组织、作风、纪律上存在的问题，仔细查找原因、明确整改方向、制定整改措施。现将班子对照检查情况报告如下。

一、存在的突出问题

（一）学懂弄通做实习近平新时代中国特色社会主义思想，把握正确政治方向，提高政治能力，增强"四个意识"、坚定"四个自信"、做到"两个维护"方面

1. 学习安排不科学。学习偏重于形式和数量，没有系统、科学的安排计划。比如，党委中心组一次安排学习的文章有10余篇，时间有限，内容偏多，导致学习不精、效果不佳。

2. 理论学习不深入。党委中心组多以领读方式学习，研讨交流不够充分，与学深悟透、学懂弄通的要求还有差距。

3. 学用结合不紧密。面对新机遇、新挑战，运用新思想指导实践、推动工作的力度不够，特别是在指导推动改革发展，提升人才培养质量，服务地方经济社会发展上与要求还有差距。

（二）坚持和加强党的全面领导，充分发挥各级党组织的政治功能，突出实干担当，团结带领人民群众不折不扣贯彻落实中央决策部署和省委、市委工作要求方面

1. 党建引领发展不够突出。党委对基层党组织争先创优抓得不紧、不全面，缺乏一套抓基层党组织规范化建设的有效经验。党务干部队伍水平参差不齐，部分干部实际能力水平与工作要求有差距。

2. 开拓创新意识不够强烈。干事创业动力不足，缺乏新的工作思路和好的经验点子，面对新时代新要求，仍然习惯用老经验、老办法考虑、解决问题。产业转型升级对专业人才培养提出了新的要求，但我们在人才培养等方面还存在科研能力不足、技能培训面窄等问题。

3. 落实上级政策不够有力。班子成员对《×××××××××实施方案》等××××相关政策学习研究不够，有时过分注重工作计划和方案的谋划安排，在制定具体落实意见和措施时，征求部门意见不充分，抓落实与出实效间存在差距。

（三）履职尽责，担当作为，着力破解突出矛盾和问题，防范化解风险挑战，统筹做好新冠肺炎疫情防控和经济社会发展工作，扎实做好"六稳"工作、全面落实"六保"任务，全力抓好脱贫攻坚等工作方面

1. 破解难题站位不高。做工作急于求成，接到工作任务，首先想到的是怎样尽快完成，而不是怎样做到最好，影响工作效果。班子成员沉下心来研究对接地方产业经济发展等方面还做得不好，面对各类风险挑战，应对措施、办法不多，思路受限，推进的力度不够。

2. 深入基层调研不够。调查研究不深入，特别是带着问题调研、带着思考调研、带着案例调研不够，有些问题发现得不及时。比如，虽然经常性地深入基层调研疫情防控落实情况，但在实际落实常态化疫情防控措施时，未考虑地方实际，没有实施分类管理，引起部分群众的不满。

3. 脱贫攻坚理论不实。虽然班子成员对习近平总书记关于扶贫工作重要论述和党中央脱贫攻坚决策部署进行了学习，但依旧存在学习不及时、开展研讨交流不扎实、不深刻等问题。

（四）学习贯彻党的十九届五中全会精神，对照党中央、省委省政府提出的"十四五"经济社会发展主要目标和二〇三五年远景目标，加强科学规划，查找短板弱项方面

1. 存在学用脱节现象。学习往往停留于表面，在结合上级精神、结合地方实际谋划业务工作方面思考不足。

2. 深谋远虑不够。针对××工作思考不足、谋划不多，片面认为该项工作上级有规划有目标，只需要认真执行和实施就行了，

"等靠要"思想严重。

3. 矛盾应对不力。面对发展过程中遇到的矛盾、风险、挑战，未能积极打好主动仗。比如，××项目投资过亿元，但因客观原因仍然无法开工；项目包联单位未能及时帮助协调，解决项目推进中的困难和矛盾的办法不多、措施过少。

（五）落实全面从严治党责任，严格落实意识形态工作责任制，锲而不舍落实中央八项规定精神及其实施细则精神和省、市实施办法，坚决反对形式主义方面

1. 落实党风廉政建设责任力度不强。对开展党风廉政建设的重要性和急迫性认识不足，存在重业务、轻党风廉政建设的思想，对干部廉洁从政的日常行为规范情况监管还不够到位。

2. 意识形态齐抓共管的合力不够。特别是在新媒体应用管理上仍存在风险，舆情研判引导和后续跟进不紧密，网络舆情等意识形态主阵地管控不够到位，网评员、信息员、新闻发言人队伍和制度有待完善等。

3. 抓作风建设下功夫不足。落实中央八项规定精神，在"常和长、严和实、深和细"上下功夫不够，文件会议不够精简，发文偏多、会议偏多，仍然存在以文件落实文件、以会议落实会议的现象，为基层减负力度还有待进一步加强。

二、问题产生的原因

通过认真的反思和深刻的剖析，存在上述问题和不足的主要原因有以下几个。

（一）从思想方面看，初心使命坚守不够。对习近平新时代中国

特色社会主义思想和党的十九届五中全会精神，没有做到全面理解、深入检视、广泛应用。对抓党的理论武装系统化、常态化不够，不自觉地降低了标准、放松了要求，没有真正做到学懂弄通做实。工作站位不高，没有将理想信念转化为行动自觉，与初心使命还有差距。

（二）从政治方面看，政治能力锻造不够。面对一些难点问题，缺少从政治上分析问题、解决问题的能力。比如，基层党组织存在的部分党支部发挥作用不明显等问题没有得到根本整治。班子成员缺少提升政治本领的锻炼途径，防范和化解风险的意识不足，意识形态领域的敏锐性和鉴别力不足。

（三）从作风方面看，担当意识树立不够。领导班子的担当意识、斗争精神和艰苦奋斗的劲头有所减退，开始有歇一歇、缓一缓的念头，缺乏奋发有为、赶超发展的紧迫感、危机感，没有自觉对标宗旨意识，没有将新时代的要求内化为自觉行动、干事创业热情。想问题、作决策时，与基层联系不够紧密，有时会忽略基层承受能力、忽略干部呼声。

（四）从廉政方面看，压力层层传导不够。领导班子自身能够严格遵守政治纪律和政治规矩，但在推进全面从严治党的过程中，对辖属单位落实全面从严治党主体责任，压力传导、督促落实不够到位。开展廉政风险点排查不彻底，涉及重点领域和关键环节的廉政风险点排查存在盲区。监督的方式方法不够灵活，监督责任的落实方式比较单一，日常监督方法不多，监督检查效果不明显。

三、努力方向及改进措施

针对检视剖析的问题及其成因，下一步，领导班子将认真地分类梳理，认真地进行反思，逐条逐项推进整改。

一是加强理论学习，增强政治能力。在学懂弄通做实习近平新时代中国特色社会主义思想上下功夫，把党的政治建设摆在更加突出的位置，牢牢把握正确的政治方向，全面贯彻落实党的各项决策部署，推动各级党组织和广大党员干部进一步增强"四个意识"、坚定"四个自信"、做到"两个维护"。增强政治能力，坚持用党中央精神分析形势、推动工作，把政治理论学习与工作实践结合起来，拓展理论学习方式，通过党委中心组学习、举办领导干部读书班等形式，深入交流学习体会和学习成果，进一步促进学懂弄通做实，不断提高政治理论水平、增强政治能力。

二是强化责任担当，提升办学水平。坚持学做结合、知行合一，立足实际，科学编制"十四五"发展规划，坚持服务地方发展，深化改革发展，不断提升人才培养质量，以高质量职业教育服务全市经济社会高质量发展。

三是全面从严治党，确保清正廉洁。注重主体责任落实落细，推动基层党组织认真履行好主体责任。领导班子成员要把任务分解到职能部门和分管单位党组织负责人，督促各单位狠抓作风建设，督促各级领导干部从小处细处着手，定期对照检查，形成层层抓落实的工作局面。同时，进一步强化纪检监察的监督责任，加强重点监督，紧盯重点领域和关键岗位，做到管好关键人、管到关键处、管住关键事、管在关键时，全力营造风清气正的良好环境。

这篇领导班子年度民主生活会对照检查材料，坚持问题导向，对照上级文件精神规定的五个方面的要求进行逐一查摆和分析，并制定整改措施。同时，标题对仗工整，内容具体明确。

范例 3

民主生活会"五个方面"个人对照检查材料

按照这次民主生活会的要求，在前期谈话谈心和征求意见的基础上，我联系自己的思想、工作和生活实际，深入查找了自身存在的问题，进行了深刻反思，形成以下对照检查材料。

一、上年度民主生活会梳理问题整改情况

在 2020 年的民主生活会上，我共梳理出 5 个方面的问题，并针对这些问题逐一制定了整改措施，确保销号落实。具体情况如下。

针对"学习不深入、不系统"的问题，制订学习计划，坚持每天学习 1 个小时以上，认真学党章、学系列讲话、学业务知识，先后写心得体会 12 篇、参加交流研讨 6 次，有效减少了忙而忘学、以干代学现象。

针对"理想信念不够坚定"的问题，认真学习习近平新时代中国特色社会主义思想，学习十九大及十九届二中、三中、四中、五中全会精神，讲了 2 次专题党课，进一步强化宗旨意识、提升党性修养、坚定理想信念。

针对"严肃党内组织生活不到位"的问题，严格落实双重组织生活制度，带头开展批评与自我批评，积极参加主题党日活动。

针对"推动工作急于求成"的问题，坚持进一步熟悉社情民意，在工作中努力做到既结合工作实际，又加快追赶超越步伐，使工作的针对性、指导性、可操作性进一步增强。

针对"遇到比较棘手的问题有缓一缓、放一放的想法，没有持之以恒地推动解决"的问题，牢固树立攻坚克难、跟踪问效的工作理念，每周列出工作清单，逐项协调解决，确保难点问题得到及时破解。

二、存在的主要问题

（一）学习贯彻习近平新时代中国特色社会主义思想方面。学习领会不够全面、不够系统、不够深入，与学懂弄通做实还有很大差距，没有完全做到学用结合、知行合一。比如，……

（二）认真执行党中央和省委、市委决策部署方面。一是大局意识有待加强，总爱强调自己分管工作的特殊性、重要性，把主要精力用在分管领域，不能站在大局上想问题、看问题，没有处理好分管工作与全局工作之间的关系。二是没有牢固树立科学发展观，希望尽快出成绩，遇到一些耗时较长的难题，比较急切，总是想着法子去越程序、赶进度，没有督促部门严格按法规程序办事，如分管领域存在个别项目未批先建的现象。

（三）积极履职尽责，服务经济社会发展方面。与我县在改革发展中提出的要求相比，履职尽责、担当作为的意识有待增强。比如……

（四）作风建设方面。调查研究不深入，对有些具体问题了解得不够透彻，仍然存在走马观花或未能实地调研的问题。比如，……联系、服务群众不到位，对一些群众反映的问题转办、交办多，亲自深入一线不够。对待干部有"家长作风"，有时候批评不讲究方式，直来直去、语气严厉。比如，……

（五）落实全面从严治党责任，廉洁自律方面。未能严格履行"一岗双责"。比如，……虽然在廉洁自律上"过得去"，但还算不上真正"过得硬"。比如，……

三、产生问题的原因分析

（一）学习松懈，党性锤炼不到位。比较注重研究业务工作，但对政治理论学习不够重视，未充分用党的理论政策改造主观世界，党员意识、带头意识有待强化。特别是随着工作岗位的不断变化，直接需要自身去完成的事务越来越少，导致提高本领的动力有所减弱，学习的紧迫感有所松懈，对自身的严格要求有所放松，从思想上严起、从根本上严起的自觉性有所减退，自我要求的标准有所降低。

（二）精神懈怠，严格自律不到位。我出生在一个农民家庭，家里十分困难，上学时奋发学习，目标是考上大学，有所作为；工作后奋力拼搏，总想干出点儿事业，做出些贡献。但工作了将近30年，我对照初心的时刻少了，艰苦奋斗的意识减弱了，对自己的要求也降低了。

（三）宗旨淡化，服务群众不到位。我自小在农村长大，对农民的疾苦感受很深，也立志要亲民、爱民、服务人民。但走上领导岗位后，我在工作中将上级的要求看得越来越重，对群众的困难却未能全力解决。说到底，这是为人民服务的宗旨意识不强，是政绩观出了问题，对群众的感情不够深厚，是群众观念淡化的表现。

（四）信念消退，担当进取不到位。我从乡镇科员一步一步走过来，但随着岗位的变化、时间的推移，不知不觉滋长了自我满足的情绪，淡化了入党之初和提拔伊始的决心和信心，不能保持积极奋斗的状态。这些都说明自己的党性锻炼松懈了，党性修养放松了，没有很好地为广大党员干部做表率。

四、整改措施和努力方向

（一）学习上再深入，解决好理想信念弱化的问题……

（二）自律上再严格，解决好规矩纪律松散的问题……

（三）宗旨上再强化，解决好担当作为不到位的问题……

（四）责任上再夯实，解决好从严治党不够扎实的问题……

以上对照检查，可能问题查找得还不够准确，原因剖析得还不够透彻。我一定虚心接受大家的意见和建议，并在今后认认真真补课、扎扎实实整改，努力做一名信仰坚定、堪为表率的党员干部，努力为我县的经济社会发展做出应有的贡献。

××县政府副县长　×××

××××年××月××日

这篇个人对照检查材料用于年度民主生活会，开篇先对上年度民主生活会梳理问题的整改情况进行了说明，再指出存在的主要问题，进行自我检视和原因剖析，以及说明如何整改。其写作特色一是主题鲜明，全面结合了实际工作和情况，做到了精准聚焦；二是剖析深刻，真正做到了客观公正，不怕"亮短揭丑"；三是措施务实，体现了自我完善、自我提高的决心。

入党申请书

入党申请书是个人为了向党组织反映自己的真实情况，表达自愿入党的愿望和决心而写的一种文书。

一、入党申请书的特点

入党申请书具有两个特点。

一是体现自愿性原则。按照有关要求，年满十八岁的中国工人、农民、军人、知识分子和其他社会阶层的先进分子，承认党的纲领和章程，愿意参加党的一个组织并在其中积极工作、执行党的决议和按期缴纳党费的，可以申请加入中国共产党。撰写入党申请书必须是申请人本人发自内心的愿望，必须体现自愿申请的原则。所以，撰写入党申请书应用第一人称。

二是体现党性原则。入党申请书是个人主动向党组织正式靠拢的"第一书面手续"，是真情表露和确立自己的政治立场、组织愿望、思想信仰、爱党情感以及终生奋斗目标的重要形式，也是党组织确认入党积极分子并选择发展对象的"第一重要依据"，这是党性原则的体现。

二、入党申请书的写作要领

写好入党申请书的基本要求是"三真"。

一是真实。个人在向党组织表达自己的政治立场、思想信仰，以及工作、学习和家庭情况时，要怀着赤诚之心，说真话、讲实话。

二是真情。个人入党的心愿应是发自内心的，体现对党、对党的事业的忠诚和向往。

三是真理。阐述自己的入党动机时，要表达出与党有着一致的政治立场和思想信仰，以及对真理有相同的追求。

入党申请书一般由标题、称谓、正文、结尾和落款五个部分构成。

一是标题。一般居中写"入党申请书"。

二是称谓。称谓即申请人对党组织的称呼，一般写"敬爱的党组织"。

三是正文。正文的主要内容包括三个部分。第一，对党的认识、入党动机和对待入党的态度，表明自己的入党愿望。申请人可以通过个人的经历谈如何逐步提高认识，也可以从偶然事件中谈自己在认识上的飞跃。此部分内容要因人而异，但都要谈出本质的认识。第二，本人在政治、思想、工作作风等方面的主要表现。第三，今后努力的方向。申请人应表明如何以实际行动争取早日加入党组织，明确表达自己入党的愿望，决心严守党的纪律，按时交纳党费，遵守党的章程，履行党员的义务。

为使党组织全面了解自己，申请人可说明个人履历、所受的奖励和处分，以及家庭主要成员、主要社会关系等情况。如果家庭成员和社会关系中，有政治情况比较复杂、受过刑事或其他重大处分的情况，也应如实说明。

四是结尾。一般都用"请党组织在实践中考验我"，或"请党组织看我的实际行动"作为入党申请书的结尾。

五是落款。落款处要有署名并注明日期，署名一般要求手写。

入党申请书写作的注意事项有五个。第一，要认真学习党章，掌握基本精神，加深对党的性质、宗旨、任务，以及党员的权利、义务等基本知识的理解，树立正确的入党动机。第二，要联系自己的思想实际谈对党的认识和入党动机，不要以旁观者的身份一味评论别人。第三，要对党忠诚，向党组织反映真实思想情况，如实说明自己的政治情况、主要经历、主要社会关系及其对自己的影响等有关情况，不得隐瞒或仿造。第四，入党申请书要朴实、庄重，语言要简洁凝练，不应堆砌华丽的辞藻、夸夸其谈。第五，入党申请书一般由本人书写，如因特殊原因不能亲自书写的，可以由本人口述，请他人代写，但要说明不能亲自书写的原因，经申请人签名盖章或按手印后交给党组织。

三、入党申请书的范例

入党申请书

敬爱的党组织：

今天，我怀着十分激动的心情向党组织提出申请——我志愿加入中国共产党，愿意为壮丽美好的共产主义事业奋斗终身。

经过一段时间的学习，我对党的性质、宗旨、纲领和路线、方针、政策有了较深的认识，认识到中国共产党是伟大、光荣、正确的党。中国共产党是中国工人阶级的先锋队，同时是中国人民和中华民族的先锋队，是中国特色社会主义事业的领导核心，代表中国先进生产力的发展要求，代表中国先进文化的前进方向，代表中国最广大人民的根本利益。党的最高理想和最终目标是实现共产主义。中国共产党以马克思列宁主义、毛泽东思想、邓小平理论、"三个代表"重要思想、科学发展观、习近平新时代中国特色社会主义思想作为自己的行动指南。

中国共产党是"两个先锋队"、是"三个代表"和"一个领导核心"，这是经过长期斗争、考验形成的。正如习近平总书记所言："办好中国的事情，关键在党。"在中国大地上，从来没有任何一个政治组织像中国共产党这样集中了这么多先进分子，组织得这么严密，与社会联系得这么广泛，为中华民族做出了那么多牺牲，同人民群众保持着密切的血肉联系，始终代表最广大人民的根本利益；从来没有任何一个政治组织像中国共产党这样勇于追求真理、修正错误，善于总结经验、不断提高自己，在各个不同的历史时期提出科学的理论、路线、方针和政策，领导人民不断夺取革命、建设和改革的伟大胜利。

回首百年风雨历程，中国共产党从血雨腥风中走来，从枪林弹雨中走来，经历了无数炮火洗礼，从小到大、由弱变强，带领中华儿女从一个胜利走向另一个胜利，从一个辉煌迈向另一个辉煌。为推翻压在中国人民头上的帝国主义、封建主义、官僚资本主义三座大山，实现民族独立、人民解放、国家统一、社会稳定，中国共产党团结带领人民找到了一条以农村包围城市、武装夺取政权的正确革命道路，进行了28年浴血奋战，完成了新民主主义革命，建立了中华人民共和国，实现了中国从几千年封建专制政治转向人民民主的伟大飞跃。中华人民共和国成立后，中国共产党团结带领人民完成社会主义革命，确立社会主义基本制度，推进社会主义建设，完成了中华民族有史以来最为广泛而深刻的社会变革，为当代中国的一切发展进步奠定了根本政治前提和制度基础，实现了中华民族由不断衰落到根本扭转命运、持续走向繁荣富强的伟大飞跃。改革开放以来，中国共产党团结带领人民进行新的伟大革命，破除阻碍国家和民族发展的一切思想和体制障碍，开辟了中国特色社会主义道路，使中国大踏步赶上时代。尤其是党的十八大以来，在以习近平同志为核心的党中央的坚强领导下，党和国家事业取得历史性成就、发生历史性变革，民族复兴正在积蓄并迸发着精神伟力。

我出生在教师家庭，父母都是党员，在三尺讲台上四季耕耘，为培育英才默默奉献。儿时，在父母的言传身教下，我幼小的心灵萌发了对中国共产党的敬慕和向往；中学时代是我人生观初步形成的时期，在老师的指导下，我开始接触马克思列宁主义、毛泽东思想；上大学后，我坚持学习党的理论知识，逐步树立了共产主义的世界观、人生观和价值观。参加工作以来，我不断加强理论学习，思想上有了极大的进步。在工作中，我踏实肯干、任劳任怨，起到了较好的模范带头作用。在生活中，我接触到了许多优秀的党员同志，他们时刻严格要求自己，坚持"吃苦在前，享受在后"，勤勤恳恳工作，从不叫苦叫累，我从他们身上看到了党的优良传统和作风。尤其是面对突如其来的新冠肺炎疫情，一批迎难而上、勇于担当、无私奉献的优秀共产党员，为打赢疫情防控阻击战、保障人民生命安全和身体健康做出了重要贡献，展现了新时代共产党员的初心和使命，进一步激发了我加入党组织的决心和信心。

我坚信：有中国共产党的正确领导，任何艰难险阻我都能克服。我决心要在党组织的培养和帮助下，努力工作、积极进取，为实现中华民族伟大复兴贡献一切，为共产主义事业奋斗终身！

今天，我虽然向党组织提交了入党申请，但我深知，我还有许多缺点和不足，距离成为一名共产党员还有差距，如工作上缺乏开拓精神，不够大胆创新；对党的理论知识学习还不够系统等。我希望党组织从严要求我，以使我更快进步。今后，我将按照共产党员的标准严格要求自己，自觉接受党员和群众的帮助与监督，努力改正自己的缺点和不足，争取早日在思想上进步、在组织上入党。如果党组织认为我符合条件，吸收我进入党员队伍，我将把入党作为一个新起点，不断严格要求自己，为共产主义事业奋斗终身。如果党组织认为我还没有达到党员的标准，我也不会气馁，我会不断在实际行动中完善自己，坚定不移地向党员的标准迈进。

请党组织在实践中考验我！

申请人：×××

××××年××月××日

这篇入党申请书语言流畅、层层递进：开篇先谈了自己对党的性质、宗旨、纲领和历史等的认识，有高度、有深度；再结合自己的个人成长经历报告了入党动机；最后表明请党组织考察、考验的决心，有温度、有态度。

党建研究报告

党的建设是党的事业不断取得胜利的重要保证。党建研究报告是对党的建设实际工作进行科学分析、积极探索，研究党建工作新的思路和工作方法的文种，目的是充分发挥党组织的战斗堡垒作用，扎实推进党的建设。

一、党建研究报告的特点

党建研究报告具有三个特点。

一是政治性。党建研究是党的工作的一部分，具有鲜明的党性，坚持以党的旗帜为旗帜、以党的意志为意志，始终遵循党性原则、党的政治路线、党的政治纪律。党建研究报告在内容上要求把握政治方向，体现党中央的决策部署，体现全面从严治党的决心。

二是思想性。党建研究报告主要围绕推进党的建设新的伟大工程，牢牢抓住党的思想、组织、作风、反腐倡廉、制度建设等关键问题，着眼于对马克思主义理论的运用，着眼于新的实践和新的发展，开展深度研究，注重在构建中国化的马克思主义党建理论体系上取得新进展。

三是应用性。党建研究的价值在于发现问题、解决问题。撰写党建研究报告要求坚持理论联系实际，带着问题研究，对准问题思考，深入研究党的建设的重大理论和实际问题；立足于发现党的建设的新情况，总结新经验，提出新建议，为加强新形势下党的建设提供有力的理论支撑，以便更好地指导、推动党建实践。

二、党建研究报告的写作要领

党建研究报告主要包括两个部分：一是调查，二是研究。调查必须深入实际，不凭主观想象，准确地反映客观事实。研究，要在掌握客观事实的基础上，认真分析，透彻地揭示事物的本质，提出工作对策和建议。

要想写出高质量的党建研究报告，必须做到"五个聚焦"。一是聚焦学习习近平总书记党建思想，把深入学习研究、宣传阐释党的最新理论成果、解决党的建设面临的新问题作为重要任务，把握正确的政治方向。二是聚焦大局大势，紧紧围绕党的事业发展需要，以"大党建"的视角去观察和思考问题、研究和提出对策，主动服务中心工作。三是聚焦全面从严治党，抓住影响和制约党的建设的难点问题及党员、群众反映强烈的突出问题，深入思考、调查研究，增强党建研究的针对性、指导性。四是聚焦改革创新，不断改进方式方法，善于运用网络信息技术、数据统计方法，借鉴民意调查、第三方评估、微信微博等手段，强化信息调查及数据分析，提高研究的质量和效率。五是聚焦落地见效。党建研究的目的在于应用研究成果，所以要真正做到把情况摸清、把问题吃透、把原因找准，确保研究成果内容实、能对症、用得上。

党建研究报告一般由标题、前言、主体和结尾四个部分构成。

一是标题。常见的标题通常有两种：一种是规范化的公文式标题，由单位名称、时间、文种名等组成，如"××服务中心党支部关于2021年党建研究报告"；另一种是非公文式标题，如"××基层党建研究报告"也可以采用复合式标题，主标题说明党建研究报告的主题或结论，副标题补充说明调研对象、内容等，如"'党建红'引领乡村'绿净美'——关于农村基层党建助推乡村旅游业发展研究报告"。

二是前言。党建研究报告的前言需要精练概括，直切主题，写明调研的起因或目的、时间和地点、对象和范围、经过与方法，以及人员组成等情况，引出中心问题或基本结论。

三是主体。主体是党建研究报告最主要的部分，需要详述开展调查研究对象的基本情况、做法、经验，以及通过分析研究得出的各种具体认识、观点和基本结论。

四是结尾。结尾可以提出解决问题的方法、对策或下一步改进工作的建议；也可以总结全文的主要观点，进一步深化主题。

党建研究报告写作的注意事项有三个。第一，要做好准备工作，采用多种方式开展调查，尽可能多地搜集所需资料。第二，要找准角色定位，站在全局的高度进行客观、全面的分析与思考。第三，要注重虚实结合，通过分析研究，取得举一反三的效果。

三、党建研究报告的范例

范例 1

全市基层党建研究报告

为推动全市基层党建工作扎实开展，确保基层组织建设年活动取得实效，市委从相关部门抽调 20 人组成 5 个基层党建调研组，深入 11 个县（市、区）、51 个市直相关党委、73 个基层党组织，组织召开基层党组织书记座谈会 21 次，发放 1200 份调查问卷，对全市乡村、街道社区、机关事业单位、国企及"两类"组织等不同领域的基层党建工作开展了深入调研。

一、主要做法及成效

我市现有 11 个县（市、区）委，62 个市直机关党委，46 个市直机关党组；有 540 个基层党委，552 个党总支，7212 个党支部。现有 60 个乡镇党委，912 个农村基层党组织；33 个街道党（工）委，316 个社区党组织；203 个"两类"组织党组织；全市共有党员 148967 名。近年来，我们以习近平新时代中国特色社会主义思想为指导，以创先争优活动为统领，全面加强基层党组织建设，为全市经济的跨越式发展提供了坚强的组织保证。

（一）深入开展创先争优活动，基层党组织和党员干部的先锋模范作用被进一步发挥。……广大党员在经济社会发展中当先锋、作表率，推动全市经济实现跨越式发展。

（二）深入开展"百部联百村"活动，城乡统筹的党建工作新格局逐步形成。组织中省市县直部门党组织与全市 912 个农村基层党组织开展"百部联百村"活动，积极构建"以城带乡、城乡互动、优势互补、共同繁荣"的城乡统筹基层党建新格局。……"百部联百村"作为全省的活动典型被媒体报道，并刊发经验做法。

（三）全面推行新型民主治村模式，基层民主管理机制不断完善。积极实践以村党组织、村代会、村委会为基本组织架构的农村新型民主管理办法，探索构建村党组织领导、村代会决策并监督、村委会落实的新型民主治村模式，将领导、决策、监督、执行"四权"分离，建立了权责明晰、决策民主、运作规范、监督有力的村级工作运行机制。……我市基层民主管理工作的经验在全省座谈会上被广泛交流，并在《党的生活》杂志、《组工信息》上刊发。

（四）发挥非公有制经济组织党工委和社会组织党工委"双轮驱动"作用，努力实现"两类"组织党的组织和工作全覆盖。依托个体劳动者协会和民间组织管理局在全省率先成立了非公有制经济组织党工委和社会组织党工委，选派自主择业军转干部到非公有制经济组织担任"党建指导员"工作，有力地促进了党的建设和非公有制企业的健康发展。这一创新实践受到了中央高层领导的重视，××和×××等同志分别就此项工作做出了重要批示，这一做法获得了"全国首届基层党建创新优秀案例奖"……

（五）实施远程教育终端站点和村级活动场所建设全覆盖工程，有效提升了农村党员干部整体素质。深入开展村级活动场所建设，共落实资金 5953.8 万元，新建和改扩建 439 个场所，使全市 957 个行政村实现了活动场所全覆盖的目标，为开展农村党员干部素质提升活动提供了场所保障……

二、存在的主要问题

（一）基层党务工作者的隐忧较多，无人干事问题日益突显。行政机构改革后，全市只有 3 个市直单位党委保留 1 名副书记，县（市、区）直党委全部取消了副书记，将党委工作归入直属机关党委；203 个"两类"组织党组织中，仅有专职党务干部 48 人；316 个社区党组织均没有专职党务干部，基层抓党务工作力量严重不足。……

（二）基层党建工作经费不足，正常工作缺乏足够保障。……党员结构的不合理，严重影响了基层党组织战斗堡垒的形成和党员先锋模范作用的发挥，使部分群众对党组织缺乏了解、认同感不强。

（三）党建活动载体类型较多，基层党员干部不能完全适应。……基层党员干部抓实抓好党建载体建设抽不出精力，疲于应付、难以适应，致使不少党建活动与群众需求脱节，产生"水土不服"现象，达不到预期效果。

三、原因分析

通过深入调研和认真分析，产生上述问题的主要原因有以下几个方面。

（一）主观重视不够，客观约束不力，导致基层党建工作摆不上应有位置。一是形不成合力。……二是提不上日程。……三是兑不了奖惩。……

（二）内生动力不足，外力推动不强，导致基层党组织的作用难以有效发挥。一方面，基层党组织解决自身问题的能力弱。……另一方面，创新载体落得不实，导致基层党建工作缺乏活力。一是传统方法迷失方向。……二是基层负担过重。……三是急于"标新立异"。……

四、对策和建议

我市针对基层党组织建设中存在的问题，按照中央和省委有关精神，并借鉴外地经验，提出如下对策和建议。

（一）深入开展"基层党组织建设年"，全面落实"党要管党"要求。……

（二）千方百计壮大集体经济，变"输血"为"造血"。……

（三）拓宽稳定的投入渠道，为基层党建工作和活动提供有力保障。……

（四）激发党组织和党员队伍活力，不断巩固党的执政基础。一是改进党组织设置方式。……二是对务实管用的活动载体要持续抓。……

（五）建立激励保障机制，充分调动党员干部的工作积极性。一是配齐配强专职党务工作队伍。……二是加大学习培训力度。……三是兑现激励保障措施。……

这篇党建研究报告的前言将调研所用的多种方式进行了简单说明。正文部分有四个特色：一是注重提炼标题，使正文既准确无误地反映主题，又体现研究的特点；二是语言准确、观点鲜明；三是分析问题时充分运用数据，使分析更有理有据、更有说服力；四是报告紧扣上级发展战略、中心要求、时政精神。

范例2

富民强村关键要靠党组织
——湖北谷城县堰河村党委领导发展调查
及富民强村对策思考

何红卫　余爱民

新形势下，如何加强和改进党对农村"最基层工作"的领导，加快推进"村级科学发展"，加快"富民强村"步伐？带着这一重大课题，记者深入湖北谷城县五山镇堰河村采访调查，对这个"由穷变富，由弱变强"的声名渐响的山区村进行了认真细致的解剖。

"富民强村，关键要靠党组织。"堰河村的发展经验概括起来就是一句话："因为有一个像山泉一样清纯的党组织。"

堰河泉水清又纯

鄂西北的深山里藏着一个秀美的小村庄，一垄垄茶叶层层叠叠，一块块麦田齐齐整整，一排排楼房高低错落，一条条道路蜿蜒曲折，一弯弯流水咕噜叮咚，一声声鸟鸣婉转清亮，这就是谷城县五山镇堰河村。全村版图面积12平方千米，村民小组4个，农户247户，人口 918 人，村设党委，下属专业党支部 4 个，党员 33 人；农田 550 亩，茶园 2000 多亩，杜仲 850 亩，板栗 600 亩，花椒 500 亩，杉树和意杨 2500 亩。这是一个"明星村"，村里的荣誉室里挂着"七块国牌"：全国先进基层党组织、全国文明村、全国生态文化村、全国生态村、全国农业旅游示范村、全国综合小康村、国家级 AAA 景区。

没有人会相信，直到 20 世纪 90 年代初，堰河村还是穷山恶水，贫困落后，"见山山秃头，见路路断头，见水水断流，见人人犯愁"。这里曾有一些"靠山吃山"的习惯做法，砍树买粮，砍柴烧饭，年复一年，青山就给砍成了秃子山，山坡上到处都是树蔸子，后来树砍光了，树蔸子也不放过，都被挖去生火烤火了，满山坡留下一个个的树坑，一下大雨便成山洪，温柔清澈的堰河变得凶猛浑浊。

……

社会和谐了。经济社会发展了，干部作风转变了，干群关系如同堰河的水和鱼，如同山上的土和树。记者走访了十几户农民，他们异口同声都说好。有个农民说："这样的干部谁还有意见，那人就没有良心。"老百姓之间现在连争吵都很少了，因为每个家庭都想得"家庭和睦、邻里和谐"评比的高分。每逢节假日，小山村便迎来了前来休闲的城里人，以襄阳、十堰和邻省的客人居多，大家都赞美堰河村"山清水秀人和谐，修身养性长寿命"。

问泉哪得清如许

堰河的变化翻天覆地，堰河的成就来之不易。怎么来的？谷城县委书记艾文金说："堰河的发展变迁，是一幅山区干部群众为改变贫穷落后面貌自发奋斗的浓缩画卷。"

通过走访党员干部，走访农民群众，听取县委组织部部长张宏、宣传部部长余长虹的介绍，特别是听取长期在此蹲点的县委组织部副部长全正斌和村"两委"班子成员的详细介绍，我们了解了村党组织带领农民群众艰苦奋斗、团结奋斗、长期奋斗的创业历程。

凝聚民心。村支部成员普遍走访慰问特困户、孤寡户、伤残户，解决他们的生计困难；重点走访疏导"告状户""钉子户""摆尾户"，理顺他们的思想情绪；特别走访请教老党员干部、老退伍军人、老民办教师，挖掘他们的聪明才智。然后开会。先开党员干部会，又开群众代表会，再开群众大会。通过大大小小十几场会，把原来"几百号人的牢骚"汇成了生产生活两个方面的十几条意见，把全村"上百个好点子"集中成"变穷为富、变落后为先进"的"发展文件"，特别是把原来"一盘散沙"的人心拧成了"结实有力的一根绳"。

……

建设新村。山里要致富，必须先修路。整个堰河村路路相通、四通八达。村民们感叹："八十年代无路可走，九十年代有路难走，如今畅通无阻，天晴下雨可穿绣花鞋走，一年四季都穿皮鞋走。"修路与修桥结合，挖渠与建泵结合，电网改造与通电话、通电视、通网络结合，一应与生产生活相关的基础设施都进行了高起点、高规格的建设、改造和完善。新村建设遵循"二十四字理念"：方便生产，有利生活，基础配套，服务健全，外部特色，内部现代。各自然村落建设坚持"十六字原则"：因地制宜，依山傍水，随弯就片，高低错落。堰河村的村庄建设总体布局和民居式样都是经过国家级的专家精心设计，处处体现生态环保意识和人与自然和谐相处的关系，兼容了中原文化和荆楚文化的特点，既继承了当地传统风格，又添加了现代元素。基本统一的青砖灰瓦，木质门窗；每家二层小楼，单门独户；一个自然湾总体风格相近，细看却形态各异。稍一留意，每个农家都有一个极有文化品味的名字，比如我们住的那家叫"听水居"，我们吃的那家叫"读山居"。

安得清泉千万道

加强和改进党对农村最基层工作的领导，加快推进村级科学发展，加快富民强村步伐，应该成为新的历史阶段我们党十分紧迫的重要任务。堰河村的经验，关键在于依靠党组织，主要是在"七个一"上做文章，值得学习、推广。

富民强村必须选准一个好的带头人。……重视基层党组织带头人队伍建设，关键要选好村级一把手，核心的标准至少有三条：第一条是有热心，愿意干；第二条是能力强，干得好；第三条是不贪财，干得长。

富民强村必须配备一个好的领导班子。我们从堰河村群众对支部一班人的评价中体会到，一个好班子，应该做到"五是"。一是爱民的班子。民有所呼，我有所应；民有所求，我有所为；民有所难，我有所帮。二是干事的班子。勤干事，会干事，干好事，干实事。三是民主的班子。民主议事，民主决策，不搞"一言堂"，不搞独断专行、一意孤行。四是互补的班子。一人为主，众人相帮，各有所长，取长补短。五是团结的班子。团结出战斗力，团结出凝聚力，团结是大智慧，团结是大责任。

富民强村必须依靠一支好的党员队伍。堰河村的党员都能起到模范带头作用，并且总能在难事、大事、新事上带头示范。……堰河村的党员为我们做出了榜样。新时期农村党员要保持先进性，保持纯洁性，需要做四个模范：一要做发家致富的模范，二要做遵纪守法的模范，三要做公益事业建设的模范，四要做扶贫帮困的模范。

富民强村必须开拓一条好的发展路子。……找准了，发展就快了，否则多少年依旧、面貌难改、群众难富。……，一业发展带动多业发展，产业发展拉动经济、社会、民生、生态、党建全面发展。

富民强村必须创建一个好的工作机制……堰河村的"三三制"值得在广大农村推广，它创新了基层党组织的设置形式，创新了基层党组织的民主实现形式，创新了党员发挥作用的途径，创新了党员干部密切联系群众的方式。

富民强村必须营造一种好的发展风气。堰河村的民风好，民心思富、民心思福、民心思德、民心思优、民心思美，促进了经济社会的发展。建设乡风文明，党组织应该着力营造四种风气。一是营造发展风气。发展是硬道理，不发展没道理，发展是解决一切问题的金钥匙，发展是责任，贫困是失职。二是营造文明风气。既要物质文明，又要精神文明，还要生态文明；既要个人文明，又要家庭文明，还要村庄文明；既要语言文明，又要行为文明，还要心灵文明。三是营造道德风气。要有社会公德，要有集体品德，要有邻里道德，要有个人美德。四是营造和谐风气。农民解释和谐就是"舒服"，舒服了，农民兄弟的幸福指数就上去了。

富民强村必须营造一个好的支农大环境。进一步加强和优化支农大环境，各级党组织都要切实负起责任，做好4个方面的工作。一是进一步做好政府支农工作。改进支农方式方法，特别要注意的是，支农政策要整合，下拨方式要改进，拨付环节要减少，运行成本要降低。二是进一步做好机关单位支农工作。各个党政机关都要联系农村，最好联系到乡村，充分发挥职能优势，切实为基层办好事办实事，要把"群众得实惠、干部受教育、机关转作风"三者结合起来。三是进一步做好企业支农工作。企业支农是社会责任，是职责义务。要研究完善企业支农的税收优惠政策，要探索企业支农扶农与促进企业发展的双赢效果。四是进一步做好高校和科研院所支农工作。农业的问题还得靠科技来解决，农村呼唤科技人员、科技成果下乡，呼唤良种良法的推广，呼唤科技服务体系的完善和服务工作的加强。

这篇党建研究报告是不可多得的好范文，有三个方面的写法值得学习与借鉴。一是在思想的深刻性上下了功夫。全文就堰河村党建引领富民强村道路的先进事迹进行深度挖掘和高度总结，最后提出"七个一"对策建议。二是在事例的鲜活性上下了功夫。通篇都用通俗易懂的语言讲述生动事例，让人愿意看、喜欢看。三是在语言的生动性上下了功夫。文章最大的特色是接地气、有乡土气息和可读性，同时充分运用多种修饰手法和表达方式，文学性较强。

第九章
职场应用文写作要领与范例

求职信

求职信是求职者向用人单位介绍自己的情况，以求被录用的专用文书。

一、求职信的特点

求职信作为职场应用文，使用频率极高，其重要作用愈加明显，主要具有两个特点。

一是自我推荐的特性。求职信的主要内容是推荐自我，突出自我优势，以自己的专长和技能等吸引用人单位，以实现求职目的。

二是个人对单位的行文关系。求职信既不同于私人之间的普通信函，又不同于"公事公办"的公文函，而是求职者写给用人单位的私人对公并有求于公的信函。

二、求职信的种类

根据求职者实践经验的不同，求职信可以分为毕业求职信（用于初次就业）与重新求职信（用于跳槽或再就业）。根据求职者是否获得招聘信息，求职信可以分为自荐求职信（未获得准确用人信息而写）和应聘求职信（针对用人单位招聘信息而写）两种。根据求职时间的不同，求职信可以分为短期性求职信、中期性求职信和长期性求职信等。根据求职要求的不同，求职信可以分为基本要求的求职信、有具体要求的求职信等。根据求职岗位或行业的不同，求职信可以分为技术型求职信、销售型求职信、生产型求职信、演艺型求职信、医疗型求职信等。

三、求职信的写作要领

求职信一般由标题、称谓、正文、结尾、落款、附件六个部分组成。

一是标题。标题通常只有文种名，即"求职信"。

二是称谓。求职信不同于一般私人书信，称谓要恰当，必须用尊称。若是单位名称，其后可加"领导""负责同志"等，如"尊敬的××公司领导""尊敬的人事处负责同志"。若是个人姓名，其后可加"先生""女士""同志"等。

三是正文。正文包括问候语、开头和主体三个部分。问候语一般是"您好"。开头主要说明应聘缘由和目的，有选择地介绍姓名、年龄、性别、就读学校、专业名称、何时毕业等基本情况。介绍有关情况要简明扼要，求职态度要诚恳，要尽量引起对方的兴趣，并自然进入主体部分。主体部分是求职信的重点，求职者应在此部分写出对所求岗位的看法，有针对性地概述自己，着重介绍自己应聘的有利条件，并特别突出自己的优势和"闪光点"，以使对方信服。主体部分要有充分的说服力，做到语言中肯、恰到好处；表现谦虚诚恳、不卑不亢的态度，取得见字如见人的效果，给对方留下深刻的印象。

四是结尾。撰写结尾要注意两点：一是留下电话号码、E-mail 等联系方式，适可而止地向对方提出希望和要求，如"希望您能为我安排一个与您见面的机会""盼望您的答复""静候佳音"等；二是表达敬意或祝福，如"此致，敬礼""祝您身体健康、工作顺利、事业发达"等。

五是落款。落款应在求职信的右下方，并注明求职者的姓名和成文日期。

六是附件。有说服力的附件是用人单位对求职者进行鉴定的凭证，所以求职信的附件是不可忽视的部分。附件无须太多，但必须有"分量"，足以证明自身的才华和能力。可在求职信的结尾处注明附件的主要内容，如"附件：个人简历"等。

求职信写作的注意事项有三个。第一，言辞得当，简洁明了，切忌面面俱到，避免出现错别字、病句及文理欠通顺的现象。求职信以两页为佳，不能超过三页，以节约对方的时间。确保内容自成一体、重点突出、语言流畅、表达得体，以引起对方的好感，激发其进一步了解自己的兴趣。写好初稿后，要反复推敲文字，力求准确无误。第二，实事求是，恰当表现，切忌过分自夸或过于谦虚。求职者要恰如其分地推销自己，强调自己的优势和对用人单位的价值。求职信注意点面结合，多摆事实和数据，既不要用华而不实的修饰语，也不要过多说明自己的弱项，否则容易引起对方反感或造成误判。第三，精心设计，展示个性，切忌陈词滥调、千篇一律。立意新颖、富有创意、语言独特的求职信往往能给用人单位留下深刻的印象。写求职信，在内容上要有的放矢，事先了解用人单位，根据对方的需求和心理以及自己的求职目标来写，否则求职信会因为针对性不强而石沉大海；在语言表达上，既要考虑对方的知识背景，不使用生僻词语、专业术语，使求职信通俗易懂，又要独具匠心、不落俗套，使求职信显得生动活泼；在形式上，要使模板、字体等有美感，做到篇幅适宜、结构分明，让对方感到赏心悦目。

四、求职信的范例

求职信

尊敬的 ×× 中学领导：

您好！

感谢您在百忙之中垂阅我的求职信。请允许我占用您三分钟时间，向您作自我介绍。

我叫××，是××师范大学××专业××××年应届毕业生。成为一名优秀的人民教师，是我儿时就有的梦想。如今面临择业，我满怀憧憬和期待。

勤奋刻苦、善于学习是我的优势。大学四年，我刻苦钻研专业知识，丝毫不敢懈怠，圆满完成各门专业课，成绩优异，荣获三次"×××奖学金"。在学好专业知识的同时，我格外注重教学实战经验的积累。大二、大三暑假，我参加了赴××县义务支教的暑期社会实践，组织并开展××××××等活动，全面增强了组织能力、团队合作能力，显著提升了综合素质，连续两年被评为"校级暑期实践先进个人"。在大四为期两个月的教育实习中，我刻苦钻研教材，注重教学方式方法创新，成功完成所有教学任务，受到老师和学生们的好评。

顾全大局、注重细节是我的处事原则。得其大者可以兼其小。我在大一时加入系学生会文艺部，每年参与组织迎新晚会、元旦晚会、"十大歌手"比赛等活动，在工作中树立了大局意识、协作意识、精品意识和服务意识。无论做大事或小事，我都注重在每一个细节上严格要求自己，在点滴中锻炼培养自己，因此被评为"××××年度校级优秀学生干部""××××年度系优秀学生干部"。

大方谦和、富有爱心是我的性格。办大事讲风格，做小事讲品格。我一直保持积极乐观的心态，带着开阔的胸襟和欣赏的目光与人相处，尽力帮助身边的同学和朋友。作为××志愿者，我累计服务超过300个小时，而这些经历也使我学会了爱和感恩。

教师要做社会的尊者，心怀国之大者，立德树人的能者。这四年，我一直按照这个目标努力奋进。当然，我身上还有一些不足和缺点，教学技能还需要提升，为人处世能力也还要进一步增强。我会多向身边的"大先生"请教，不断努力完善自己、提高自己。

器必试而后知其利钝，马必骑而后知其良驽。请您给我一个成为贵校一员的机会，我会用青春耕耘三尺讲台，用奉献书写无悔人生！××中学即将迎来百年华诞，衷心祝愿历史名校焕然一新，傲然雄姿再腾飞！真诚祝愿您工作顺利，幸福安康！

附件：1. 个人简历

2. 荣誉证书复印件

3. 实习鉴定复印件

自荐人：×××

××××年××月××日

此封求职信是师范类毕业生的自我推荐信，有三点值得我们学习与借鉴。第一，文笔流畅，颇有文采。正文的三个总起句醒目工整，明确介绍了自身优势、处事原则和性格特点；每段都有亮点金句，充分展现了作者较高的文学修养。第二，点面结合，善摆事实。作者在介绍自己时恰如其分，同时恰到好处地举了很多例子，让用人单位通过事例和奖项来验证自己的优秀。第三，以情动人，以诚取信。作者巧妙地传递了自己对教师职业的认识，充分表达了献身教育事业的理想，能引起对方的共鸣，又祝福学校百年华诞，十分有心。

辞职信

辞职信是辞职人向所在单位或上级主管部门提交的请求辞去现任职务或解除劳动合同关系的专用文书，又叫辞职书或辞呈。

一、辞职信的特点

辞职信具有两个特点。

一是简洁性。撰写辞职信要简洁明了地说明辞职理由和时间，不拖泥带水，确保明确、清楚明白地表明自己的决定。

二是礼貌性。撰写辞职信要充分体现礼貌性，做到态度诚恳，不抱怨，不指责，语言含蓄委婉，让人易于接受。

二、辞职信的种类

根据辞职人意愿的不同，辞职信可以分为主动提出的辞职信和被动提出的辞职信。根据辞职人身份的不同，辞职信可以分为一般工作人员提出的辞职信、机关干部或单位部门领导提出的辞职信。

三、辞职信的写作要领

辞职信一般由标题、称谓、正文、结尾、落款五个部分组成。

一是标题。标题一般为文种名，即"辞职信"。需要审批同意的辞职信，标题可以写"辞职申请书"。

二是称谓。辞职信的称谓应写明需送达的组织或辞职人的直接领导，可以不加尊称，但需要在领导的名字后面加上其职务。

三是正文。正文包括问候语、开头和主体三个部分。问候语一般是"您好"。开头首先提出辞职申请的内容，让人一看便知信的主要内容。主体部分先陈述提出辞职申请的具体时间，一一列举辞职的理由，做到条分缕析；然后表达提出辞职申请的决心、个人的具体要求以及希望领导解决的问题等；最后，对工作交接进行说明，让领导安心，这也是负责任的体现。

四是结尾。不管实际情况如何，都要在辞职信的结尾感谢单位的领导和同事过去对自己工作上的支持和帮助，并诚恳希望对方谅解自己，同时表达敬意。

五是落款。落款要签署辞职人的姓名和成文日期。辞职信可以打印，但签名一定要手写，这样才具有法律效力。

辞职信写作的注意事项有两个。第一，态度恳切，措辞委婉。辞职是为了谋求更好的职业发展，所以辞职理由最好是客观原因，切忌批评对方或表达对单位的不满。第二，表达谢意，体现诚意。撰写辞职信要真心诚意地感谢单位给予的工作机会，表明自己由此获得的业务技能和经验，展现个人素养。

四、辞职信的范例

辞职信

×××总经理：

您好！

我很遗憾在这个时间向您提出辞职请求。由于要解决家庭长期两地分居的问题，经过深思熟虑，我决定辞去在公司所担任的×××职务，前往北京工作。我计划在此辞职信递交后的四周内完成工作交接，然后离开公司。希望在此期间您和公司相关部门能够找到合适的人来弥补因为我的离开而造成的空缺，以避免工作出现空档。

在公司的四年，是我人生非常重要的一段时期。在领导的关怀下，在同事的帮助下，在大家正能量的熏陶下，我每天都在成长和进步。公司是一个团结的集体，是一个有爱的集体，是一个成就人生辉煌的集体。在公司的这段经历弥足珍贵，是我一生的宝贵财富。

在递交辞职信时，我内心百感交集，对公司万分不舍，但是我也深知，发展事业的同时也要兼顾家庭。

希望您在百忙之中抽出时间受理我的辞职事项。衷心感谢公司对我的培养和帮助，感谢您一直以来给予我的信任和支持！祝公司业绩蒸蒸日上！祝所有同事生活愉快，在工作中再创辉煌！

辞职人：×××

××××年××月××日

此封辞职信值得我们学习与借鉴之处是态度真诚、理由合理，展现了良好的职业素养。因为家庭原因而不得不辞职，表现了辞职的合理性；真诚感谢公司的领导和同事们给予自己的帮助，言辞之间充满感恩之心；对工作交接的安排，则体现了良好的工作作风和职业操守。

申请书

申请书是个人或集体向组织、机关、企事业单位或社会团体表述愿望、提出请求时使用的一种专用文书。

一、申请书的特点

申请书的使用范围广泛，具有三个特点。

一是具有请求的特性。无论是个人在政治生活上入团、入党的申请，还是个人、单位在其他方面的申请，主要内容都是申述理由、发出请求。所以，申请书最根本的特点就是具有请求的特性。

二是采用书信体格式。申请书是一种专用书信，不管内容是什么，都必须按照书信的格式行文。

三是属于个人向组织、下级向上级的行文方式。这是申请书的性质所决定的，申请书在语言的使用上要符合下对上的行文标准。

二、申请书的种类

根据申请人的不同，申请书可以分为个人申请书、单位申请书、集体公务申请书。根据用途的不用，申请书可以分为思想政治生活方面的申请书、工作学习方面的申请书、日常生活方面的申请书等。

三、申请书的写作要领

申请书一般由标题、称谓、正文、结尾和落款五个部分组成。

一是标题。申请书的标题通常有两种形式：一种是直接写文种名"申请书"；另一种比较常见，由事由、文种名构成，如"入党申请书""关于划拨工作经费的申请书"等。

二是称谓。申请书的称谓要用尊称，写明接受申请书的单位、组织或有关领导。

三是正文。正文部分是申请书的主体，首先提出申请要求，然后说明理由。

四是结尾。结尾写惯用语"特此申请""恳请领导帮助解决""希望领导研究批准"等，也可用"此致，敬礼"这一礼貌用语。

五是落款。个人申请书要写清申请人姓名，单位申请书要写明单位名称并加盖公章，注明日期。

申请书写作的注意事项有三个。第一，申请事项要清楚、具体，涉及的数据要准确无误。第二，说明理由要客观、充分、合理，实事求是，不能虚夸和杜撰，否则难以得到上级领导的批准。第三，语言要准确、简洁，态度要诚恳、务实。

四、申请书的范例

转岗申请书

尊敬的领导：

　　您好！

　　非常感谢您能在百忙之中抽出时间来审阅我的转岗申请。我叫×××，今年××岁，毕业于××技校，是××年×月×日刚进公司的新员工，现在×××队工作。加入在全省排名第一的××矿业公司工作，我感到十分荣幸，所以倍加珍惜工作机会，跟着师傅踏实学习，希望早日全面掌握井下采矿技术。可是在井下工作的这一周里，每次喷浆的时候，我全身都会长小红疙瘩，升井后也要靠打针才能慢慢缓解这种症状。经过××医院皮肤科医生检查，诊断我对水泥或速凝剂过敏（诊断证明书附后）。鉴于医生的诊断，经过慎重思考，我决定向领导申请转岗。

　　从小父母就教我要老老实实做人，踏踏实实做事。在技校学习期间，我培养了较强的团队合作意识。同时，我接受新事物的能力强，能吃苦耐劳。恳请领导批准我的转岗申请，无论被调到其他哪个岗位，我都会虚心学习、努力工作，在新的岗位上为公司做出卓越的贡献！

　　此致

敬礼！

申请人：×××

××××年××月××日

　　此文是新入职员工请求转岗的申请书，开头介绍自己的情况，提出合情合理的转岗理由，并附诊断证明书，然后表明自己的工作态度，言辞恳切，语言朴实，表达清晰。

情况说明

　　情况说明是个人或单位向上级说明情况、提出请求的一种应用文书。

一、情况说明的特点

　　情况说明具有三个特点。

　　一是具有回应性。上级就某事或某项工作要求进行相关说明后，下级应出具情况说明以回应上级要求。

　　二是具有写实性。情况说明需要客观真实地还原需要说明的情况的本来面貌，侧重于写实。

　　三是属于个人向组织、下级向上级的行文方式。情况说明要符合下对上的行文标准。

二、情况说明的种类

根据撰写人的不同，情况说明可以分为个人提交的情况说明和单位、集体提交的情况说明。根据说明内容的不同，情况说明可以分为事情情况说明、工作情况说明、学习情况说明等。

三、情况说明的写作要领

情况说明一般由标题、称谓、正文、结尾和落款五个部分组成。

一是标题。情况说明的标题通常有三种形式：一是直接写文种名"情况说明"；二是由事由、文种名构成，如"关于开展创先争优活动的情况说明"；三是由情况说明单位、事由、文种名构成，如"×××生态环境局关于××公司违规排污的情况说明"。

二是称谓。称谓要写明要求出具情况说明的单位、组织或有关领导，并使用尊称。

三是正文。正文部分是情况说明的主体，应用简明扼要的语言，把事情的来龙去脉实事求是地还原出来。其内容一般包括情况发生的时间、地点、经过，情况造成的影响（包括好的影响和坏的影响），当事人的思想动态，当事人对需要说明的情况的真实认知等。

四是结尾。情况说明的结尾一般使用固定用语"特此说明"，也可以对说明的某事或某项工作进行表态。

五是落款。个人撰写的情况说明要写清姓名，单位撰写的情况说明要在署名后加盖公章，二者均要注明日期。

情况说明是比较严肃的文体，写作的注意事项有两个。第一，态度要端正，慎重对待，并如实地说明真实情况。第二，措辞要得当，言简意赅、准确清晰地表达情况。

四、情况说明的范例

关于网络视频中"洛阳白云山游客中心被淹埋"的情况说明

亲爱的网友、游客朋友们：

大家好！关于 2021 年 9 月 25 日网络上一条"洛阳白云山游客中心被淹埋"的视频，洛阳白云山旅游度假区现做出如下说明。

视频中被淹埋的位置为度假区原游客中心，位于嵩县车村镇铜河村，原游客中心已于 2021 年 8 月 5 日停止使用。度假区新游客中心位于嵩县车村镇下庙村，距离郑栾高速白云山站高速下站口 200 米，目前室内装修已完成，计划于 10 月份启用。度假区临时售票处位于白云山庙眼游客服务中心。

特此说明！感谢您的关心和支持，我们一定会团结一心，在嵩县县委、县政府的领导和支持下，做好各项灾后重建工作，尽快恢复正常运营。洛阳白云山期待与您早日相见！

洛阳白云山旅游度假区

2021 年 9 月 26 日

　　此文是针对网络视频内容向网友和游客进行的情况说明，文章言简意赅地说明了被淹埋的是原游客中心，同时告知大家新游客中心的建设情况和启用时间、目前临时售票处的位置，并在结尾对大家的关心和支持表示感谢，对灾后重建恢复运营工作进行表态。全文短小精悍，但内容丰富，既有效地回应了社会关切，又以得体的说明对景区的良好形象进行了宣传。

即兴发言提纲

　　即兴发言提纲是为在特定的情境下临场发言而拟定的发言内容概要。

一、即兴发言提纲的特点

　　即兴发言提纲具有三个特点。

　　一是即兴性。即兴发言提纲有利于发言者掌握整个发言过程，但即兴发言毕竟是临时进行的，所以现场发挥的成分较多。

　　二是针对性。即兴发言提纲能让发言者针对相关话题做出迅速反应，即境发言，有的放矢。

　　三是简洁性。即兴发言提纲以极其简洁的语言列举发言的主旨、材料、层次和大意等，十分简明扼要。

二、即兴发言提纲的种类

　　即兴发言提纲根据详略程度的不同，可以分为概要提纲和详细提纲；根据形式的不同，可以分为书面提纲和思考提纲。

三、即兴发言提纲的写作要领

即兴发言提纲一般由标题、开头、正文、结尾四个部分组成。

一是标题。即兴发言提纲的标题有两种形式：一种是直接写文件名"即兴发言提纲"；另一种由场合、文种名构成，如"在××上的即兴发言提纲"。

二是开头。开头开门见山、直接入题，可以从眼前的人、事、物之中寻找切入点，以使发言具有较强的现场感。

三是正文。即兴发言提纲的正文就是中心论点和分论点，要根据发言的内在逻辑联系、发言内容和发言层次的先后顺序进行编列。一般先确立中心论点，明确自己的观点和态度，再用分论点谈思想和认识，说明其重要性、紧迫性、可行性，最后对如何达成目标提出要求。根据现场情况，可灵活采用"问题—原因—对策"三段论式、"观点—理由—案例—结论"表达式、"过去—现在—将来"感情交流式、"正—反—合"辩证式四种方法组织正文内容和语言。撰写概要提纲可以只写发言的关键词，撰写详细提纲则应——列出详细观点。

四是结尾。结尾应强化发言的主要内容，点明中心，既可以用妙语警句收尾，也可以礼貌性地结尾。

即兴发言提纲写作的注意事项有两个。第一，遵循逻辑性原则，把握语言、内容、结构等的内在联系，分清主次关系。第二，尽量丰富发言素材，多用典型事例论证论点，将重要的事例和数据列入提纲。

四、即兴发言提纲的范例

范例1

在"高效办成一件事"
迎检工作推进会上的即兴发言提纲

同志们：

刚才，×××同志汇报了全市"高效办成一件事"考核排名情况，对省"高效办成一件事"考核迎检工作作了细致全面的安排，对各部门如何达标迎检提出了明确的要求，责任很明确、分工很细致，关键是如何强化执行抓落实。

我们区在全市11个县市区排名第五，这个排位虽然不是靠后，但也不算靠前，并不太理想。主要是监管事项数据录入量相对较低，丢分较多，在"一网通办"上还有一些事项达不到"高效办成一件事"的指标要求。怎么办？我再强调三点意见：

第一，认识要再深化，切实提高政治站位

近年来，省、市出台了优化营商环境的系列政策，"高效办成一件事"是改革所向、发展所需、民心所盼。为期一个月的省考核，是检验我们纵深推进"放管服"改革的质量和成效，是对优化政务环境工作的一次年终大考。大家要不断提高政治判断力、政治领悟力、政治执行力，充分认识推进"高效办成一件事"工作的重大意义，切实把思想和行动统一到省委省政府的指示要求上来，统一到市委市政府安排部署上来，用实际行动确保我们区"高效办成一件事"工作考核排名进入全市前三名，不拖市里后腿。

第二，任务要再明确，扎实做好重点工作

从现在起，大家要专题安排部署，明确任务、明确人员、明确责任，集中时间、集中力量、集中精力做好两方面工作。一是坚持问题导向，对标省"高效办成一件事"考核修订指标，聚焦丢分模块，一项一项找差距，一项一项抓改进，务必明确时间节点、阶段目标任务，力争各项考核工作指标在全市排名再进位。二是全力推进"互联网＋监管"。监管数据录入量对比我们区的企业数还存有较大的操作空间。各办局要加大监管行为数据录入量，保障数据当日产生、当日上报。

第三，责任要再压实，全面强化督办考核

一是压实领导责任。这里拜托各位主要负责人要亲自研究、亲自部署，分管负责同志要加强调度、查漏补缺，分工协作，共同发力，人人有任务，层层抓落实，推动工作见成效。二是强化督导指导。行政审批局要加大业务指导和督办调度，严格按照省"高效办成一件事"考核修订指标，解决好系统、操作方面的问题；严格执行周汇总、旬调度、月通报工作机制，确保工作任务按标准、按进度，保质保量全面完成。三是严格追责问责。督查室既要督"事"，也要查"人"，对工作被动应付、影响考核排名的部门和相关责任人，要厘清责任，问效问责。

同志们，全力推进"高效办成一件事"是当前最重要的政治任务，我们围绕达标做了不少工作，目前已经到了冲刺攻坚的关键期，请大家一定要站在讲政治、讲大局的高度，对照考核指标逐一攻关突破，认真做好各项准备工作，确保我们区营商环境持续优化，切实提高人民的获得感和幸福感！

此则即兴发言提纲采取"问题—原因—对策"三段论式方法组织语言，发表意见。领导在听取全市"高效办成一件事"考核排名情况后，首先，明确指出目前要解决的问题是什么，即"排名第五……并不太理想"；其次，分析原因，即"监管事项数据录入量相对较低，丢分较多，在'一网通办'上还有一些事项达不到'高效办成一件事'的指标要求"；然后，找出三个方面的对策，告诉大家怎么办；最后，再次点明会议主题，再次加油鼓劲。"问题—原因—对策"三段论式就是提出问题、分析问题和解决问题，这种方法值得我们学习借鉴。

范例2

在民政局专题工作会议上的即兴发言提纲

刚才听了情况介绍，我赞成把蒙泉村更名恢复到顺泉村。有两个方面理由：

一是村民户籍管理迫切需求。蒙泉村民委员会原名就是"顺泉村民委员会"。我们局组成的工作小组去实地走访调查，同村民代表、党员代表、村"两委"人员分别进行座谈和征求意见，也核对了村民户口本和身份证信息。近 400 户村民，共 2200 多人，三分之二的人因为身份证地址和户籍系统资料不一致，导致村民外出打工、子女读书等受到严重影响，村民迫切请求恢复"顺泉村民委员会"名称。

二是村级红色发展需求。目前，我区正在开展乡村振兴，打造"红色＋旅游"融合的特色旅游，凸显"革命、乡愁、生态"三种文化魅力，正在逐步形成红色旅游发展链条。友好村的村民就踏上这个快车道，以前一年收入五六万块钱，现在一年十来万元，充分说明红色故事的吸引力大。为了推进顺泉红色美丽乡村项目发展的需要，打造生态旅游、红色旅游、人文旅游，村级召开村民会议、党员干部会议，一致要求将蒙泉村民委员会更名为"顺泉村民委员会"，这样更有利于讲好顺泉的历史故事、红色故事。

从有利于方便服务群众，有利于村级经济发展的角度讲，我对蒙泉村民委员会更名为顺泉村民委员会这一议题表示赞同。

此则即兴发言提纲采取"观点—理由—案例—结论"表态式的方法组织语言，表明自己对某一行为、某件事情、某项工作是持赞同、反对或中立的态度、立场。现场进行表态时，不是简单地发表观点，而是对自己的观点进行了充分论证。第一步讲是什么，直接亮明自己的观点"赞成把蒙泉村更名恢复到顺泉村"。第二步讲为什么，提出自己赞成的两点理由"村民户籍管理迫切需求、村级红色发展需求"。第三步是列举有说服力的案例来证明自己观点的正确，如"三分之二的人因为身份证地址和户籍系统资料不一致，导致村民外出打工、子女读书等受到严重影响"来说明户籍管理迫切要求改名，"友好村的村民就踏上这个快车道，以前一年收入五六万块钱，现在一年十来万元，充分说明红色故事的吸引力大"说明红色发展有利于经济发展，而更名后更有利于挖掘红色故事。第四步讲是什么，对自己的讲话进行总结，再次表态赞同更名。

范例3

在毕业30周年同学聚会上的即兴讲话提纲

亲爱的老师、同学们：

大家晚上好！

时隔30年，我们在这金秋十月相聚了。刚才大屏幕上一张张旧照片让我们都陷入回忆之中，突然发现30年前的一幕一幕在脑海里还是那么清晰。那时候，男女同学同桌，每个桌面都用笔或小刀在中间划上了一条直线，谁要是过了界线谁就会被对方用胳膊狠狠撞击，嘴上还会说："谁让你过线了，下次再过线，我打你。"那时候，看场电影、溜个冰都很奢侈，我还记得有一次星期六晚上偷偷和几个同学跑出去溜旱冰，结果回来被抓住了，第二天被老师罚站了两节课。那时候，男女同学很少说话，如果能听到一个女生或一个男生对你大声说话，那一定是学习委员嚷嚷"交作业了"。

也许会有些同学在心中埋藏着一个小秘密，心中的话语可能一辈子不会再有机会对他（她）说起……操场上嬉戏逗乐的欢笑声犹响在耳，教室里看书学习的声音还历历在目，我们在这里一起度过了多么美好的快乐幸福时光啊。

在这样一个重聚的特殊日子，我很荣幸作为同学代表在这里谈体会。首先代表在座各位同学表达三个感谢：一是对老师们致以崇高的敬意，谢谢你们悉心教导和栽培！二是对这次聚会的倡议者、组织者和筹备委员会的同学们致以深深的谢意，为了我们的幸福相聚，你们辛苦了！三是要对慷慨解囊支持此次聚会的同学们致以真诚的谢意，是大家共同圆了我们三十年的梦。接下来，我谈谈自己内心的三点感受。

第一是非常感动。这次同学会想不到有这么多同学从四面八方回到母校参加，大家平时工作都很忙，事情也很多，但都放下了，能够来的尽量都来了，还有些同学确实来不了的，发来了视频祝福。充分说明大家彼此还没有忘记，心中依然怀着对老同学的一片深情，彼此都在相互思念和牵挂。

第二是非常激动。30年前的校园趣事，30年后的回忆感言，30年来的工作生活，30年来的建家历程，同学们畅所欲言。刚才每个同学风趣地自我介绍迎来了阵阵热烈的笑声与掌声，仿佛我们又回到了风华正茂的年代，成了朝气勃勃的少年。我压抑不住内心的激动和兴奋，又自豪于我们还保存着一份至纯之情，至真之情！我们欢聚一起的激动人心的场面，就让我回想起了30年前的那个夏天我们依依不舍挥泪告别的情景，而这一别一晃就是30年啊。

我们的一生还有多少个三十年？确实我们分别得太久太久，今天的重聚怎么能不叫我们高兴万分、感慨万分呢！

第三是深感欣慰。记得在上学时，我们大多都是孩子气、孩子样，如今社会这所大学校已将我们历练得更加坚强、成熟，大家在各自的岗位上无私奉献，辛勤耕耘，成为社会各个领域的中坚力量，这些都使我们每一位老同学深感欣慰。

三十年后的相聚，让我们感受到人生之美，时光短暂而又宝贵。师生情永在，同学谊永存！最后，祝我们的老师身体健康，心情愉快！祝老同学们事业顺利，阖家幸福！我们五年后再见，一个都不能少！

谢谢大家！

此则即兴发言提纲采取"过去—现在—将来"感情交流式的方法组织语言，讲一讲往事，叙一叙旧情，特别适合各种聚会场合的即兴演讲中使用。首先，谈过去，回忆一些往事，表达感谢之情；其次，讲现在，说说今天的特别之处，谈收获与感悟；最后，畅想将来，可以说对自己的期待，也可以谈对别人的建议与希望或者祝福。范文从旧照片引出对往事的满满回忆，让在座的同学们都跟随着回到当年的美好时光，更加珍惜今天的相聚，接着代表大家表达了三个方面的感谢之情，再结合现在的场景讲了聚会的三个感受：感动、激动和欣慰，最后抒发了对未来的祝福，充满真情实感，画面感十足，现场效果很好。

范例 4

即兴发言提纲

一、赞成大学生兼职打工

理由：

1. 大学生兼职打工可以积累一定工作经验，磨炼为人处世。

2. 大学教育在于其特殊性，对大学生的能力提高有一定的限制；而社会的一般性恰是对大学教育的弥补，大学生兼职打工能够在实践中提升综合素质。

3. 在就业时，用人单位会优先聘用有兼职打工经验的大学生。

二、不赞成大学生兼职打工

1. 兼职打工之后的劳累分散精力，影响学习，大学生不一定能协调好学习和打工的时间安排。

2. 容易影响大学生对金钱的态度，形成错误的人生观，甚至是拜金主义。

3. 兼职打工的大学生大多没有和用人单位签订合同，自身利益得不到保障。

4. 大学生单纯，社会却很复杂，去兼职打工容易受骗上当。

三、怎么办

1. 如果兼职打工是为了锻炼工作能力、增加社会经验：对于低年级大学生来说，要以学习为主，先不要着急去兼职打工提高实践能力，可以通过参加学生会、社团或者学校组织的公益活动等，相对安全，时间安排相对合理，同样可以锻炼自己。对于高年级大学生，可以在实习期去兼职打工，提前积累社会经验，也能为自己顺利步入社会打下好基础。

2. 如果兼职打工是为了赚钱，解决财务问题：低年级大学生可向当地学生资助管理中心申请路费资助、助学贷款、助学金，还可以通过自己刻苦学习申请奖学金，在学校勤工俭学。

3. 确实要外出兼职打工的大学生，要确保自身安全，处理好工学矛盾。最佳兼职打工推荐首先做家教，其次是送外卖。

此则即兴发言提纲采取"正—反—合"辩证式的方法——列出详细观点。因为现实生活中一些话题都是矛盾的，在选择上都具有两面性，这样也可，那样也可，没有绝对的正确，我们可以赞成，也可以反对，也可以觉得具体情况具体分析，都可以选择。范文第一步讲正，说为什么赞成大学生兼职打工，列举了好处；第二步讲反，说为什么不赞成大学生兼职打工，存在的风险、危害、不利条件等；第三步讲合，就是讲怎么办，说清楚如何平衡正反两个方面，如何把握恰当的度，对兼职打工是为了锻炼能力或赚钱解决经济问题的大学生都给予了合理化的建议。这种辩证式的思维方法不仅在即兴发言上值得我们学习和借鉴，其实可以用于解决很多两难问题。

述职报告

述职报告是任职者陈述任职情况，进行自我回顾、评估、鉴定，接受上级领导考核和群众监督的书面报告。

一、述职报告的特点

述职报告具有三个特点。

一是自述性。述职报告用于述职者向有关方面报告自己的工作实绩，说明履行岗位职责等的情况，采用第一人称自述的方式。

二是自评性。述职报告要求述职者依据岗位规范和职责目标，对任期内的德、能、勤、绩、廉等方面的情况进行自我评估、自我鉴定、自我定性。

三是报告性。述职者通过严肃、庄重、正式的汇报，来接受上级领导考核和群众监督，所以报告性是述职报告的一个显著特点。

二、述职报告的种类

根据述职者的不同，述职报告可以分为个人述职报告、集体述职报告。根据述职时间的不同，述职报告可以分为年度述职报告、任期述职报告、临时性述职报告。根据内容的不同，述职报告可以分为专题性述职报告、综合性述职报告、单项工作述职报告。根据性质的不同，述职报告可以分为晋职述职报告、例行性述职报告。根据表达形式的不同，述职报告可以分为口头述职报告、书面述职报告。

三、述职报告的写作要领

要想写好述职报告，首先要明白其与工作总结是既有联系，又有区别的。述职报告与工作总结都可以谈经验、教训，都要求事实材料和观点紧密结合。从某种程度上说，撰写述职报告可以借鉴工作总结的某些写作方法，但二者又有三个不同之处。一是回答的问题不同。述职报告主要回答履行的是什么职责，如何履行职责，履职的能力怎么样以及称职与否等；工作总结侧重于回答做了哪些工作，取得的成绩是什么，不足之处以及经验、教训等。二是写作重点不同。述职报告必须以履行职责方面的情况为重点，突出表现德、能、勤、绩、廉，体现履职能力；工作总结的重点在于全面归纳工作情况，体现工作实绩。三是表述方式不同。述职报告多采用夹叙夹议的写法，既表述履职的有关情况，又说明履职的出发点和思路，还阐述处理问题的依据和理由；工作总结主要运用叙述的方式，归纳概括工作结果。

述职报告一般由标题、称谓、正文、落款四个部分构成。

一是标题。一般以文种名为标题，即"述职报告"；也可以根据内容拟制标题，如"个人述职报告""领导班子××××年度述职报告"；还可以采取复合式标题，即主标题写主题或述职报告类型，副标题写述职场合，如"决胜全面建成小康社会 夺取新时代中国特色社会主义伟大胜利——在中国共产党第十九次全国代表大会上的报告""政府工作报告——××××年×月×日在××市第×届人民代表大会上"。

二是称谓。述职报告一般要当众宣读，称谓应根据会议性质及听众对象而定，如"各位领导、代表""各位领导、同志们"等。

三是正文。述职报告的正文一般包括开头、主体、结尾三个部分。开头以简洁的文字，说明所担负的具体职责及对该职责的认识，阐明任职的指导思想和工作目标，概述所取得的成绩。主体是述职报告的关键部分，要精心构思，写出特色，应对重要工作的开展过程、结果，主要的经验或教训，主要的成绩或存在的问题，以及总结出来的规律性的认识进行详细表述，对履职情况和相关工作进行深入分析，在理论层次进行一定的概括；从德、能、勤、绩、廉五个方面回答称职与否的问题，说明履行职责过程中的得与失。结尾可以进行自我评价概述，也可以简述今后的工作目标、措施和要求，并简单表态。结束语要用礼貌用语，如"以上述职报告妥否，请予审议""谢谢大家"。

四是落款。述职报告的落款要写明自身姓名或单位名称，以及具体时间。落款可以位于文末右下方，也可以放在标题下面居中的位置。

述职报告写作的注意事项有三个。第一，态度要诚恳。写作前，应认真对自己进行全面的反思，并虚心听取群众意见，对群众意见较大的问题要如实阐述，以坦诚的胸怀赢得谅解和支持。第二，要实事求是。无论称职与否，都要讲真话、讲实话、讲心里话，以诚感人，要分清功过是非，既不争功，也不诿过，对问题和教训不避重就轻。第三，要突出重点，切忌简单罗列事实，要在全面汇报任职期间所做各项工作的基础上，认真总结工作特点和规律，抓精华、找典型，突出重大成绩和创造性工作，这样的述职报告才有意义，才不会显得千篇一律。

四、述职报告的范例

20××年个人述职报告

各位领导，同志们：

大家好！

20××年，我主要负责办公室、工会等方面的工作，现将一年来的工作情况汇报如下。

一、抓学习，不断提升综合素质。研读了《习近平关于"不忘初心、牢记使命"论述摘编》《习近平新时代中国特色社会主义思想学习纲要》，参加了××××学习培训班。参加厅机关党委和厅工会组织的各项活动，接受党性教育。积极参加青年理论学习小组学习活动，撰写并发表×篇理论文章。参加×次调研活动，学习交流办文办会办事标准化建设思路。

二、尽职责，扎实做好分内工作。落实党建主体责任，将支部工作开展得规范有序，充分发挥支部的战斗堡垒作用，使支部被确立为标准化规范化建设试点单位。求真务实，敢于负责，努力当好管委会领导的参谋助手。加强业务思考，理清工作职责，合理安排分工，使办公室工作运转有序，充分发挥枢纽作用；将工会工作开展得有声有色，极大地凝聚了干部群众的团结力和战斗力。注重人才培养，发挥人员特长，带出了一支敢闯敢干的队伍。

三、守底线，严格执行纪律规矩。明辨是非，坚定立场，严守政治纪律，切实增强"四个意识"、坚定"四个自信"、做到"两个维护"。以身作则，廉洁自律，严格遵守国家法律法规，干净做事，清白做人。

我的不足有两个：一是工作较多时有急躁情绪，有说过头话、气头话的问题；二是工作思路不够开阔，创新精神不足，习惯用老经验、老办法处理问题。今后，我要提升修养，学习借鉴好经验、好做法，努力增强开拓创新能力。

以上是个人年度工作述职，请大家批评指正。

×××

20××年××月××日

此篇述职报告是个人年度工作述职报告，有三个特点。一是语言精练，从三个方面高度概括了工作实绩，篇幅不长，但是重点突出。二是内容客观，实事求是地讲了成绩，也讲了不足，没有回避问题。三是标准清楚，围绕岗位职责来讲述自己的工作，叙议结合，对自身工作做出了全面准确的评价。

后 记

本套书的出版得到了人民邮电出版社的大力支持，中国工信出版传媒集团党委副书记、总经理兼总编辑顾翀和人民邮电出版社张立科总编辑给与了热情关注和悉心指导，财经教育出版分社武恩玉分社长等编辑老师付出了辛勤劳动，特此表示衷心感谢。这套书的出版，也使我和人民邮电出版社在写作系列书籍的合作增加了新的内容。

本套书共三本，其中《公文写作点石成金之要点精析》由我独自撰写，《公文写作点石成金之范例精粹》（上、下册）由我拟定全书思路、结构提纲，确定体例风格，并统稿修改，由张力丹和危厚勇两位编著。由于个人时间有限，我邀请二位同仁共同参与书籍的编写，得到了他们的积极响应和全力支持，他们投入大量精力到书稿当中，并最终拿出了高质量的书稿。每一位作者为此的付出，相信读者是可以感受到的。

在公文格式要求等方面，作者在征得同意的前提下，少量借鉴了同仁的一些思想观点，《公文写作点石成金之范例精粹》（上、下册）也征引了大量现成的例文，每一篇例文都力求具有时新性、指导性和准确性，例文都是从公开渠道可以获得的，但根据情况做了一些必要的技术处理。书中尽可能对征引的出处加以说明，在这里对作者也一并表示感谢。

本套书定名为"公文写作点石成金"，其实包含了作者对广大读者的殷切期望与美好祝愿，我们希望读者通过阅读本套书，不但写作的每一篇公文能够取得点石成金之奇效，而且在自己的写作生涯和职业发展上，也能"千淘万漉虽辛苦，吹尽狂沙始到金"。

胡森林

辛丑年初秋于北京

封面设计：董志桢

分类建议：社会科学／语言文字
人民邮电出版社网址：www.ptpress.com.cn

ISBN 978-7-115-58555-4

9 787115 585554 >

定价：69.80 元